中国国家公园体制建设研究丛书

Research Series on Development of China's National Park System

Research on Legislation for China's National Park System

中国国家公园立法研究

杜　群 —— 等著

中国环境出版集团・北京

图书在版编目（CIP）数据

中国国家公园立法研究/杜群等著. —北京：中国环境出版集团，2018.10

（中国国家公园体制建设研究丛书）

ISBN 978-7-5111-3764-7

Ⅰ. ①中… Ⅱ. ①杜… Ⅲ. ①国家公园—环境保护法—立法—研究—中国 Ⅳ. ①D922.682.4

中国版本图书馆 CIP 数据核字（2018）第 183192 号

出 版 人 武德凯
责任编辑 李兰兰
文字编辑 邵 葵
责任校对 任 丽
封面制作 宋 瑞

更多信息，请关注
中国环境出版集团
第一分社

出版发行 中国环境出版集团
（100062 北京市东城区广渠门内大街 16 号）
网 址：http://www.cesp.com.cn
电子邮箱：bjgl@cesp.com.cn
联系电话：010-67112765（编辑管理部）
010-67112735（第一分社）
发行热线：010-67125803，010-67113405（传真）

印 刷 北京中科印刷有限公司
经 销 各地新华书店
版 次 2018 年 10 月第 1 版
印 次 2018 年 10 月第 1 次印刷
开 本 787×1092 1/16
印 张 13.75
字 数 260 千字
定 价 62.00 元

踏上国家公园体制改革新征程

自 1872 年世界上第一个国家公园诞生以来，由于较好地处理了自然资源科学保护与合理利用之间的关系，国家公园逐渐成为国际社会普遍认同的自然生态保护模式，并被世界大部分国家和地区采用。目前已有 100 多个国家建立了近万个国家公园，并在保护本国自然生态系统和自然遗产中发挥着积极作用。2013 年 11 月，党的十八届三中全会首次提出建立国家公园体制，并将其列入全面深化改革的重点任务，标志着中国特色国家公园体制建设正式起步。

4 年多来，国家发展和改革委员会会同相关部门，稳步推进改革试点各项工作，并取得了阶段性成效。特别是 2017 年，国家发展和改革委员会会同相关部门研究制定并报请中共中央办公厅、国务院办公厅印发《建立国家公园体制总体方案》（以下简称《总体方案》），从成立国家公园管理机构、提出国家公园设立标准、编制全国国家公园总体发展规划、制定自然保护地体系分类标准、研究国家公园事权划分办法、制定国家公园法等方面提出了下一步国家公园体制改革的制度框架。

回顾过去 4 年多的改革历程，我国国家公园体制建设具有以下几个特点。

一是对现有自然保护地体制的改革。建立国家公园体制是对现有自然保护地体制的优化，不是推倒重来，也不是另起炉灶，更不是对中华人民共和国成立以来我国自然生态系统和自然文化遗产保护成就的否定，而是根据新的形势需要，对保护管理的体制机制进行探索创新，对自然保护地体系的分类设置进行改革完善，探索一条符合中国国情的保护地发展道路，这是一项“先立后破”的改革，有利于保护事业的发展，更符合全体中国人民的公共利益。

二是坚持问题导向的改革。中华人民共和国成立以来，特别是改革开放以来，我国的自然生态系统和自然遗产保护事业快速发展，取得了显著成绩，建立了自然保护区、风景名胜区、自然文化遗产、森林公园、地质公园等多种类型保护地。但自然保护地主要按照资源要素类型设立，缺乏顶层设计，同一类保护地分属不同部门管理，同一个保护地多头管理、碎片化现象严重，社会公益属性和中央地方管理职责不够明确，土地及相关资源产权不清晰，保护管理效能低下，盲目建设和过度利用现象时有发生，违规采矿开矿、无序开发水电等屡禁不止，严重威胁我国生态安全。通过建立国家公园体制，推动我国自然保护地管理体制改革，加强重要自然生态系统原真性、完整性保护，实现国家所有、全民共享、世代传承的目标，十分必要也十分迫切。

三是基于自然资源资产所有权的改革。明确国家公园必须由国家批准设立并主导管理，并强调国家所有，这就要求国家公园以全民所有的土地为主体。在制定国家公园准入条件时，也特别强调确保全民所有的自然资源资产占主体地位，这才能保证下一步管理体制调整的可行性。原则上，国家公园由中央政府直接行使所有权，由省级政府代理行使的，待条件成熟时，也要逐步过渡到由中央政府直接行使。

四是落实国土空间开发保护制度的改革。党的十八届三中全会《中共中央关于全面深化改革若干重大问题的决定》中关于建立国家公园体制的完整表述是“坚定不移实施主体功能区制度，建立国土空间开发保护制度，严格按照主体功能区定位推动发展，建立国家公园体制”。建立国家公园体制并非在已有的自然保护地体系上叠床架屋，而是要以国家公园为主体、为代表、为龙头去推动保护地体系改革，从而建立完善的国土空间开发保护制度，推动主体功能区定位落地实施，使得禁止开发区域能够真正做到禁止大规模工业化、城镇化开发建设，还自然以宁静、和谐、美丽，为建设富强、民主、文明、和谐、美丽的现代化强国贡献力量。

2015 年以来，国家发展和改革委员会会同相关部门和地方在青海、吉林、黑龙江、四川、陕西、甘肃等地开展三江源、东北虎豹、大熊猫、祁连山等 10 个国家公园体制试点，在突出生态保护、统一规范管理、明晰资源权属、创新经营管理、促进社区发展等方面取得了一定经验。同时，我们也要看到，建立统一、规范、高效的中国特色国家公园体制绝不是敲锣打鼓就可以实现的，不可能一蹴而就，必须通过不断深化研究、总结试点经验来逐步优化完善，在统一规范管理、建立财政保障、明确产权归属、完善法律制度等管理体制上取得实质性突破，在标准规范、规划管理、特许经营、社区发展、人才保障、公众参与、监督管理、交流合作等运行机制上进行大胆创新，把中国国家公园体制的“四梁八柱”建立起来，补齐制度“短板”。

为此，国家发展和改革委员会会同保尔森基金会和河仁慈善基金会组织清华大学、北京大学、中国人民大学、武汉大学等著名高校以及中国科学院、中国国土资源经济研究院等科研院所的一批知名专家，针对国家公园治理体系、国家公园立法、国家公园自然资源管理体制、国家公园规划、国家公园空间布局、国家公园生态系统和自然文化遗产保护、国家公园事权划分和资金机制、国家公园特许经营以及自然保护管理体制改革方向和路径等课题开展了认真研究。在担任建立国家公园体制试点专家组组长的时候，我认识了其中很多的学者，他们在国家公园相关领域渊博的学识，特别是对自然生态保护的热爱以及对我国生态文明建设的责任感，让我十分钦佩和感动。

此次组织出版的系列丛书也正是上述课题研究的重要成果。这些研究成果，为我们制定总体方案、推进国家公园体制改革提供了重要支撑。当然，这些研究成果的作用还远未充分发挥，有待进一步实现政策转化。

我衷心祝愿在上述成果的支撑和引导下，我国国家公园体制改革将会拥有更加美好的未来，也衷心希望我们所有人秉持对自然和历史的敬畏，合力推进国家公园体制建设，保护和利用好大自然留给我们的宝贵遗产，并完好无损地留给我们的子孙后代！

朱之鑫

原中央财经领导小组办公室主任

国家发展和改革委员会原副主任

序 言

经过近半个世纪的快速发展，中国一跃成为全球第二大经济体。但是，这一举世瞩目的成就也付出了高昂的资源和环境代价：野生动植物栖息地破碎化、生物多样性锐减、生态系统服务和功能退化、环境污染严重。经济发展的资源环境约束不断趋紧，制约着中国经济社会的可持续发展。如何有效地保护好中国最具代表性和最重要的生态系统与生物多样性，为中华民族的子孙后代留下这些宝贵的自然遗产成为亟须应对的严峻挑战。引入国际上广为接受并证明行之有效的国家公园理念，改革整合约占中国国土面积20%的各类自然保护地，在统一、规范和高效的原则指导下构建以国家公园为主体的自然保护地体系是中共十八届三中全会提出的应对这一挑战的重要决定。

国家公园是人类社会保护珍贵的自然和文化遗产的智慧方式之一。自1872年全球第一个国家公园在壮美蛮荒的美国黄石地区建立以来，在面临平衡资源保护与可持续利用的百般考验和千般淬炼中，国家公园脱颖而出，成为全球最具知名度、影响力和吸引力的自然保护地模式。据不完全统计，五大洲现有国家公园10000多处，构成了全球自然保护地体系最具生命力的一道亮丽风景线，是地球母亲亿万年的杰作——丰富的生物多样性和生态系统以及壮美的地质和天文景观——的庇护所和展示窗口。

因为较好地平衡了保护和利用的关系，国家公园巧妙地实现了自然和文化遗产的代际传承。经过一个多世纪的洗礼，国家公园的理念不断演变，内涵日渐丰富，从早期专注自然生态保护到后期兼顾自然与文化遗产保护，到现在演变成兼具资源保护和为人类提供体验自然和陶冶身心等多重功能。同时，国家公园还成为激发爱国热情、培养民族自豪感的最佳场所。国家公园理念在各国的资源保护与管理实践中得以不断扩展、凝练和升华。

中国国家公园体制建设既需要与国际接轨，又应符合中国国情。2015年，在国家公园体制建设工作启动伊始，保尔森基金会与国家发展和改革委员会就国家公园体制建设签订了合作框架协议，旨在通过中美双方合作开展各类研究与交流活动，科学、有序、高效地推进中国的国家公园体制建设，提升和完善中国的自然保护地体系，实现自然生态系统和文化遗产的有效保护和合理利用。在过去约3年的时间里，在河仁慈善基金会的慷慨资助下，双方共同委托国内外知名专家和研究团队，就中国国家公园体制建设顶层设计涉及的十几个重要领域开展了系统、深入的研究，包括国际案例、建设指南、空间规划、治理体系、立法、规划编制、自然资源管理体制、财政事权划分与资金机制、特许经营机制、自然保护管理体制改革方向和路径研究等，为中国国家公园体制建设奠定了良好的基础。

来自美国环球公园协会、国务院发展研究中心、清华大学、北京大学、同济大学、中国科学院生态环境研究中心、西南大学等14家研究机构和单位的百余名学者和研究人员完成了16个研究项目。现将这些研究报告集结成书，以飨众多关心和关注中国国家公园体制建设的读者，并希望对中国国家公园体制建设的各级决策者、基层实践者和其他参与者有所帮助。

作为世界上最大的两个经济体，中美两国共同肩负着保护人类家园——地球的神圣使命。美国在过去140年里积累的经验和教训可以为中国国家公园体制建设提供借鉴。我们衷心希望中美在国家公园建设和管理方面的交流与合作有助于增进两国政府间的互信和人民之间的友谊。

借此机会，我们对所有合作伙伴和参与研究项目的专家们致以诚挚的感谢！特别要感谢国家发展和改革委员会原副主任朱之鑫先生和保尔森基金会主席保尔森先生对合作项目的大力支持和指导，感谢河仁慈善基金会曹德旺先生的慷慨资助和曹德淦理事长对项目的悉心指导。我们期待着继续携手中美合作伙伴为中国的国家公园体制建设添砖加瓦，使国家公园成为展示美丽中国的最佳窗口。

彭福伟	牛红卫
国家发展和改革委员会	保尔森基金会
社会发展司副司长	环保总监

作者序

我最初接触自然保护区、自然保护地是在20世纪90年代中期在北京师范大学资源科学研究所工作时，当时参与了马骧聪先生主编、北京师范大学出版社出版的环境资源法学教材。马先生将采取区划并运用禁限措施的自然保护法统称为“特殊区域保护法”，我被分配写这一部分的内容，开始对自然保护区有了初步的认知。新千年之初，我参与了原国家环保总局拟制“重要生态功能保护区”的政策研究工作，意识到这类区域与马先生所称的“特殊区域”有很大的重叠性但又独具特色。随后我与自然保护区立法工作有了一段近距离接触。2002年，我在亚洲开发银行中国代表处兼职从事环境法顾问，协助组织实施亚洲开发银行资助我国政府的一个打包的立法技术援助项目，其中有一个子项目就是支持全国人大环资委起草《自然保护区法》，这也是我第一次体系化地接触自然保护区的立法问题。后来在参与国家林业局组织的林业重点工程建设评估工作时，我对自然保护区保持着持续的关注，但十分惭愧的是在这方面的论著一直空白。学人如我能够如此接近自然保护区立法工作却不执着产出成果，如本书研究现状所述的我国自然保护区和自然保护地的法律研究微热不炽也就不难理解。《自然保护区法》草案后来经历了《自然保护地法》和《自然遗产法》的嬗变，至今自然保护地的统一国家立法目标仍未实现，长期积累的管理和立法问题一直延续，直到2015年生态文明体制改革总体方案开启了国家公园新型自然保护地的试点工作，形势骤变。可以说，目前中国试点建设中的国家公园是作为自然保护地的新类别出现的，它还不能在整体上解决中国自然保护地管理体系繁杂、紊乱的问题，但是对于国家公园试点区域这一特定的局部而言，国家公园建设则是对各类自然保护地所进行的彻彻底底的颠覆——区域合并、重新区划和规划、体系重组和体制重建。鉴于中国国家公园是崭新事物并具特定性，本书的研究对象是中国生态文明体制改革意义上的作为自然保护地一个类别的国家公园。

中国国家公园体制建设是生态文明体制改革的一项重要任务，国家发展和改革委员会作为协调此项改革任务的职能部门，积极引领科研院校、国内国际著名的环保组织投入到中国国家公园建设各项课题研究之中。2017 年上半年我的团队承担了国家发展和改革委员会、保尔森基金会和河仁慈善基金会共同资助的系列研究课题中的一个——中国国家公园立法研究，本书的核心部分就是在该项目研究报告的基础上转化的。本书的不同法体系下国家公园比较研究和中国国家公园地方立法实践发展这两个部分则是项目完成之后修改和完善的。

2017 年年初，我作为湖北省人大常委会立法顾问参加了湖北省人大常委会立法计划的评估论证会，恰逢其中有一项是后来被纳入 2017 年立法计划的制定《湖北省神农架国家公园管理条例》。为了共同的目标，我们与湖北省人大常委会法规工作室走到了一起，建立了合作伙伴关系，齐力投入《湖北省神农架国家公园管理条例（草案）》二审稿的修改，共助《神农架国家公园保护条例》的诞生。2017 年 11 月湖北省人大常委会通过的《神农架国家公园保护条例》也成为我国关于国家公园保护的第一批正式实施的省级地方性法规之一。

本书的形成是我和我的团队努力学习成长的过程。我要感谢信任我们、赋予我们使命感的合作单位和机构：国家发展和改革委员会、保尔森基金会和河仁慈善基金会，它们的立项资助以及 2017 年春季联合组织召开的“国家公园国际研讨会”，极大地拓展了我们认识国家公园的视野，增强了我们的研究能力；湖北省人大常委会及其法规工作室，在《神农架国家公园保护条例》制定工作和合作研究中，给予了我们至高的尊重和充分的信任；神农架国家公园管理局和神农架林区政府，为我们野外调查和考察提供了最优的便利。

我要特别感谢这些同仁：国家发改委社会发展司彭福伟先生，他是接受我们课题访谈调研的第一人，他对国家公园体制改革的热情和认识高度极大地激发着我们的灵感和责任心；保尔森基金会的牛红卫女士，她是国际自然保护领域的传奇人物，她对研究报告的肯定和细心审读加深了我们对她的景仰；保尔森基金会的于广志女士，她的敏锐、兢业和精工精神是确保项目顺利进行和研究任务出色完成的最好保证；原国家林业局保护司张云毅先生、法规政策司巴连柱先生、调查规划设计院王志臣先生，他们真诚地接受我们的访谈并畅所欲言、毫无保留；神农架国家公园管理局郑成林先生，他为我们神农架考察尽心安排、照顾入微；湖北省人大常委会的王建鸣、滕鑫曜、付正中、张彦先生，他们对地方立法所持的开放、民主参与的包容态度不仅为我们提供了尽可能多的参与地方立法的机会，也使我们极大受益于他们的实践理性和智慧。

我要衷心感谢所有给予我们智识和帮助的人：国家发展和改革委员会社会发展司袁淏，国家林业局调查规划设计院马炜，神农架国家公园管理局国际国内合作办公室唐绁，保护区行业管理科向恒林，公园行业管理科王志先，林业管理科邓龙强，保护与综合利用管理科王漪，科学研究院杨敬元；神农架林区人民政府法制办高昌旭、田禾；神农架林区林业管理局造林科冷火卓，林业管理局林勘院丁建伦，森林公安局李亚寒、田桂林；神农架林区水利局孙擎，南水北调办公室张延军，水利监察支队税华，水利局办公室郭金玉，水利局肖明；神农架林区国土局耕保规划科宦吉清，地籍科周理烜，矿管科张俊，政策与执法科张雄，神农架林区综合执法监察大队陈为民，神农架木鱼镇人大常委会陈善平。他们对自然保护的坚守与付出赢得我们的尊敬。

我要感谢我的研究团队，他们极具成长性和吃苦精神，没有他们的付出本书不可能完成。本书写作分工如下：第 1 章：杜群（1.1，1.4—1.6），张琪静（1.2，1.3）；第 2 章：杜群；第 3 章：张琪静（德国，南非，加拿大，3.6），鲁晶晶（新西兰，美国），白佳玉（日本，3.5）；第 4 章：张琪静（4.1），方配（4.2），李静（4.3），杜群、焦琰、车东晟（4.4），杜群（4.5，4.6）；第 5 章：杜群；第 6 章：杜群、杜殿虎、焦琰。

我要感谢武汉大学环境法研究所，它既是我们施展科研和锻造人才的坚实营盘，也是理论研究的厚实土壤。本书部分内容是本人主持的两个重大项目——教育部人文社会科学重点研究基地重大项目“生态文明语境下环境法体系化发展”和国家社科基金重大招标项目“法治的生态转型和生态文明法律制度建设研究”（14ZDC030）

的研究成果。

作为生态文明体制改革要务的中国国家公园建设事业尚在起步之中，相关的法律专著成果尚不多见，本书仅是引玉砖石。随着国家公园改革的制度化，其法律化发展必当强化，法学研究的更优之作亦当指日可待。在新时代生态法治建设进程中，我也期望我们团队在国家公园、自然保护区等自然保护地的研究方向上走得更长情、更深远。

由于时间和水平所限，书中定有不足、不妥之处，敬请广大读者批评指正。

杜　群

武大·珞珈山

2018.4.22 世界地球日

目　录

引 言

Ⅰ. 研究背景

自然保护地建设作为保护生态环境和自然资源的一种路径，一直被我国大力推广。据不完全统计，截至 2017 年 5 月，全国各类自然保护地已逾 12000 个（不包含自然保护小区），总面积（扣除重叠部分）覆盖了我国陆域面积的近 18%。其中，自然保护区占国土总面积的 14.8%（陈吉宁，2016）。这些自然保护地在防治水土流失、保护水资源、保护生物多样性和维护生态系统稳定等方面发挥了重要的作用。近年来，我国在取得巨大建设成就的同时，自然资源和环境也遭受了不同程度的破坏，自然保护地的生态环境退化和破坏现象不容小觑。

我国的自然保护地基本上是一个多种类别保护地齐聚的区域，面临着法律渊源多样、管理多头、区域交错复合等法律适用难和管理难的问题。长期以来，保护地复合生态区域实行的是以实施《土地管理法》《城乡规划法》《环境保护法》《环境影响评价法》《森林法》《自然保护区条例》《风景名胜区条例》等单一性的资源管理与生态管理的法律、行政法规，缺乏综合性自然保护地管理和保护的法律、法规。这种状况不利于在保护区域推行自然资源和生态系统的综合管理以及自然、文化遗产的系统保护。在此背景下，国家公园作为革新现有自然保护地管理分类体系的契机被引入。

2013 年，党的十八届三中全会通过的《中共中央关于全面深化改革若干重大问题的决定》明确提出“建立国家公园体制”。2015 年 4 月，中共中央、国务院出台的《关于加快推进生态文明建设的意见》提出建立国家公园体制，实行分级、统一管理，保护自然生态和自然文化遗产原真性、完整性。2015 年 9 月，中共中央、国务院正式发布《生态文明体制改革总体方案》，方案中指出要改革现有各部门分头设置保护地的体制，对保护地进行功能重组，合理界定国家公园范围，对国家公园实行更严格保护，并要求中央政府对部分国家公园直接行使所有权。2015 年，国家发改委等 13 个部门联合印发了《建立国家公园体制试点方案》，提出以保障国家生态安全为目的，以实现重要自然生态资源国家所有、全民共享、世代传承为目标，坚持问题导向，建立具有我国特色的国家公园体制，选定北京、吉林、黑龙江、浙江、福建、湖北、湖南、云南、青海九省市开展为期 3 年的国家公园体制试点。2017 年 9 月，《建立国家公园体制总体方案》正式出台，该方案对国家公园建设有了更为明确的指导意见，对国家公园定位、所有权行使等做了规定。2017 年 10 月，党的十九大报告中提出要“构建国土空间开发保护制度，完善主体功能区配套政策，建立以国家公园为主体的自然保护地体系”。这预示着我国的自然保护事业将逐步实现以自然保护区为主体向以国家公园为主体的历史性转变，标志着我国的国家公园建设进入实质推进阶段。

国家政策的推动使得国家公园这一新型自然保护地类别在我国迅速发展起来，并推动了专门立法进程。遵循“一区一法”地方立法的原则，各国家公园试点区域均展开了立法探索，有些已取得立法成果。2015 年 11 月，《云南省国家公园管理条例》通过，这是我国进行国家公园试点后第一部省级地方性法规，确立了国家公园设立与规划、保护与管理、利用与服务等内容。2017 年 6 月，青海省通过《三江源国家公园条例（试行）》，这是我国首个国家公园体制建设下试行的地方性法规，主要从管理体制、规划建设、资源保护、利用管理、社会参与等方面对国家公园建设进行立法规制。2017 年 11 月 24 日，《武夷山国家公园条例（试行）》出台。2017 年 11 月 29 日，《神农架国家公园保护条例》颁布。其他几个国家公园的立法也正在进行中。

但由于缺乏中央层面的国家公园立法指导，已出台的国家公园地方条例在管理体制、土地权属处理、园区利用与管制等方面都存在一定的问题。如何建立我国国家公园管理、保护和利用的法律制度，为国家公园体制建设提供立法指导，为自然保护地体系的完善提供立法参照，是国家公园国家统一专门立法的基本任务。

II. 研究现状

国家公园思想最初起源于美国，是美国自然保护主义观、荒野体验需求以及社会民主发展等综合作用的产物。1832 年，美国著名艺术家乔治·卡特琳提出国家公园构想。

1872年，在环保主义者、学者、政府官员、企业家等的不断推动下，美国建立了世界上第一个国家公园——黄石国家公园。黄石国家公园的建立，开创了世界国家公园和自然保护区建设的先河，由此掀起了一场世界性的国家公园运动。此后，国家公园在全世界范围内不断推广，有关国家公园的研究也逐渐深入到中国。

中国在20世纪50年代才开始引进美国国家公园的理念。1982年，北京林业大学孙筱详教授发表《美国国家公园》一文，标志着中国国家公园研究的正式起步。学者们对于国家公园概念的探讨由来已久，最早，部分学者认为现有的部分自然保护地等同于国家公园，如师卫华认为我国第一个国家公园是1956年在广东省肇庆市建立的鼎湖山国家自然保护区，自然保护区和风景名胜区强调国家公园的基本理念，我国的自然保护区和风景名胜区等同于国外的国家公园（师卫华，2008）。程绍文的《国家公园：中英管理制度社区参与和旅游可持续发展的比较研究》一书直接将中国风景名胜区作为国家公园与英国国家公园进行比较（程绍文，2013）。2008年，环境保护部和国家旅游局在黑龙江伊春市汤旺河进行国家公园试点。同年，国家林业局同意将云南省作为国家公园建设试点省份。以上实践虽然冠以"国家公园"之名，并能认识到国家公园与其他自然保护地的差异，但在管理体制等机制方面没有彻底变革，未能取得改革成果。此后，学者们又提出了广义的国家公园概念，如李经龙指出中国国家公园体系在不同部门管制下逐渐演变成国家森林公园、国家自然保护区、国家风景名胜区等七种类型（李经龙等，2007）。党的十八届三中全会提出建立国家公园体制，这意味着中国在国家层面探索一种符合国情的保护地管理模式，学者们逐渐认识到国家公园作为一种新型自然保护地类别的重要地位，对于国家公园体制建设的研究也十分活跃。苏扬（2017，2018）、李芳（2014）、唐小平（2014）、李渤生（2014）、翟洪波（2014）、刘锋（2014）等对我国建立国家公园体制从不同角度提出了见解和建议。其中，风景园林学者侧重于国外经验的介绍，尤其是国外国家公园的管理体制和管理工具，并尝试构建中国新的保护地体系，对其功能和定位有着新的见解；法学学者在理清国家公园性质和功能的基础上，对中国国家公园体制建设路径、法律规制等进行研究。

在以管理学为主的国家公园研究成果中，学者们达成两点共识，一是应以国家公园体制建设为契机构建中国自然保护地体系，即"建立更加注重系统性、整体性、协同性的中国自然保护地体系"（苏杨等，2015；杨锐，2015），这意味着在建立国家公园体制的同时，应理顺我国现有各类型自然保护地之间的关系，明确各类自然保护地应有的目标和定位（唐芳林，2014；朱春全，2014；吕植，2014；欧阳志云等，2014）。有学者论及一些类型的自然保护地的差别，其中，最受关注的是自然保护区和国家公园的异同、自然保护区和风景名胜区的异同（杨锐，2014；唐芳林等，2013）。二是学者都普遍认同国家公园立法具有必要性。

关于国家公园的法学研究成果非常少。目前并无关于中国国家公园法律专题的著作，关于国家公园立法研究的内容散见于国家公园体制建设的论著中（何思源等，2018；国家林业局森林公园管理办公室，2015；张希武等，2014）。文献研究可查，对国家公园的法学成果多数是论文而非专著，且多数伴生于宏观层面的自然保护地或广义上的自然遗产的研究之中而非以独立专题进行；相较于管理研究，法学研究成果少、内容不深入，并以外国法比较研究为主（余俊等，2011）。而即便对自然保护地的宏观法律研究上，研究成果也不丰富，内容主要关注自然保护地专项法的立法名称、法律目的与价值、调整的范围、技术分类、立法模式等（周珂等，2007；王权典，2007；黄锡生，2010；徐本鑫，2010）；研究热度总体不高、时间上也不持续，仅在2006年拟制《自然保护地法（草案）》《自然保护区域法（草案）》和2013年拟制《自然遗产法》（草案专家建议稿）时引来学者两次微弱的关注。

关于自然保护地和国家公园的法学研究成果，从内容上考察，可以分为两类：一类成果运用比较研究的方法对国外较为成熟的国家公园立法模式和具体的法律制度进行介绍和评价，并从应然法的角度对我国国家公园的立法模式、立法理念、立法原则及相关法律制度提出建议（冯庆俊，2011）。另一类成果——占绝大多数，则立足于我国现有的自然保护地管理实情和国家公园体制建设现状，在分析现有不足的基础上，提出立法对策。两类研究成果存在共性，表现为：均强调制定专门的自然保护地法或国家公园法、倡导“一区一法”，从立法形式上为国家公园体制建设提供保障；在立法理念和目标上，认识到国家公园与其他自然保护地类别的不同，强调保护生态系统完整性、全民公益性、加强环境教育职能等；在具体法律制度的设计上，关注已有的法律制度和制度借鉴，如统一性管理机构的设置、管理权限的划定、特许经营制度、公众参与制度等（杨建美，2011；周武忠，2014；杨锐，2003；李如生，2002；刘红纯，2015）。

Ⅲ．研究目标和方法

本书是关于国家公园立法专题研究，设定的研究目标有四个：（1）梳理总结我国自然保护区、风景名胜区、森林公园、地质公园等各类自然保护地法律法规体系，以湖北省神农架林区为例深入分析现行法律法规在自然生态系统和自然文化遗产保护方面存在的问题及原因。(2)系统总结国际上关于国家公园等自然保护地立法历程和主要特征，研究提出对我国有借鉴意义的经验。(3) 提出制定《中华人民共和国国家公园法》的总体思路，起草专家建议稿及其条文说明，内容包括立法目的和原则、国家公园概念界定和基本框架、设立条件、管理机构和职能、建立程序、规划管控、监督体制及相关主体法律责任等内容。(4) 提出并论证说明《中华人民共和国国家公园法》专家建议稿。

为达成上述研究目标，本书运用了文献研究、比较研究、社会调查等理论联系实际的研究方法。文献研究和比较研究法方法主要用于：梳理有关国家公园和各类保护地的国内法律法规和政策的现状，选取不同法体系下有关国家公园和保护地的立法案例和经验，对国家公园立法体系和重要法律制度开展比较研究并总结可借鉴的经验。

社会调查研究方法是理论联系实际的有效方法。本书课题组于 2017 年 3 月 19—20 日先后走访国家林业局保护司、国家林业局调查规划设计院、国家发改委社会发展司等部门，了解各部门对于国家公园体制建设和国家公园立法的设想。2017 年 5 月 10—12 日，本书课题组前往神农架国家公园，开展实地调研工作，实地调研了神农架国家公园的建设情况，与神农架林区人民政府法制办、神农架林区林业管理局、水利局、国土局、国家公园管理局等部门开展座谈。课题组还特别关注国家公园建设中的社区发展问题，对神农架国家公园所在的木鱼镇进行了走访。在关注国家公园中央层面立法的同时，基于当前各国家公园积极开展的“一区一法”地方立法工作，课题组深度参与了《神农架国家公园保护条例》二审稿修订工作，为地方立法提供理论支持。

Ⅳ. 主要内容、创新点和意义

本书内容分为 6 章，分别是中国国家公园和保护地立法体系和法律治理机制的现状研究、中国国家公园建设的缘起和法治方向、国家公园立法比较分析、地方实践立法分析、国家公园立法统一纲要和《中华人民共和国国家公园法》专家建议稿及说明。

本书研究方法上的新意在于：将对国家公园法这一单项保护地的立法研究放置在自然保护地体系全景和历史发展脉络中把握，使专题研究更具体系性和全局性；以调查为基础择选国家公园体制建设的中国实际问题和制度难点，作为不同法体系下国家公园立法和法律制度比较研究的靶向，使比较研究更具中国问题导向和针对性；对国家公园专门立法沿循国家“统一立法”和地方“一园一法”两种模式予以考察和分析，将国家公园体制建设的理论探寻与试点区域的实践理性相结合与统一。

作为国家公园立法专题研究成果，本书具有理论和实践意义。理论上，由于目前学界对于国家公园立法，尤其是中央层面的国家公园立法的重要性虽达成普遍认同，但尚未针对国家公园法律制度的构建提出明晰和可参考的意见。本研究力图填补此理论空白。我国当前正在开展的国家公园建设工作，由于缺乏相关立法的指导，很多实践问题不能解决。现有地方立法囿于立法层级的原因，对于有些问题的规定模糊、不具体，同时地方立法也不能统筹解决全国国家公园建设问题，只是针对某一特定区域的具体问题提出暂时的解决对策。因此，本书研究对我国进行中央层面的国家公园立法给予支持，尤其在立法模式选择、立法内容等方面提出对策和方案，有着较高的实践价值。

第 1 章　中国自然保护地的立法图景：现状、问题和国家统一立法的机遇

自然保护地（或区域）是指划定或指定的一定区域，在此区域内采取禁止和限制开发利用自然资源等管制方式进行自然资源和生态环境保护。中国尚未有“自然保护地”的法定术语，但在自然保护的管理实践中，中国已经形成制度化管理的自然保护地（或区域）类别，主要是指自然保护区、风景名胜区、森林公园、地质公园、自然遗产地等。从已有法律法规和制度建设来看，自然保护区、风景名胜区、森林公园是发展得最为成熟和规范的自然保护地类别。而国家公园是中国开展生态文明建设以来出现的一个新型的保护地类别。它的出现，固然有既有的自然保护地体系制度不完善的原因，但更缘于其特定的时代特征和本我属性。因此，本章开篇意欲考察国家公园所立足的中国自然保护地法律法规体系的现状及其实施问题，解释、分析自然保护地立法在中国生态文明时代国土空间的战略定位、管制要求，总结自然保护地国家统一立法探索历程，分析生态文明体制改革下——尤其是国家公园制度建设下自然保护地统一立法的机遇和可能模式。

1.1　中国自然保护地法律法规体系现状和实施成效

本节主要考察自然保护区、风景名胜区、森林公园、地质公园、自然遗产地五类较为成熟的自然保护地类别的法律法规体系现状，分别从发展概述、法律法规体系构成及其实施成效展开分析。

1.1.1　自然保护地统领性法律规范

中国尚未有“自然保护地”的专门立法。现有的国家法律也没有以“自然保护地”作为各类别保护地统称的直接规定。目前，《宪法》和《中华人民共和国环境保护法》

存在着与“自然保护地”最接近的、具有统领所有类别自然保护地的“共同条款”。

按照2018年修订的《宪法》第二十六条“国家保护和改善生活环境和生态环境”，第二十二条“国家保护名胜古迹、珍贵文物和其他重要历史文化遗产”的规定，其不仅是“自然保护地”保护，也是自然资源保护、自然保护和环境保护的宪法依据；同时《宪法》第二十二条特别强调了与风景名胜区、自然遗产地直接相关的名胜古迹、文化遗产的保护。

《中华人民共和国宪法》(2018)

第二十六条　国家保护和改善生活环境和生态环境，防治污染和其他公害。

国家组织和鼓励植树造林，保护林木。

《中华人民共和国宪法》(2018)

第二十二条　国家发展为人民服务、为社会主义服务的文学艺术事业、新闻广播电视事业、出版发行事业、图书馆博物馆文化馆和其他文化事业，开展群众性的文化活动。

国家保护名胜古迹、珍贵文物和其他重要历史文化遗产。

《中华人民共和国环境保护法》(2014)第二十九条关于生态红线制度的法律规定也是涵盖所有类型自然保护地且最接近“自然保护地”统一术语的基本法律规范。值得注意的是，此条规定的保护客体在术语上不与现有具体类型的自然保护地一致，而具有自己的自然保护客体和价值表达的指向，即“国家重点生态功能区”。

《中华人民共和国环境保护法》(2014)

第二十九条　国家在重点生态功能区、生态环境敏感区和脆弱区等区域划定生态保护红线，实行严格保护。各级人民政府对具有代表性的各种类型的自然生态系统区域，珍稀、濒危的野生动植物自然分布区域，重要的水源涵养区域，具有重大科学文化价值的地质构造、著名溶洞和化石分布区、冰川、火山、温泉等自然遗迹，以及人文遗迹、古树名木，应当采取措施予以保护，严禁破坏。

1.1.2　自然保护区法律法规体系和实施成效

1. 概述

中国的自然保护区，是指为了保护自然生态系统、生物多样性和科学研究等目的，通过行政程序划定一定范围的自然区域，在区域内采取限制或禁止人为活动的方式，避免或减少人类活动对该区域的破坏和影响。自然保护区是我国自然保护地体系中发展最早，保护性法律法规体系形成最为完整的一个自然保护地类别。

自然保护区在各自然保护地类别中，具有两个最突出的特征。一是自然保护区的保护客体的自然性最强。自然保护区以保护和保存指定区域内自然生态系统和过程、生物物种或自然遗迹为主要目标，因此自然保护区内的自然资源和自然客体形态具有代表性、稀有性或多样性的特殊价值。二是自然保护区的保护方式最严格。自然保护区采取封闭式保存的方式对自然区域进行保护，人为干扰仅限于科学研究的目的，不提倡人为的“建设性”的保护措施，不为旅游观光所利用，不以经济性增量为效益目标追求。

中国自然保护区建设始于 1956 年，在老一辈科学家的建议下，国家划建了广东鼎湖山自然保护区等第一批自然保护区，开创了我国自然保护区事业的先河，也标志着我国自然资源和自然环境保护进入了崭新的历史发展阶段。当时，对自然保护区的定义和理解几乎等同于天然林禁伐区，建立的自然保护区主要位于一些天然林区，数量也很少。到 1965 年年底，全国共建立自然保护区 15 处，如西双版纳、长白山、花坪、白水江、王朗、卧龙、太白山等，保护区面积达到 102.7 万公顷。“文化大革命”阻碍了中国刚刚起步的自然保护区事业的发展。1966—1978 年，很少新建自然保护区，一些已建的自然保护区还受到破坏或撤销。到 1978 年年底，全国自然保护区有 39 个，12 年的时间仅增加了 24 个，自然保护区总面积 195.9 万公顷，仅占全国陆地面积的 0.2%。在改革开放时期，邓小平同志重视自然保护事业，于 1978 年就加强武夷山生物资源保护做出重要批示，推动建立了武夷山自然保护区。在 1978 年宪法颁布实施之后，国家相继颁布实施了《环境保护法》《森林法》《草原法》和《自然保护区条例》等一系列法律法规，我国自然保护区事业逐步走向正轨。此后，我国自然保护区发展迎来了“黄金时期”，到 2008 年年底，全国共建立自然保护区 2538 个，总面积约 14894.3 万公顷（《生命世界》编辑部，2016；佚名，2016）。2009 年以后，尤其是党的十八大以来，中国自然保护区发展从过去的抢救性保护迈向系统性保护转变的全新阶段，自然保护区发展相对缓慢，已初步形成了类型比较齐全、布局比较合理、功能比较健全的全国自然保护区网络（郭薇，2016）。

截至 2016 年年底，全国已建立 2740 处自然保护区，总面积 147 万平方千米，其中，陆域面积 142 万平方千米，约占我国陆地国土面积的 14.8%。国家级自然保护区 446 处，总面积 97 万平方千米；地方级自然保护区 2294 处，总面积 50 万平方千米（陈吉宁，2016）。其中，广东鼎湖山等 33 处自然保护区加入联合国“人与生物圈”保护区网络，吉林向海等 46 处自然保护区列入国际重要湿地名录，福建武夷山等 35 处自然保护区同时划入世界自然遗产保护范围，有 200 多处自然保护区被列为生态文明和环境科普方面的教育基地（中华人民共和国统计局，2016）。随着 2015 年国家公园国家试点方案的实施，自然保护区数量的增长将进一步放缓。

中国自然保护区的主要保护对象包括自然生态系统、野生生物和自然遗迹 3 个类别。全国超过 90%的陆地自然生态系统都建有代表性的自然保护区，89%的国家重点保护野生动植物种类以及大多数重要自然遗迹在自然保护区内得到保护，部分珍稀濒危物种野外种群逐步恢复。大熊猫野外种群数量达到 1800 多只，受威胁等级由濒危降为易危；东北虎、东北豹、亚洲象、朱鹮等物种数量明显增加（王菡娟，2016）。麋鹿曾经野外灭绝，通过建立自然保护区重新引入，种群数量稳步上升，成为国际生物多样性保护的成功典范（荣启涵等，2016）。青海三江源等自然保护区的建立，对保护“中华水塔”发挥了重要作用（王菡娟，2016）。

中国自然保护区分为国家级和地方级（含省、市、县三级）。国家级自然保护区均已建立相应管理机构，多数已建成管护站点等基础设施（王比学，2016）。自然保护区管理经费由所在地县级以上地方人民政府负责安排，中央财政对国家级自然保护区给予适当补助。以自然保护区为平台，认真履行《生物多样性公约》等生态保护国际公约，与联合国环境规划署等国际组织以及欧盟、俄罗斯等地区和国家开展交流合作。

2. 法律法规构成

中国自然保护区法律法规体系也是自然保护地类别中发展最为完善的，在《宪法》和《环境保护法》统领性规范的指引下，形成了“国家法律—专门行政法规（相关行政法规）—部门规章—地方性法规”的法律法规体系。

（1）国家法律。10 多部国家法律规定自然保护区保护。它们主要是《海洋环境保护法》（2016）、《森林法》（2009）、《野生动物保护法》（2016）、《矿产资源法》（2009）、《固体废物污染环境防治法》（2016）、《防震减灾法》（2008）、《防沙治沙法》（2001）、《刑法修正案（四）》（2002）第七项、《畜牧法》（2015）、《城乡规划法》（2015）。

（2）国务院行政法规。在行政法规方面，1985 年 6 月 21 日经国务院批准，同年 7 月 6 日原林业部发布施行了《森林和野生动物类型自然保护区管理办法》，这是我国较早的关于自然保护地管理的行政法规。

国务院 1994 年颁布、2011 年修改的《自然保护区条例》是我国第一部对各种类型自然保护区进行统一规范的行政法规，也是现阶段自然保护区建设和管理的主要依据。《自然保护区条例》建立了环保部门综合管理与林业、农业、国土资源、水利、海洋等行业管理相结合的管理体制，明确分级分区等管理制度。它对自然保护区管理做了全面规定，具体内容包括：确定了自然保护区的概念及自然保护区的法律地位；规范了自然保护区的设立、建设和管理；将自然保护区发展规划纳入国民经济和社会发展规划，保证自然保护区的有序发展；建立了环保部门综合管理和林业、农业、国土资源、海洋等行政主管部门分部门管理的综合管理与分工负责相结合的管理体制；规范了自然保护区的建立程序和采用“人与生物圈保护区”的管理方式，对自然保护区进行分功能区管理；初步建立了自然保护区经费渠道，逐步增加了对自然保护区的投入；规定了有关违法的法律责任等。《自然保护区条例》（2011 修订）是我国自然保护区监督管理的最为重要的法规，在自然保护区管护的实践中发挥了重要的作用。

此外，还有《水生野生动物保护实施条例》（2013）、《野生植物保护条例》（1996）、《古生物化石保护条例》（2010）、《野生药材资源保护管理条例》（1987）等几个重要的行政法规涉及自然保护区的规定。

（3）部门规章和重要的规范性文件。部门规章和重要的政策性文件是自然保护区管理最直接的规范性依据，包括《森林和野生动物类型自然保护区管理办法》（1985）、《海洋自然保护区管理办法》（1995）、《水生动植物自然保护区管理办法》（2014）、《自然保护区土地管理办法》（1995）等。《自然保护区土地管理办法》（1995）在《土地管理法》的基础上，对已划定的自然保护区内及其外围保护地带的土地进行专项管理，其主要内容包括禁止任何单位和个人危害、破坏自然保护区的土地，自然保护区土地的归属地籍、规划、保护，以及违法责任等。

自然保护区建设和管理遵行的重要的政策规范性文件有：《中国自然保护区发展规划纲要（1996—2010 年）》，它明确了我国 1996—2010 年自然保护区发展的总体规划，规定了自然保护区规划编制的指导思想与原则、规划目标、规划方案、经费核算以及实施保障等。其他包括《国家级自然保护区监督检查办法》(2006)、《关于进一步加强自然保护区建设和管理工作的通知》(2002)、《自然保护区管护基础设施建设技术规范》(2003)、《国家级自然保护区评审委员会组织工作制度》等。

(4) 地方性法规。除上述行政法规及部门规章外，在北大"法宝"以"自然保护区"为关键词检索，统计结果发现，我国有内蒙古、吉林、黑龙江、浙江、福建、海南、四川、贵州、云南、西藏、陕西、甘肃、新疆等 31 个省、自治区、直辖市已经结合本地自然保护区管理的需要，制定了地方性自然保护区法规、规章。在北大"法宝"以"国家级自然保护区"为关键词检索，统计结果发现，截至 2018 年，我国一共有 469 处国家级自然保护区，对于这些国家级自然保护区的调整，全国范围内共颁布了约 200 部地方性法规规章。这些地方性法规目前在我国自然保护区管理和建设中担当不可或缺的重任。

(5) 与自然保护区相关的国际公约。主要是《生物多样性公约》和《关于特别是作为水禽栖息地的国际重要湿地公约》。

3. 法律规范实施成效

1994 年颁布、2011 年修订的国务院行政法规《自然保护区条例》是事关自然保护区的设立和管理逐步规范化的，对于自然保护区的发展起到了积极的推动作用。当然，相对于当前自然保护区管理工作的实际要求，该条例还存在以下不足：

(1) 政策与资金支持。条例没有明确自然保护区的公益性质，也没有明确政府对自然保护区的投资范围、力度和责任，自然保护区的建设管理缺少稳定的资金来源；中央与地方政府在资金投入、人事任免等方面职责与权限不明确，制约了自然保护区的健康发展（唐小平，2016）；现有资金渠道单一，分配和使用机制不健全，存在部门之间不平衡、资金使用不合理等问题（班若川，2011）。

(2) 监督管理制度。条例对自然保护区监测系统和巡护措施重视不够，基础设施等能力建设不足，保护管理机构无法了解保护区动态，及时掌握异常情况；对核心区的主要保护措施就是严防死守，缺乏针对性和必要的灵活性；自然保护区评审委员会的组建和评审程序不合理，一些不符合条件的自然保护区晋升为国家级自然保护区。

(3) 当地居民权益保障。条例没有明确自然保护区内土地等自然资源的权属，没有明确权属变更方式和程序，加剧了社区和保护区之间的矛盾。自然保护区对当地的经济发展起到了一定的制约作用，给自然保护区周边社区居民带来了一定的损失，条例的一些规定成为限制保护区适度利用、自我发展的制度障碍。

（4）规划制度。自然保护区规划的法律地位和法定程序不明确；规划缺乏权威性和严肃性，规划名称、编制主体、资金来源、审批主体等不一致，修改的随意性大，经常出现为了经济利益而修改规划、规避监管的行为；自然保护区规划与相关规划的衔接关系不明确。

（5）功能分区和分级管理。核心区、缓冲区、实验区的功能分区不能适应迁徙野生动物、海洋生物等不同类型自然保护区动态变化的特点；严格禁止进入核心区，缺乏对人工实施干预措施的规范，有时反而影响了保护对象的栖息环境；国家级自然保护区缓冲区和实验区的保护价值通常应高于省级、市级、县级自然保护区的核心区，但目前不同级别的自然保护区及其功能区在保护措施要求上没有区别，国家级别的保护对象没有得到更加严格的保护。

（6）管理体制和保护管理机构。国务院有关主管部门权责不清晰，地方政府的管理责任不落实，保护管理机构的保护、管理职责不够明确。

（7）分类管理制度。条例缺乏对自然保护区的分类管理制度，实行单一、绝对的严格保护，导致一些本来可以合理开发利用的不能合理利用，如古生物化石保护、地质遗迹保护、海洋等类型的自然保护区，而一些需要严格保护的没有得到有效保护。

1.1.3　风景名胜区法律法规体系和实施成效

1. 概述

风景名胜区，是指具有观赏、文化或者科学价值，自然景观、人文景观比较集中，环境优美，可供人们游览或者进行科学、文化活动的区域。根据《风景名胜区条例》（2016）第二条的规定，管理意义上的风景名胜区，首先，具有风景名胜资源的属性——风景名胜集中、自然环境优美、具有一定规模和游览条件。风景名胜资源，是具有观赏、文化或科学价值的山河、湖海、地貌、森林、动植物、化石、特殊地质、天文气象等自然景物和文物古迹、革命纪念地、历史遗址、园林、建筑、工程设施等人文景观。其次，它还具有行政区域的制定性特征，即经县级以上人民政府审定命名、划定范围，供人游览、观赏、休息和进行科学文化活动的区域，一般划分为三级，即国家级重点风景名胜区、省级风景名胜区、市（县）级风景名胜区。风景名胜区作为一个环境要素，既有天然因素又有人为因素，按其成因不同，风景名胜区可以分为天然的风景名胜区和人工的风景名胜区。以自然景观为主体，人工成分比较少，属于天然的风景名胜区；以人文景观为主体，属于人工的风景名胜区。由于我国历史悠久，风景名胜区的风景名胜资源具有自然与人文景观复合、交融并生的特征。

1982 年，我国正式开始建设风景名胜区制度，随之开始风景名胜区法规的建设工作。1985 年国务院发布《风景名胜区管理暂行条例》；1987 年城乡建设环境保护部发布《风景名胜区管理暂行条例实施办法》。经过近 30 多年的发展，截至 2015 年年底，全国已建立风景名胜区 962 处，其中国家级风景名胜区 225 处、省级风景名胜区 737 处，风景名胜区面积约占国土总面积的 2.02%。全国 48 项世界遗产中，有 30 处分布在国家级风景名胜区和省级风景名胜区之中，共包含自然遗产 10 项、文化与自然双遗产 4 项、文化景观遗产 4 项，中国成为 30 年来全球世界遗产数量增长最快的国家之一（中华人民共和国住房和城乡建设部，2016）。这些风景名胜区，是祖国大好河山的精华，是中华五千年历史文化的见证，是炎黄子孙宝贵的遗产和财富。保护风景名胜区，对维护我国国土风貌、弘扬民族文化、发展旅游经济有着重要意义。

2. 法律规范构成

关于风景名胜区保护管理的立法，《宪法》特别强调风景名胜、文物的保护，《环境保护法》把风景名胜区列为环境的一个组成要素予以保护，《城乡规划法》要求保护自然景观，加强城市园林、绿地和风景名胜区的建设。

目前，中国风景名胜区保护主要依据 2006 年颁布、2016 年修订的国务院行政法规《风景名胜区条例》。现行有效的国务院颁布的其他规范性文件还包括 1992 年的《国务院办公厅转发建设部关于加强风景名胜区工作报告的通知》、1995 年的《国务院办公厅关于加强风景名胜区保护管理工作的通知》、2002 年发布的《国务院关于加强城乡规划监督管理的通知》等。

为更加有效地保护、管理风景名胜区，国务院风景名胜区主管部门——住房和城乡建设部（简称住建部，即原建设部）发布了一系列具有可操作性的部门规章和技术规范，主要有：《城乡建设环境保护部、公安部、国家旅游局关于加强风景名胜区游览安全管理的通知》（1984）、《风景名胜区环境卫生管理标准》（1992）、《建设部关于贯彻执行国办发〔1992〕50 号文件进一步做好风景名胜区工作的通知》、《风景名胜区建设管理规定》（1993）、《风景名胜区规划规范》（1999）、《风景名胜区分类标准》（2008）、《国家级风景名胜区管理评估和监督检查办法》（2015）、《国家级风景名胜区规划编制审批办法》（2015）、《住房和城乡建设部关于印发国家级风景名胜区总体规划大纲和编制要求的通知》（2015）。2016 年，住建部发布了《全国风景名胜区事业发展“十三五”规划》，明确了风景名胜区的具体发展方向和道路。经过长期发展，风景名胜区管理规范得到了完备，其可操作性强的规范性文件主要是行政法规《风景名胜区条例》和其他部门规章。

地方各级人大常委会和政府也不断加大对风景名胜区保护管理的法规建设，结合本地实际制定了一系列保护管理条例或办法。截至 2017 年 8 月，关于风景名胜区保护管理的省级地方性法规（现行有效的）共有 38 部，如《山东省风景名胜区管理条例》（2016）、《福建省风景名胜区条例》（2015）、《浙江省风景名胜区条例》（2014）、《甘肃省风景名胜区条例》（2015）与《湖南韶山风景名胜区条例》（2012）等。现行有效的设区的市地方性法规共 21 部，如《徐州市云龙湖风景名胜区条例》（2015）、《大连市风景名胜区条例》（2011）、《苏州市风景名胜区条例》（2009）、《岳麓山风景名胜区条例》（2007）和《深圳经济特区梧桐山风景名胜区条例》（2009）等。现行有效的关于风景名胜区保护管理的自治条例和单行条例共 10 部，如《阿坝藏族羌族自治州风景名胜区条例》（2014）、《湘西土家族苗族自治州猛洞河风景名胜区保护条例》（2007）等。

3. 法律规范实施成效

国务院行政法规《风景名胜区条例》是在总结 1985 年《风景名胜区管理暂行条例》实施 20 余年经验教训的基础上，于 2006 年正式颁布，并于 2016 年进行修订。该条例 2016 年的修订，重点解决保护规划编制不规范、审批制度不完善、规划法律地位低，保护、利用和管理措施不足，管理机构的设置、性质、职能不规范，以及景区经营和门票收入管理混乱等问题。以该条例为主要构成的风景名胜区法规规范体系已经发展得较为完善，而且比较符合当前保护和管理工作的实际情况，具有较强的可操作性。

但是，风景名胜区法律规范在执行中还存在一些需要解决的问题。

（1）政策和资金支持。条例没有明确风景名胜区的公益性质，导致出现将风景名胜区当作单纯的资产予以经营；国家对风景名胜区保护补助资金的投入严重不足，门票收入和有偿使用费的管理不规范；为解决经费紧张的问题，有的风景名胜区大兴土木、开山采石、超容量利用自然资源，有的违规招商、出卖景区经营权甚至申请上市，有的修建粗制滥造、品位低下的人工景点，使风景名胜区过度人工化、园林化，风景名胜区商业化倾向非常突出。

（2）规划和监督管理制度。条例对风景名胜区的总体规划和监督管理能力建设规定不足。风景名胜区总体规划与相关规划衔接关系不明确，与相关规划发生冲突时难以有效协调；有的国家级风景名胜区没有建立监测系统，有的则难以实现监测数据的信息化管理。

（3）当地居民权益保障。大部分风景名胜区存在人口增长、原有村庄和居民点迅速扩大、新的集镇街区不断形成的状况，导致风景名胜区的自然文化风貌黯然失色；条例对风景名胜区所在地人民政府及其有关部门为区域内居民的生产和生活提供指导和帮助的规定不足，当地居民生产生活、地区发展和风景名胜资源保护的有效协调机制不完善。

1.1.4　森林公园法律法规体系和实施成效

1. 概述

从 1980 年起，林业部就着手兴办森林公园，开展森林旅游。1980 年发布《关于风景名胜地区国有林场山林和开发旅游事业的通知》，并在山东泰安召开森林旅游座谈会，对国有林场开展森林旅游开展部署。1981 年 6 月，国家计划委员会提出兴建森林公园，开展森林旅游；林业部进一步提出，开展森林旅游、狩猎，要贯彻“以林为主，多种经营”的方针，采取中央和地方合资兴办、科学管理、独立核算、自负盈亏的方式进行森林公园试点。随后两部委提出在有条件的国有林场兴建森林公园。1982 年成立的张家界国家森林公园成为我国第一个国家森林公园。

20 世纪 90 年代，林业主管部门将国有林场管理权从省级或市级政府下放到县级政府，实行企业化管理、市场化运作，加剧了国有林场的贫困。发展森林旅游，让国有林场脱贫是森林公园创建初期的直接动因。随着森林公园的开发，由公园与各级政府机构兴办的宾馆、饭店业随之在公园内建设起来，旅游成效显著。如张家界国家森林公园在此期间建设 30 家，建筑面积达到 84500 平方米（罗芬等，2013）。1992 年“全国森林公园暨森林旅游工作会议”指出，建设森林公园、兴办森林旅游业，是一项投资少、见效快、劳动密集、社会效益好的绿色产业，森林公园是公益林业，属于社会公益事业，完全可以发挥最大生态社会效益。但是，森林公园的快速发展带来很多问题，如审批门槛太低、景点建设不规范等。因此，制定和完善我国森林公园和森林旅游的有关法规和制度建设刻不容缓。为此，1992 年 7 月，林业部成立了森林公园管理办公室；1994 年 1 月，颁布《森林公园管理办法》；同年 12 月，成立“中国森林风景资源评价委员会”，颁布国家标准——《中国森林公园风景资源质量评价标准》；1996 年 1 月颁布《森林公园总体设计规范》。1997 年，完成《全国森林公园建设及森林风景资源保护规划》

（1998—2050）和《全国森林公园建设与森林旅游业发展纲要》，为森林公园建设的总体发展明确了目标与方向。

1994 年以后国家开始实施可持续发展战略，林业发展理念也发生了转变，从原来过于侧重森林的经济效益转变到融经济、生态和社会等整体效益上来。森林公园和森林旅游成为森林产业转型的新型业态。2002 年以后，我国提出以木材生产为主向生态建设为主的根本性转变，森林公园成为兼具促进生态环境建设和自然保护，推动林业产业结构的合理调整和拉动林区经济增长的双重功能的自然保护地形态。

2011 年，《全国主体功能区划》将国家森林公园列入国家层面禁止开发区域。同年，国家林业局森林公园保护与发展中心成立，表明我国的森林公园建设得到了国家层面的充分肯定，同时明确了森林公园首要的发展管理目标是保护为主和保护优先。同时，国家林业局与国家旅游局签署了《关于推进森林旅游发展的合作框架协议》，森林旅游成为旅游业发展的国家战略。2016 年 11 月 21 日，国家发改委联合国家林业局发布了《关于运用政府和社会资本合作模式推进林业建设的指导意见》（发改农经〔2016〕2455 号），提出“在保持生态系统完整性和稳定性的前提下，鼓励社会资本参与森林公园、湿地公园、沙漠公园等园区保护站（点），宣传教育设施、交通和旅游服务设施建设，采取使用权入股、联营、租赁等多种形式参与保护地的经营活动，提高保护和管理水平，为社会提供更好的生态服务”。

截至 2016 年，林业部门经过 30 多年的努力，发展壮大了森林公园和森林旅游业，全国森林公园达 3394 处，规划总面积 1886 万公顷，国家级森林公园 848 处。2016 年全国森林公园旅游人数 9.17 亿人次，占国内旅游总人数的 20.8%，有 1083 处森林公园免收门票，每年有 2.18 亿人次享受绿色公共福利（深圳市城市管理局，2017）。我国 48 处世界遗产中有 18 处以森林公园为主体，33 处世界地质公园中有 21 处是森林公园。森林公园在我国自然保护事业中的地位已然十分重要（张红梅，2017）。

2. 法律规范构成

森林公园保护和管理的国家法律主要是《森林法》。目前尚无森林公园的专门行政法规。森林公园保护与管理依据的主要是国家林业局发布的一系列可操作性强的行政规章，主要是《森林公园管理办法》（2016）和《国家级森林公园管理办法》（2011）。

《森林公园管理办法》（2016）对森林公园的规划、建设和经营管理做了具体规定。《国家级森林公园管理办法》（2011）较之《森林公园管理办法》（2016）的规定更为详细，尤其在国家森林公园内部设施建设、活动开展、法律责任等方面做了全面的规定。

国家林业局还出台了其他辅助性部门规章，主要是：《国家级森林公园设立、撤销、合并、改变经营范围或者变更隶属关系审批管理办法》（2005）、《国家林业局森林公园管理办公室关于实施〈国家级森林公园设立、撤销、合并、改变经营范围或者变更隶属关系审批管理办法〉有关问题的通知》（2005）、《国家林业局关于加快森林公园发展的意见》（2006）、《国家林业局森林公园管理办公室关于加强森林公园旅游安全管理的通知》（2007）、《国家级森林公园监督检查办法》（2009）、国家标准《国家森林公园设计规范》（会同国家质监局、住房和城乡建设部，2014）、《国家级森林公园总体规划审批管理办法》（2015）、《国家林业局关于省级以下森林公园审批有关事项的通知》（2014）等。

地方性法规方面，安徽、广东、江西等 12 个省，青岛市等 5 个较大市制定了森林公园管理的地方性法规，福建省、陕西省和内蒙古自治区制定了专门的省（自治区）人民政府规章。

值得指出的是，所有的森林公园省级地方性法规都有一个共同属性和法治功能，即将森林公园作为与自然保护区、风景名胜区同位阶的自然保护地类型在省级行政区域内推进保护工作，弥补了森林公园上位法（国家法律、行政法规）缺位的不足。

3. 法律规范实施成效

森林公园是我国继自然保护区、风景名胜区之后发展最为迅速、制度建设最全面的保护地类型。究其成因，从管理体制上可归因于这是林业部门单独管理和推进的保护地类型，具有行政便捷和效率高的优势；从经济发展分析，森林公园建设是带动国有林场产业转型、发展林业生态旅游的新业态，由于成本和收益显著而获得有关部委，尤其是社会资本的较大投入；从法制保障分析，主导森林公园保护管理的主要规范性依据是国务院部门规章，立法位阶比较低，森林公园保护和开发的关系、森林公园的使命和公益性质等需要有更高层级的立法予以明确和维护。

尽管如此，森林公园保护和管理的法制发展取得了以下积极成效。

（1）形成了“森林公园”正式定义

1982 年 9 月，国务院委托国家计委批准了我国第一个国家森林公园——张家界国家森林公园，自那时起，众多学者对森林公园的概念和内涵做了研究。在研究过程中学者们开始提出森林公园的概念，即"森林公园是以森林自然环境为依托，具有优美的环境和科学教育、游览休息价值的地域，经科学保护和适度建设，为人们提供旅游、观光、休息和科学文化活动的特定场所"（吴楚才，1991）。这是国内学者首次正式提出的一个关于森林公园的定义。

但经过几年的森林公园规划设计的实践后提出的森林公园的定义有所变化，有代表性的定义如下：(a) 森林公园是指经过精心规划设计而建设的，以森林景观资源为主体，用来进行森林旅游的区域（但新球，1994）。(b) 在一定的地域内，利用森林环境内的植物、动物、地形地势条件所形成的自然资源为主体的，通过统一规划而建成的，可供游览、度假、科研、考察的综合性公园（张理英，2007）。(c) 森林公园是以森林景观为主体，融入其他自然景观的生态型郊野公园（王兴国，1996）。(d) 森林公园是生态型的郊野公园，通常在国有林场原建设的基础上，以其良好的森林生态环境为主体，充分利用森林生物的多样性、多功能，经过科学保护和适度开发建设，为人们提供旅游度假、休憩、保健、疗养、科学教育、文化娱乐的场所（唐正良，1994）。

1994 年 1 月 22 日，原林业部第三号令颁布的《森林公园管理办法》(2016 年 9 月 22 日已做出修改）第二条规定："本办法所称森林公园，是指森林景观优美，自然景观和人文景物集中，具有一定规模，可供人们游览、休息，或进行科学、文化、教育活动的场所。"这一规定，与从自然科学角度制定的国家标准 GB/T 18005—1999 中所述的森林公园，即具有一定规模和质量的森林风景资源与环境条件，可以开展森林旅游，并按法定程序申报批准的森林地域，共同构成了我国森林公园最具规范意义的定义。诚然，这个定义的缺陷也是明显的，它解释了森林公园的自然本征意义和客观功能内涵，而忽视了其社会属性——公益与私益、开发与保护的制度功能性含义。

（2）整章建制，强化国家级森林公园管理

国家林业主管部门从 1992 年开始着手森林公园建章立制工作。森林公园的法律法规，在国家法律层面的直接依据是《森林法》，其下并没有像自然保护区和风景名胜区保护一样存在一个可操作性很强并具有正式上位法位阶的国务院行政法规，而是以两个部门规章《森林公园管理办法》和《国家级森林公园管理办法》开展森林公园的保护和管理工作。尤其鲜明的是，国家林业局在 2015 年以后全面加强对国家级森林公园的保护、建设和管理工作，这应当可以解释为国家林业部门对生态文明体制改革，尤其是国家公园体制改革的一个行动响应。2016 年，国家林业局先后制定并发布了《国家级森林公园设立、撤销、改变经营范围或者变更隶属关系审批事项服务指南》《国家级森林公园行政审批随机抽查工作细则》《建设项目使用国家级森林公园林地审查意见办理规程（试行）》，建立了国家级森林公园名录、执法人员名录库和专家名录库，开展森林公园自然教育培训，建立森林公园解说员制度，深入推进森林公园的规范化管理。

（3）开始重视处理规划的交叉重合问题

自然保护地建设中，保护地交叉重合规划是形成“一地多牌”的主要原因。国家森林公园的建设也存在交叉和重合规划的问题。虽然属于部门规章的低阶位规范性文件，但是《国家级森林公园管理办法》第九条规定，已建国家级森林公园的范围与国家级自然保护区重合或者交叉的，国家级森林公园总体规划应当与国家级自然保护区总体规划相互协调；对重合或者交叉区域，应当按照自然保护区有关法律法规管理。这一规定符合下位法服从上位法的立法原则。

省级地方性法规已经重视这个问题，并采取不同处理方式。一是避而不谈，如《广东省森林公园管理条例》（2014 修正）。二是统一经营管理型，如《陕西省森林公园条例》（2012）规定：“森林公园与风景名胜区、自然保护区、地质公园重合或者交叉的，县级以上人民政府应当整合管理组织，实施统一经营管理。”这一规定放权于地方人民政府，笼统要求整合管理。三是交叉管理和统一管理型，如《安徽省森林公园管理条例》（2015 修正）第十六条规定。

《安徽省森林公园管理条例》（2015 修正）

第十六条　在已经批准设立的风景名胜区、自然保护区内的实验区、地质公园内申请设立森林公园的，应当报风景名胜区、自然保护区、地质公园批准机关备案。

在已经批准设立的森林公园内申请设立风景名胜区或者自然保护区、地质公园的，应当报森林公园批准机关备案。

森林公园与风景名胜区、自然保护区内的实验区、地质公园地域范围基本一致的，所在地县级以上人民政府应当根据精简、效能和有利于保护利用的原则，确定一个机构负责实施统一管理。

（4）建立执法监督机制

林业主管部门的执法监督主要是以“森林公园总体规划”为依据，加强对规划审批和规划实施的执法监督和检查。从 2016 年开始，国家林业局森林公园管理办公室分别向安徽省、福建省、江西省、湖南省、广东省、陕西省林业厅下发整改通知，对 53 处存在未编制总体规划或总体规划到期不修编的国家级森林公园，责令 18 个月内完成国家级森林公园总体规划的编制和上报。对于逾期仍未上报国家级森林公园总体规划、导致国家级森林公园主体功能无法发挥的，将依照《国家级森林公园管理办法》的相关规定撤销该国家级森林公园。2016 年以来，国家林业局对 2012 年批准设立的 18 处国家级森林公园集中检查，重点检查了 5 年来这 18 处国家级森林公园机构建设、人员落实、总体规划编制、建设发展成效、旅游产品打造、保障机制建立等方面的工作（中国森林公园网，2017）。

1.1.5　地质公园法律法规体系和实施成效

1. 概述

地质公园是以地质遗迹和重要古生物遗址为保护对象的自然保护地类别。目前，按照地质遗迹景观资源的科学价值和管理等级，我国地质公园通常分为世界地质公园、国家地质公园、省级地质公园和地方级地质公园四级，分别由联合国教科文组织、国土资源部、省（自治区、直辖市）级及市（县）级国土资源行政主管部门负责审批命名。

国家地质公园，是以具有特殊的科学意义、稀有的自然属性、优雅的美学观赏价值，具有一定规模和分布范围的有全国性代表意义的地质遗迹为主体，并融合其他自然景观与人文景观构成的特定地区；国家地质公园以保护地质遗迹，促进地方经济、文化和环境的可持续发展为宗旨，为人们提供具有较高科学品位的观光游览、休闲度假、康疗保健、科学研究、科普教育的场所（国土资源部，2000）。

我国地质公园保护地类型的发展有两个特征。第一个特征是，地质公园保护地类型最早是以地质自然保护区的形式开展，从诞生伊始就与自然保护区重名建设。1985 年 7 月，地质矿产部在长沙召开"首届地质自然保护区区划和科学考察工作会议"，在与会代表的倡议下，我国第一个国家级地质自然保护区"武陵源国家地质公园"于当年建立。1987 年，地质矿产部发布《关于建立地质自然保护区规定的通知（试行）》，我国开始正式建立地质自然保护区，注重对珍贵地学自然历史遗迹的保护和开展科研、教育、旅游等利用。此后陆续建立了多个国家级、省级和县级地质自然保护区。1995 年，地质矿产部颁布《地质遗迹保护管理规定》，规定地质公园是地质遗迹保护区的保护地形式。

第二个特征是，地质公园在 1995 年后深受联合国教科文组织主导的国际地质遗迹保护进程的影响。国际地质遗迹保护的正式制度安排可溯源于 1972 年联合国教科文组织（UNESCO）组织推动的《世界文化和自然遗产保护公约》。作为推动该公约实施的行动，1989 年，联合国教科文组织、国际地科联（IUGS）及世界自然保护联盟（IUCN）在华盛顿启动了“全球地质及古生物遗址名录的国际地质对比计划”；该计划于 1997 年在联合国教科文组织推动下发展为联合国大会通过的“促使各地具有特殊地质现象的景点形成全球性网络计划（IGCP）”，即“地质景点计划”。1999 年，联合国教科文组织提出建立地质公园计划，规划在全球建立 500 个世界地质公园，中国成为世界地质公园计划的试点国家。1999 年 12 月国土资源部在召开的“全国地质地貌景观保护工作会议”上提出围绕“在保护中开发，在开发中保护”的思想而建立国家地质公园的设想。2001 年 3 月审批了首批 11 个国家地质公园（胡炜霞，2007）。2003 年，联合国教科文组织和中国国土资源部联合组建了世界地质公园网络办公室，并将办公室设在中国。2004 年 6 月，第一届世界地质公园大会在中国北京召开。为了规范建设，2005—2008 年，国土资源部没有启动国家地质公园申报，但从 2009 年开始，每两年审批一次。

根据我们查寻统计（图 1-1），从 2000 年起开始建立国家地质公园，到 2018 年 3 月先后分 8 批已通过了 272 处国家地质公园（中华人民共和国国土资源部，2014；百度百科，2016；上饶新闻网，2018）。截至 2015 年 5 月，全国建成开园的国家地质公园共有 196 处，其余尚在建设过程中（陈安泽，2016）。从 2009 年第五批起，国家地质公园审批程序只授予国家地质公园资格，申报单位需按地质公园建设标准建成并经国土资源部验收合格才能正式批准、获得国家地质公园称号。

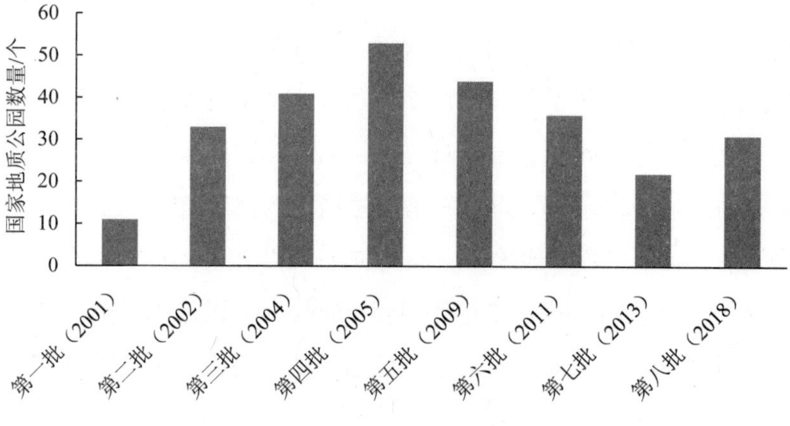

图 1-1　我国国家地质公园分批建设数量统计

2. 主要法律规范构成

一系列国家法律的陆续出台推进了地质遗迹资源保护。《环境保护法》（1989，2014）都规定了对具有重大科学文化价值的地质构造等自然遗迹，以及人文遗迹、古树名木，应当采取措施予以保护，严禁破坏。《中华人民共和国城乡规划法》（2015）要求城镇建设总体规划中必须包含自然与历史文化遗产保护以及防灾减灾等内容。《土地管理法》《矿产资源法》也有相应地质遗迹的保护规定。

目前国务院尚未通过地质公园保护的专门行政法规，与地质遗迹保护有关的行政法规有《古生物化石保护条例》《自然保护区条例》《风景名胜区条例》。国务院批准的《全国主体功能规划》（国发〔2010〕46 号，国务院规范性文件）规定了国家地质公园属于国家层面禁止开发区域，并指出国家地质公园的管理要依据《世界地质公园网络工作指南》以及本规划确定的原则和地质公园规划。除必要的保护设施和附属设施外，禁止其他生产建设活动。在国家地质公园及可能对地质公园造成影响的周边地区，禁止进行采石、取土、开矿、放牧、砍伐以及其他对保护对象有损害的活动。未经管理机构批准，不得在地质公园范围内采集标本和化石。

地质公园保护的直接规范依据主要是国土资源部的部门规章和技术规范，以及与世界地质公园有关的国际规范性文件（如联合国教科文组织的《世界地质公园网络工作指南》）。1994 年发布的《地质遗迹保护管理规定》规定了地质遗迹保护和管理的总体要求以及国家级地质遗迹保护区的建立程序。

2009 年 5 月，国土资源部印发《关于加强国家地质公园申报审批工作的通知》，实行资格授予和批准命名分开审核。2010 年，《国家地质公园建设标准》《国家地质公园验收标准》《国家地质公园规划编制技术要求》发布，从地质公园规划与地质遗迹保护、地质公园解说与标识系统、科学研究和科学普及、建设和地质遗迹保护资金、社会经济效益等方面，对地质公园建设进行规范管理，并从地质遗迹保护、解说系统建设、科学研究和科普、管理结构和信息化等方面对国家地质公园建设进行评估验收，规范国家地质公园批准命名。2013 年，财政部和国土资源部联合发布《国家级地质遗迹保护专项资金管理办法》，国土资源部办公厅发布《关于开展国家地质公园监督检查的通知》，按照《国家地质公园建设标准》，对国家地质公园进行实地评估检查。

3. 法律规范实施成效

地质公园经过近 30 年的发展，成为极具国际标准管理特色、与国际自然保护接轨甚至引领国际地质公园计划的中国自然保护地，这是地质公园保护法律治理的积极成果，值得肯定。举例来说，国家地质公园管理督察员制度就是国家级地质公园建设、保护和管理中富有特色的一项监督管理制度。国土资源部定期或不定期向国家地质公园派出督察员，对国家地质公园的各项工作进行检查与监督。世界地质公园由 UNESCO 派国际有关专家进行检查。国土资源部根据各国家地质公园的年度报告、督察员报告以及国土资源行政主管部门的核查结果，每三年对国家地质公园进行一次评估。评估结果分为优秀、达标、不达标三个等级。对评估结果为“优秀”的国家地质公园，予以奖励。对评估结果为“不达标”的国家地质公园，予以警告，并限期整改；有严重问题的国家地质公园闭园整顿，直至达标。对于整改不力、已经不能满足有效保护、合理利用地质遗迹要求的国家地质公园，经国家地质公园评审委员会审议，报国家地质公园领导小组批准，取消其“国家地质公园”称号（赵逊，2009）。

但是，地质公园保护还是存在不少问题：

其一，地质遗迹保护直接依据国务院部门规章，法律位阶较低，规章对地质遗迹保护类型及级别界定模糊、有法难依。例如，《国家地质公园总体规划工作指南》（2000）最早体现地质公园按地质公园内地质遗迹的重要程度对应划分行政级别分类（国家级、省级和市县级）的精神，沿用至今。其中，国家级地质公园的标准是：（1）能为一个大区域甚至全球演化过程中，某一重大地质历史事件或演化阶段提供重要地质证据；（2）具有国际或国内大区域地层（构造）对比意义的典型剖面、化石及产地；（3）具有国际或国内典型地学意义的地质景观或现象。此标准偏向强调自然科学价值，而未提及在地质遗迹之外的价值标准。

其二，开发与保护的矛盾协调不当。对地质遗迹的认识不足，管理经营理念上不能始终将地质遗迹的保护放在首位，在地质科普旅游管理经营上，对科普与景观的融合考虑得不多，回避科普展示功能或对科普教育不重视，国家地质公园具有地学意义的解释说明比较少，和一般风景名胜区没什么区别。而一些经营较好的地质公园则出现过度利用，造成地质公园人造景观破坏整体生态环境，严重改变地质遗迹原貌；餐饮、住宿设施规划不合理，乱搭乱建，乱排乱放，对地质遗迹资源所在区域环境造成污染；周边居民挖掘和出售化石、岩石等重要地质遗迹，游客破坏地质遗迹等。在过度开发中更谈不上对地质遗迹的保护以及科普作用的发挥（胡炜霞，2007）。

其三，地质遗迹保护不力问题。普遍存在多头管理、跨行政区域管理等管理体制不顺，保护投入和力度较小，保护技术和手段落后，基础地质调查不全面细致等问题。

其四，地质遗迹保护分区科学性问题。大多数地质公园地质遗迹的保护规划照搬自然保护区的核心区、缓冲区、实验区三圈保护模式（表 1-1），而忽视了地质公园内地质遗迹主要是以点、线、面交互存在的实际，保护流于形式（许涛，2010）。

表 1-1　我国国家地质公园保护分区与功能分区模式

<table>
<tr><th>分区</th><th>功能分区</th><th>功能</th><th>要求</th></tr>
<tr><td rowspan="3">特级、一级（核心区）</td><td>生态功能区</td><td>保护生态环境，涵养水源，保持水土</td><td rowspan="3">配置必要的监测和防护设施，禁止游人进入，不允许建设任何建筑设施，机动车辆不得进入</td></tr>
<tr><td>重要地质遗迹保护区</td><td>对世界级、国家级等重要地质遗迹景观实施特殊保护</td></tr>
<tr><td>重要文物史迹</td><td>对特殊文物古迹实施保护</td></tr>
<tr><td rowspan="3">二级（缓冲区）</td><td>地质游览观光</td><td rowspan="3">游客观光、休闲、养生、体验的适度旅游区</td><td rowspan="3">适度旅游开发，开展各种旅游项目，限制机动车辆，限制居民进入开展生产经营活动</td></tr>
<tr><td>户外野营地</td></tr>
<tr><td>休闲度假</td></tr>
<tr><td rowspan="3">三级（外围区）</td><td>服务接待区</td><td rowspan="3">旅游接待，居民生活生产用地，公园管理机构所在区域</td><td rowspan="3">提供基本旅游服务、娱乐设施、购物场所，如游客咨询中心、宾馆、农家乐。有序组织服务经营，控制建筑规模与经营项目，风格要与公园环境相协调</td></tr>
<tr><td>居民生产生活</td></tr>
<tr><td>行政管理区</td></tr>
</table>

其五，地质公园保护规划与其他规划的衔接问题。地质公园保护规划与城市规划、土地规划、旅游规划、风景名胜区规划、自然保护区规划衔接性与整合性差。各类保护地边界与其他规划边界模糊不清，规划面积不当，地质公园内地质遗迹保护与潜在的矿产、水等资源的开发存在矛盾，使地质遗迹保护规划难以落实。

1.1.6　自然遗产地法律法规体系和实施成效

1. 概述

自然遗产地，顾名思义是保护自然遗产的特殊区域。它是否构成自然保护地的实体性类别，即它在中国自然保护地体系中的独立地位如何，人们看法不一。综合而言，中国自然遗产地属于尚未形成独立的、国内法意义上的一个自然保护地类别。从历史渊源考察，“自然遗产”和“自然遗产地”不是中国自主发展起来的自然保护地概念，而是来自世界遗产保护的国际潮流。当然，世界自然和文化遗产保护的宗旨是保护为主，但是发展到中国则另有意味。中国在 21 世纪初旅游事业大发展所催生、形成了全国性的地方政府主导下的“申请世界遗产热”，表面上是对世界遗产保护的热烈响应，实际上则是为旅游胜地争创品牌标签，提高旅游开发的竞争力。因此，中国自然遗产保护，与其他自然保护地一样面临平衡、协调保护与利用的挑战。

世界遗产保护的国际法发展，可溯源于 1962 年 11 月 9 日联合国教科文组织在巴黎召开的第十二届大会上通过的《关于保护景观和遗址的风貌与特性的建议》。该建议指出，“考虑到人类在各个时期不使构成其自然环境的组成部分的景观和遗址的风貌与特征遭到损坏，从而使得全世界各个地区的文化、艺术甚至极重要的遗产濒于枯竭”“为保护各地的景观和遗址的风貌与特征，需紧急考虑和采取必要的措施”。1972 年，联合国教科文组织大会通过《保护世界文化与自然遗产公约》（简称《世界遗产公约》），是目前专门性的国际自然遗产保护条约。该公约共 8 章 32 条，明确规定所保护的自然遗产和标准；规定保护自然遗产的国家责任和国际合作，规定各缔约国应该保护本国领土内的自然遗产，国家的责任为保证本国领土内的自然遗产的确定、保护、保存、展出和传代；并成立“世界遗产委员会”；设立“世界遗产名录”和“世界遗产基金”；规定各缔约国应实施教育和宣传计划，以努力增强本国人民对自然遗产的赞赏和尊重。1978 年第二届世界遗产委员会公布了第一批世界遗产名录，其中自然遗产地有 4 个——厄瓜多尔的加拉帕戈斯群岛、波兰的克拉科夫历史中心、塞内加尔的戈雷岛、美国的黄石国家公园。截至 2018 年 3 月，世界上共有 1073 处世界遗产，包括 832 处世界文化遗产、206 处世界自然遗产和 35 处世界文化和自然双遗产（UNESCO World Heritage Centre，2018）。

中国于 1985 年加入《世界遗产公约》。1987 年泰山作为文化和自然双遗产列入世界遗产名录，也是中国最早的世界遗产地。迄今已有 50 处遗产列入《世界遗产名录》，包括 11 项自然遗产和 4 项文化和自然双遗产，总数位居世界第二（中华人民共和国教育部，2017）。

《世界遗产公约》第二条以列举形式给出“自然遗产”的定义，其是指下列各项：（1）从审美或科学角度看，具有突出的普遍价值的由物质和生物结构或这类结构群组成的自然面貌；（2）从科学或保护角度看，具有突出的普遍价值的地质和自然地理结构以及明确划为受威胁的动物和植物生境区；（3）从科学、保护或自然美角度看，具有突出的普遍价值的天然名胜或明确划分的自然区域。这是一个关于自然遗产的宽泛的、以描绘自然属性和科学属性为主的定义。公约第三条规定，缔约国均可自行确定和划分上面

第一条和第二条中提及的、本国领土内的文化和自然遗产。《世界遗产公约行动指南》第 44 段 a 对自然遗产的划分进一步提出以下标准：第一，构成代表地球演化史中重要阶段的突出例证，包括有生命的记录、在土地形式演变中重大的持续地质过程的记录，或重大的地貌或自然特征的记录；第二，表现陆地、淡水、海岸和海洋生态系统及动植物群落进化和演变中重大的持续的生态和生物过程的重要实证；第三，包含有绝佳的自然现象或是具有特别的自然美和美学重要性的区域；第四，包含有最重要和最有意义的自然栖息地，目的在于保护原有生物多样性及那些从科学和保护角度看具有显著价值的世界级的濒危物种。

与地质公园的发展不同——中国地质公园深受 UNESCO 地质遗迹国际保护进程的影响并发展形成本土化的中国地质公园制度。中国在履行《世界遗产公约》、实施自然遗产保护的国家行动的进程中，并没有形成“自然遗产”和“自然遗产地”中国本土化概念，以及国内分级分类管理体系和保护制度体系。在 2018 年国务院机构改革之前，中国自然遗产管理不是一项独立的自然资源管理职责，还没有明确的资源主管部门归属，因此，也就没有形成具有普遍意义的自然遗产保护和管理的国务院部门规章。随着 2018 年 3 月国务院机构改革方案的通过，自然遗产地的管理与自然保护区、风景名胜区和地质公园等整合，由新组建的国家林业和草原局加挂“国家公园管理局”统一管理，归属自然资源部管理。

就国内法体系而言，中国主要借助已有其他自然保护地体系来履行“自然遗产地”国际公约的保护义务，因此已有自然保护地类别的保护和管理制度均可以视为中国履行《世界遗产公约》保护自然遗产地的国内履约机制，即中国自然遗产管理是分部门管理。

《世界遗产公约》对濒危世界遗产实行“世界遗产名录”制度，并通过“世界遗产基金”给予财政支持。《世界遗产名录》《濒危世界遗产名录》《世界遗产预备名录》这三个名录本身并非公约的一部分，但被列入名录中的遗产可以开始适用公约规定的各项规定。根据《世界遗产公约操作指南》第 178 条，名录的变动代表世界遗产委员会的权威决定，其中，世界遗产被列入或被移出《濒危世界遗产名录》不以缔约国提出申请为条件，世界遗产委员会可根据检测、评估结果自行决定。根据《世界遗产公约操作指南》第 63 条，一般情况下，一项世界遗产申请，进入《世界遗产预备名录》是列入《世界遗产名录》的前置程序。

由于“世界遗产”对保护地具有极高的旅游品牌效应，因此地方政府的申遗热情很高。中国目前对“自然遗产地”的管理，主要围绕两个问题，一是规范国内申请世界遗产的行政审批和认证程序；二是对已经纳入世界遗产名录的“世界遗产”和“国家自然遗产”（具有申请“世界遗产”潜力的已有自然保护地单位）进行保护和监督管理。

“国家自然遗产地”是中国自然遗产保护国内法上较为正式的术语和主要客体，但是，一如“自然遗产”或“自然遗产地”，国内法律、行政法规和部门规章对这些术语均未提供规范性的、权威性的定义和解释。《国家文化和自然遗产地保护“十一五”规划纲要》对“国家文化和自然遗产地”有过一个规范性表述，它是指在科学研究、自然多样性保护、历史、艺术和审美角度具有国家意义的自然或文化和自然混合型保护地。根据我国现行管理体制，自然文化遗产地包括世界遗产地、风景名胜区、自然保护区、国家森林公园、国家地质公园、文物保护单位、历史文化名城（镇、村）、文化生态保护（实验）区等（中华人民共和国国家发展和改革委员会，2012）。

2. 法律规范构成

我国现有的自然遗产地保护的法律法规和政策体系由国际法和国内法两个层面构成，并以国际法律规范为统领和主导。自然遗产地保护的国际法律文件，主要是联合国教科文组织和国际古迹遗址理事会等国际组织制定的《世界遗产公约》（1972）及缔约国通过的决议，以及履约辅助性技术规范。最后一类技术规范中的非常重要者是 2016 年《世界遗产公约操作指南》，它是由世界遗产委员会所做出的、对于《世界遗产公约》（1972）的官方解释，对公约的很多简单规定进行了细化，包括：公约的机构设置及职权，《世界遗产名录》中的遗产分类及评估标准，名录维护、更新方式、申报程序等，被列入或移出《濒危世界遗产名录》的标准及程序，世界遗产保护状况的检测程序，世界遗产基金的具体运作方式，国际援助的申请、评估程序，世界遗产标识的使用原则与方式等。该指南内容详尽，供各缔约国参考操作。

专门针对自然遗产或自然遗产地保护的法律规范形式主要是国务院部门规章、政策性文件和地方性法规。《世界自然遗产、自然与文化双遗产申报和保护管理办法（试行）》（2015）主要内容有总则、申报、保护和管理。附件有申报世界遗产时间表和联合国教科文组织世界遗产中心审核时间表。该办法第七条世界遗产项目的申报基本条件可推断分析，“国家自然遗产地”的外延包括：列入《中国国家自然遗产、自然与文化双遗产预备名录》、联合国教科文组织《世界遗产预备清单》的自然保护地单位；依法划定的省级及以上风景名胜区等保护地。该办法规范了国内世界遗产预审程序和世界遗产跨行政区域的协调管理机制。

其他重要的国务院政策性文件有《“十三五”时期国家文化和自然遗产保护利用设施建设规划》《中华人民共和国国民经济和社会发展第十三个五年规划纲要》《“十三五”时期文化旅游提升工程实施方案》。“十三五”规划要求，到 2020 年一大批具有较高价值的文化和自然遗产资源的保护利用设施得到进一步完善。

地方性法规是自然遗产保护立法的重要法律渊源。四川省通过了《四川省世界遗产保护条例》（2015）、《阿坝藏族羌族自治州实施〈四川省世界遗产保护条例〉的条例》（2007）；云南省通过了《云南省石林彝族自治县石林喀斯特世界自然遗产地保护条例》（2016）、《云南省三江并流世界自然遗产地保护条例》（2005）；新疆维吾尔自治区通过了《新疆维吾尔自治区天山自然遗产地保护条例》（2011）；湖南省通过了《湖南省武陵源世界自然遗产保护条例》（2011）；福建省通过了《福建省武夷山世界文化和自然遗产保护条例》（2002）和《福建省“福建土楼”世界文化遗产保护条例》（2011）；甘肃省通过了《甘肃敦煌莫高窟保护条例》（2002）；陕西省通过了《陕西省秦始皇陵保护条例》（2010）；北京市通过了《北京市长城保护管理办法》（2003）；内蒙古自治区通过了《内蒙古自治区元上都遗址保护条例》（2016）；青海省通过了《青海省可可西里自然遗产地保护条例》（2016）等。

这些地方性法规，有三种立法模式。一是对普遍意义之世界遗产而非“专项世界遗产”的地方立法，如《四川省世界遗产保护条例》（2015）；二是对普遍意义之“自然遗产”而非“世界遗产”的地方立法，如新疆维吾尔自治区《新疆维吾尔自治区天山自然遗产地保护条例》（2011）；三是按照世界遗产地“一地一法”模式的专项立法，多数地方性法规采用此种立法模式。

3. 法律规范实施成效

自然遗产地虽然已经成为我国的一类自然保护地类型，但是从国内法发展看它还不是一个独立意义上自然保护地，它既没有形成独立的法律规范体系，也没有出台一个专门的国务院部门规章。自然遗产地的管理也往往依赖于其他类型的自然保护地的管理形式，最常见的形式是风景名胜区和自然保护区。因此，自然遗产地管理体系比较混乱，各自为政。

自然遗产保护体系还停留在对世界自然遗产和国家自然遗产予以保护和管理的水平。中央与地方在自然遗产保护、管理职责上划分不清，还没有形成一个统一的、综合的自然遗产管理机构，不能对世界文化和自然遗产进行独立化、统一化的管理。

国家自然遗产、世界自然遗产的“世界遗产标志”是一个兼具保护与利用的国际自然保护标签，具有品牌效应，尤其能够发挥带动其他类型保护地旅游产业发展的经济效应。

自然遗产保护资金缺乏。就目前来说，政府财政拨款非常稀少。门票的收入和其他旅游收入通常被用作当地保护部门的保护费用，导致遗产保护管理部门富裕，而自然遗产保护资金缺乏的现象（朱清等，2005）。世界自然遗产的公益性不明确，过度私有化、经营化。一些自然遗产地包装上市，获得的利润成为企业经营收益的一部分，反哺保护不足。

1.2　中国自然保护地法律治理中的主要问题

综上所述，我们可以总结分析中国自然保护地法律治理中的主要问题。

1.2.1　管理体制不顺

我国自然保护地实行属地管理和多个政府部门管理的管理体制，存在管理层次多、部门重叠，中央和地方权责关系不合理、职责不清晰的问题。

自然保护和管理的最高领导与决策机构是国务院，国家林业、环保、农业、地质矿产、水利、海洋等行政主管部门履行各自的职责。自然保护地综合管理和监督管理的关系尚未明晰。目前环保部门是自然保护区法定的综合监督管理部门。在现行的自然保护区管理体系中，统一管理部门在 2018 年机构改革中明确为国家林业和草原局，所属自然资源部。在实践中，大多数国家级自然保护地的管理机构的人事与资金都由地方政府部门实行管理，相关部委与地方政府间并不存在垂直领导关系。在行政主管部门的职责上，“多头领导、政出多门”现象严重，分工不明确，部门间关系不清晰，自然保护地管理呈现“部门割据”的状态，并且缺乏部门外或社会的监督。

自然保护地管理的中央与地方间关系尚未理顺，财权与事权并不对等。在理论上，我国国家级自然保护地所有权行使主体是中央政府。由于自然保护区提供的生态系统服务与国家的生态安全直接相关，因此在管理上也应当由中央政府代表国家承担主要的管理责任。但是实际上，国家级自然保护地主要由地方管理，地方负责解决人员的编制与经费，国家只“给予适当的资金补助”。在财权上，无论是国家级与地方级的自然保护区，地方政府都是主要负担者，如绝大部分的森林、湿地类型的国家级自然保护地都由各省、市的派出机构在管理；但是在事权方面却有着国家事权和地方事权的划分，如国家级自然保护区总体规划的报批和进入国家级自然保护区的核心区进行科研观测、调查活动等，必须经国务院有关自然保护行政主管部门批准。这样的财权与事权的划分不符合“责权平衡”的行政法原则的要求（梅凤乔，2006）。

与中央政府立意于国家治理全局利益的站位不同，地方政府兼具区域经济调控主体与经济利益主体双重身份。在与中央政府的博弈过程中，由于中央政府的监督不力及双方信息不对称，导致地方政府采取机会主义行为，追求短期的地方利益、偏离自然保护地管理目标。地方政府往往采取短期的方式看待自然保护，侧重将其作为产生短期效益的资源，因而滋生了寻租行为，忽视了生态优先、保护第一的目标（沈兴兴，2015）。

1.2.2　自然保护地管理机构法律地位不明确

自然保护地管理机构的性质不明。现行的相关行政法规规定，自然保护地管理机构由政府相关部门设立，但它到底是政府派出机构还是独立的法人，是否具有执法主体资格，这些问题法律法规并不明确。对于破坏自然保护地的行为，无行政执法权的自然保护地管理机构往往不能直接做出处罚决定，这就使得自然保护地管理机构难以有效履行管理者的职责（梅凤乔，2006）。

目前我国自然保护地管理机构的设置主要有以下三类形式：

（1）独立的管理机构。指的是专为自然保护地成立的独立法人单位，设立管理处或者管理局，配备一定数目的管理人员。其优点在于独立性强，便于对自然保护地实施统一管理，开展各项管理工作。当前大部分各类国家级自然保护地已经设立独立的管理机构，有部分省级保护地也设立了独立管理机构。

（2）专门的管理机构。一般为“多块牌子、一套人马”，履行自然保护地管理职能，设立直接日常管理自然保护地的管理机构。该类管理模式下的自然保护地主要是从划定一部分的林场区域而建立的森林生态系统类型或野生动植物类型的自然保护地，或由住房和城乡建设、水利、国土资源等部门设立的兼具双重功能的自然保护地。由于将这些保护区与原林场等机构的人员编制合一，导致人员数量较多。

（3）代管机构。指的是不设立专门的自然保护地管理机构，而由代管机构代为行使自然保护地管理职能，直接实施日常管理。目前，我国市县级自然保护地的管理机构有部分属于代管性质。该类机构有三种类型：（a）如风景区等基层单位，或是下设有基层保护站的乡镇及以上政府的直属机构，兼具自然保护地管理职能，人员不固定。（b）一个机构管理多个保护地。该类一般针对在统一行政区域内并隶属于同一部门的数个地方级自然保护地，由于面积较小，没必要单独设立管理机构，因而以行政区域为单位设立一个联合机构进行统一管理，并有固定人员进行专职管理，如恰郎多吉市级自然保护地和巴丁拉姆市级自然保护地（夏欣，2016）。（c）一个级别较高的自然保护地兼管一个或几个级别较低的自然保护地，如甘肃祁连山国家级自然保护地管理局代管东大山和龙首山等自然保护区，宁夏贺兰山国家级自然保护区管理局代管宁夏贺兰山省级自然保护区。

1.2.3　“国家级”自然保护地保护不力

首先，“一地多牌”“重复命名”问题。实践中，自然保护区、风景名胜区、森林公园、湿地公园、地质公园等各类自然保护区域交叉重叠的情况客观存在且较为普遍。图1-2 关于自然保护单位重复命名的统计情况（孔石，2015）表明，全国共有 186 个自然保护单位存在重复命名现象，其中，重复命名最多的区域是中南区，共 45 个保护机构存在重复命名现象，西北区重复命名最少，只有 16 个，其余华东区有 39 个重复命名机构，西南区 32 个，东北区和西北区均为 27 个。按比例计算，中南区、华北区和东北区的重复命名机构均超过了本区保护机构总和的 10%，而西北区重复命名的比例最低，仅为 7.8%。各区域重复命名问题有所不同，东北区、西北区和华北区主要的命名重复发生在森林公园与自然保护区之间，而华东区、中南区和西南区，风景名胜区和地质公园，以及二者与森林公园的重复命名问题比较突出。在所有 186 个重复命名的自然保护地单位中，两重名占比最高，达到了 151 个，占总数的 81.2%。重复命名最多的情况发生在自然保护区与森林公园之间，达到了 58 个，占两重名总数的 38.4%；风景名胜区与森林公园重名者达到 28 个，地质公园与森林公园重名者为 12 个，湿地公园与森林公园重名者为 1 个（同为林业部门管理之故），总计涉及与森林公园重名者 99 个，加上三重名和四重名的数量，总计重名的国家级森林公园 119 个，占国家级森林公园总数的 16.0%。依此类推，重名的国家级自然保护区共计 98 个，占国家级保护区总数的 23.9%；重名的国家级风景名胜区共计 83 个，占国家级风景名胜区总数的 38.1%：重名的国家级地质公园共计 68 个，占国家级地质公园总数的 30.2%；重名的国家级湿地公园共计 13 个，占国家级湿地公园总数的 5.2%。“一地多牌”“重复命名”意味着保护地管理机构林立、部门主管增多，建设和管理的依据也不统一，难以进行有效地综合管理或统一管理（孔石，2015）。

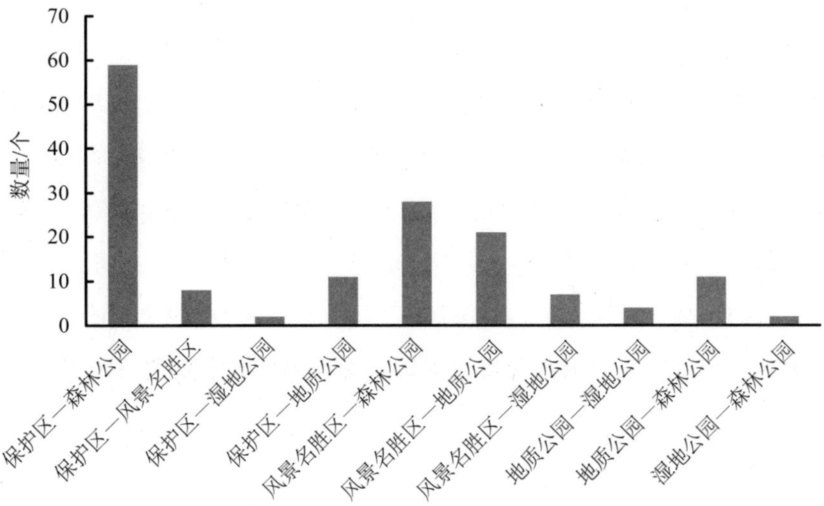

图 1-2　自然保护地两重名的情况

国务院已经充分认识到“一地多牌”和管理交叉问题，并在行政立法上予以响应。2006 年制定的《风景名胜区条例》（其前身是 1985 年《风景名胜区暂行条例》），对涉及自然保护区重叠和交叉规划与管理的问题，提出了解决方案，第七条第二款规定“新设立的风景名胜区与自然保护区不得重合或者交叉；已设立的风景名胜区与自然保护区重合或者交叉的，风景名胜区规划与自然保护区规划应当相协调”；在管理上，第三十四条第二款规定“风景名胜区内涉及自然资源保护、利用、管理和文物保护以及自然保护区管理的，还应当执行国家有关法律、法规的规定”。但是，这是针对新设立的风景名胜区的，对已经设立的风景名胜区且存在与自然保护区有重叠和交叉规划及管理的问题，仍然没有得到解决。2011 年国务院修订的《自然保护区条例》，对自然保护区与其他保护地的关系问题，包括与风景名胜区重叠和交叉问题，没有做出立法回应——既没有重述性规定，也没有对历史性交叉规划和管理问题进行进一步廓清。分析原因，与部门角斗、上位法依据不足有关。而部门角斗之激烈、自然保护地国家统一立法之困难，从 2004—2012 年全国人大环资委着手推动制定“自然保护区法”“自然保护地法”“自然遗产保护法”的探索历程清晰可见。

其次，缺少具有针对性的保护制度和措施。国家级自然保护区和国家级风景名胜区都是国务院批准设立的具有特殊保护价值的自然保护区域，保护对象具有国家代表性，应当采取更为严格、更有针对性的保护制度和措施，确保实现严格保护、永传后世的目标；地方人民政府根据当地的需要建立的各类自然保护区域，属于地方政府的事权范围，应可根据具体情况，规定相应的保护措施。由于前述两部行政法规均未对国家级和地方级的保护区域做区别性规定，地方性法规也难以根据地方的实际需要做出规定，只能对国家级和地方级的保护对象采取“一刀切”的措施。其结果，一方面，国家级自然保护区和国家级风景名胜区在整个生态环境保护区域体系中的重要地位没有凸显；另一方面，“一刀切”的管理措施缺乏弹性，无法满足不同地方的保护管理要求。

最后，设立门槛低。有关主管部门反映，目前确实有一些国家级自然保护区核心区的保护内容不具备“在国内外有典型意义、在科学上有重大国际影响或者有特殊科学研究价值”的条件，或存在具备上述条件而未设立国家级自然保护区加以保护的情况。出现前一种情况是由于特定时期实行的“抢救性保护”政策造成的，后一种情况是由于目前设立国家级自然保护区和国家级风景名胜区完全依赖地方政府提出申请造成的。在很多情况下，地方政府出于开发利用方面的考虑，不愿意申报设立国家级自然保护区或者国家级风景名胜区。

1.2.4　产权制度不完善

自然资源产权主要有开放模式、公共产权模式、共有产权模式、私人产权模式。公共产权模式中允许多元的所有制形式和产权形式，如很多国家的国家公园就是中央政府代表国家所有和管理，但有些政府部门享有公共产权的同时授予贫穷的农村社区受限的收益权，这主要是因为政府管理的保护地与社区参与程度密不可分。产权界定不完整和不充分的实施会导致生物资源的过度利用和丧失（沈兴兴，2015）。目前我国国家级自然保护地的产权形态从法理上说应该是公共产权兼有国有和集体土地所有制组成，但在具体管理中公共产权的代理人制度并不明确。由于保护区内往往同时存在多个资源管理部门，而具体负责管护的保护区管理机构又缺乏拥有保护区土地和资源的使用管理权限，对一些违规、违法的资源开采利用，企业或个人只能口头劝阻，使得保护区管理局无法真正行使自然保护地的管理职能。曾有统计显示，我国林业系统165个国家级自然保护区中，60个完全属于国有土地的保护区中有51个拥有全部的国有土地使用权，其余105个包含集体土地的保护区中只有35个拥有全部的集体土地使用权（周建华等，2006）。可以说，不完善的土地和资源所有权制度是导致自然保护地与相关利益群体冲突的直接原因（沈兴兴，2015）。

1.2.5 财政投入不合理，资金来源不稳定

我国自然保护地的建设、保护和管理缺乏公共财政机制保障。以最严格保护的自然保护区为例，按照《自然保护区条例》(2011) 的规定，"自然保护区管理机构或者该自然保护区行政主管部门应当组织编制自然保护地的建设规划，按照规定的程序纳入国家的、地方的或者部门的投资计划，并组织实施。"也就是说，自然保护区的建设，要按照不同的级别和管理部门，分别纳入国家、地方或者部门的投资计划。但对于哪些自然保护区由中央政府负责投资建设，哪些自然保护区由地方政府负责投资建设，则没有明确规定。这样便导致了"批而不建，建而无银"的情况出现。再如条例规定，"管理自然保护区所需经费，由自然保护区所在地的县级以上地方人民政府安排。国家对国家级自然保护区的管理，给予适当的资金补助。"可见，自然保护区的管理经费主要由地方人民政府解决。这一资金机制不能保证自然保护区的建设管理经费。从地缘上看，越是自然保护区多、面积大的地区，越是经济落后的地方，则需要的保护投入也就越多，地方政府的负担也就越重。实际上，有的自然保护地在批准建立以后甚至连进行划界定桩的资金都没有，更谈不上保护了（王灿发，2006）。

自然保护区保护管理经费问题还表现在区域分配不均。不同的自然保护区可以获得的保护管理经费差别极大，有的经费充足，基础设施比较完备，有的却捉襟见肘，连基本的保护经费都难以筹措。即使同样是国家级自然保护区，经费投入差距也很大，有的国家级自然保护区的建设和管理落后于省级甚至市县级自然保护区。这一问题的产生，有不同地方政府提供保护资金能力差异的原因，也有主管部门在资金、管理等方面偏重于自己分管的保护区的原因。由于经费不足，自然保护区开展旅游的情况比较普遍。

我国自然保护地投入资金来源结构不合理，中央财政和社会投入资金比例过小。进入"十五"以后，中央财政资金（主要以项目形式）在自然保护地的资金来源结构中所占比例显著增大，中央财政拨款在个别国家级自然保护地已经成为最主要的资金来源，这种财政投入安排有必要上升为法律制度，以法律的形式明确中央财政对国家级自然保护地的投入责任。

由于经费短缺的压力，自然保护地往往过分重视自创收经营，注重将生态产品转化为旅游产品和经济收入，因而出现重经营轻管理的情形，影响了生态保护目标的实现。在资金投入非常有限的背景下，还存在资金支出结构不合理和使用效率不高的问题，保护经费没有优先用到保护区的核心保护业务。例如，北京的松山国家级自然保护区，自

2005 年起保护区每年可固定从国家财政部门获批 100 万元的能力建设经费，但这些投入在很大程度上是用来进行恢复性基础设施建设，而不是自然保护区的科研、监测、管护（沈兴兴等，2015）。

1.2.6　缺乏成本共担、收益共享机制

自然保护地对区域经济发展造成的制约也得到了广泛的认同。绝大多数自然保护地的周边社区，为了配合保护区的管理而损失了部分既得利益或牺牲了部分发展权利，给付了一定的发展机会成本。而同时，保护区内或周边存在明显受益于保护区生态系统服务的营利性团体。按照经济学上的外部性成本内部化原则、“谁受益、谁付费”的原则，应当通过建立核心利益群体的收益共享机制才能解决社区生计和保护区保护与发展的矛盾问题。当地社区只有从保护地中获取收益，社区居民才有可能可持续地利用与保护保护地内的自然资源。但在实践中，大部分自然保护地的居民并没有从保护地中受益，保护地管理机构是一个更具优势的经济实体，往往在经营创收的过程中排挤当地社区的利益，这种与民争利反而激化了保护区与周边社区甚至地方政府间的矛盾。

1.3　中国自然保护地治理现状和问题的立法成因分析

1.3.1　立法层级不高

就我国当前自然保护地体系来看，生态环境保护和治理所依据的专门性法律规范的立法层级普遍不高。《自然保护区条例》（1994，2011）、《风景名胜区条例》（2006，2016）是行政法规；《国家级森林公园管理办法》（2011）、《森林公园管理办法》（1994，2011，2016）、《地质遗迹保护管理办法》（1994）是国务院部门规章，这些规范性文件在法律体系中的位阶低于国家法律和行政规章，立法的规格低，不是司法适用意义上的法律规范，不具有足够的权威性，也为执法活动增加了难度。

中国尚缺乏自然保护地保护的专门法律，上述现有的自然保护地行政法规、国务院部门规章由于立法层级不高，不能解决法律规范和政策之间的冲突、保护地管理上的重叠和交叉等问题。以《自然保护区条例》为例，《自然保护区条例》是行政法规，因法律效力位阶低而无法统帅和制衡相关其他法规，更无法协调部门间的实施冲突。自然保

护区本身具有特殊性，因而法律给予特殊保护，但是当《自然保护区条例》与其他法律法规产生效力冲突时，由于法律位阶不高，其保护的力度并不能达到理想的效果（王旦旦，2014）。另外，在自然保护区内的土地、森林、草原等自然要素都有专门的自然资源立法进行调整，可能在管理中出现因法律适用的竞合——接受《自然保护区条例》调整的同时也要符合其他专门立法的要求而产生冲突，或可能出现《自然保护区条例》因法律位阶低而无法与《草原法》《水法》等高位阶的法律对接和协调，难以实现自然保护区的管理目标（杨泉，2013）。

1.3.2　立法结构不合理

立法结构不合理是自然保护地立法缺陷的重要原因。自然保护地的整体立法体系不科学，主要表现在各部门法之间出现冲突，并存在规制上的空白，但又缺乏一部专门的上位法进行统一协调。在特殊自然保护区域上，已出台分别保护自然保护区、风景名胜区、森林公园等重要区域的单行法。但是这些单行法大多由与其管理权限对应的行政管理部门制定，同时受制于行政体制，这种部门立法的模式往往会演变成部门利益争夺的手段。因此，在多法并存的情形下，加之缺乏一部统筹协调的上位法来规范整体的指导思想、保护原则和技术标准，导致部门法难以发挥综合保护的作用，实现管理的目标。

表面上看，立法的缺陷是缺乏一部综合协调的基本法，但究其本质，还是缺乏科学的立法理念、原则以及目标，因而导致了经济利益与部门利益大行其道的局面，忽视了保护的重要性，违背了科学立法的要求。

1.3.3　立法滞后

中国自然保护地立法工作主要是在计划经济时期，以及计划经济向市场经济转型的时期开展的。该时期的主要任务是发展经济，而为了服务于该目标，快速发展经济却忽视了环境资源的保护，导致生态破坏、资源破坏、环境污染等一系列不良后果。以风景名胜区和自然保护区为例，有关风景名胜区的许多规定远远落后于风景名胜区资源保护和可持续发展的要求。就现行有效的两部国务院规范性文件——《国务院办公厅转发建设部关于加强风景名胜区工作报告的通知》和《国务院办公厅关于加强风景名胜区保护管理工作的通知》来说，其制定时间分别是 1992 年和 1995 年，距今已 20 余年，已远不能满足现今的发展要求。现行有效的部门规章中也有很多是 20 世纪 90 年代制定的，如 1992 年发布的《风景名胜区环境卫生管理标准》、1993 年发布的《风景名胜区建设管理规定》和 1999 年发布的《风景名胜区规划规范》等，许多法律已经远远滞后于当今风景名胜区保护和发展的需要。相关法律滞后已成为当今风景名胜区法律保护的一个突出问题。《自然保护区条例》（2011）的立法目的与自然保护目的相比较，两者有很大的差异与滞后性，前者强调的是加强自然保护区的建设和管理，保护自然环境和自然资源，依旧是在资源的保护中折射出生态环境的保护。这与新修订的《环境保护法》（2014）确立的基本理念，与生态文明建设的“自然观”、与保护生物多样性、保障国家生态安全的保障相距甚远，还不能满足国家对自然保护地设计的“生态保护第一”的主体功能区划战略需要（杜文艳，2015）。

1.3.4 社会参与机制缺乏

在自然保护地的管理上，我国长期以来实现封闭式的管理模式，仅由当地政府和相关部门进行管理，公众是被动的接受者，往往服从来自管理者的安排。即使现行立法中有自然保护地设立时应当听取各方意见，与居民协商的条款规定，如《风景名胜区条例》（2016）第十一条第二款规定，“申请设立风景名胜区的人民政府应当在报请审批前，与风景名胜区内的土地、森林等自然资源和房屋等财产的所有权人、使用权人充分协商”；第十八条规定，“编制风景名胜区规划，应当广泛征求有关部门、公众和专家的意见，必要时，应当进行听证。”但该条款在实践中却流于形式，公众的意见在决策中并不予以采纳。并且条款只规定了设立之时公众有权协商或听证，并未明确居民参与管理的渠道（曾彩琳，2012）。《自然保护区条例》（2011）也是如此。现行自然保护区立法并没有完全体现公众参与保护和管理的原则。虽然《自然保护区条例》（2011）第七条第二款规定：一切单位和个人都有保护自然保护区内自然环境和自然资源的义务，并有权对破坏、侵占自然保护区的单位和个人进行检举、控告。但其规制的是公众应当承担的义务。在涉及自然保护区的撤销、变更及范围的调整等涉及自然保护区原住民基本利益的重大事项，只规定了应当由原批准建设自然保护区的人民政府批准，并未涉及征求公众的意见等内容，公众只是在利益受到损失时被通知而已。制度设计上的缺陷表现为，一方面，降低公众参与保护工作的积极性，也加剧了相关主体与自然保护区间的矛盾与冲突，不利于自然保护区工作的顺利开展；另一方面，由于缺乏对管理部门在开展好保护工作的规定性以及合理性的监督，提高了发生环境问题的风险，最终导致自然保护区的保护达不到预期目标（杜文艳，2015）。

1.4　自然保护地国家统一立法探索历程

如前所述，从法制角度考察，中国自然保护地体系中成熟的类型主要有自然保护区、风景名胜区、森林公园、地质公园，自然遗产地目前尚未发展为独立的类型。在具有国家代表性的自然保护地中，世界地质公园和世界自然遗产地的地位，更像是可以“套牌”使用的“国际标签”，它与国内法上已经独立成型的保护地类别在法源依据和管理程序上较少存在实质上的冲突。那么，如何理解已经独立成型的自然保护区、风景名胜区、森林公园、地质公园之间的关系呢？

自然保护区、森林公园、地质公园、风景名胜区在保护我国天然环境资源方面发挥了积极作用，各类相辅相成，各有优势。从管理目标看，自然保护区以绝对保护为主，担负最严格的就地保护任务；而森林公园、风景名胜区、地质公园则保护和观光、游览并重。从保护对象看，自然保护区以科学意义为重，景观的天然原生状态最强；森林公园、地质公园次之；风景名胜区则往往融自然、社会、人文景观于一体。从管理体制看，自然保护区和风景名胜区必须由各级人民政府批准建立，而森林公园、地质公园分别由各级政府的林业和国土资源行政主管部门批准建立。从生态—经济效益看，自然保护区为封闭式管理，轻视经济效益，追求生态效益最好；森林公园、地质公园是半封闭管理，生态效益亦好，其开放观光、游览但尚不以经营、营利为目的；风景名胜区是旅游开放区，是以旅游为经营收益，经济收益最大，由于人们活动频繁，生态破坏的风险性也最大。

鉴于自然保护地对自然保护的重要意义，以及前述各自然保护地类别存在的管理和立法的不足，第十届、第十一届全国人民代表大会常务委员会在 2004—2012 年开始了自然保护地国家立法的积极探索。这一探索历程经历了《自然保护地法》和《自然遗产保护法》议案两个阶段。

1.4.1　《自然保护地法》法律议案（2006 年）

《自然保护地法》法律议案的提起，起因于《自然保护区法》议案的提出和起草。2004 年 2 月，《自然保护区法》被列入第十届全国人大常委会立法规划第二类立法项目，由全国人大常委会环境资源法委员会（简称全国人大环资委）提出议案。

自第九届全国人大以来，全国人大环资委先后到 9 个省区进行考察和调研，各地一致认为我国自然保护地建设和发展过程中存在的问题比较多，迫切需要立法解决。为此，第十届全国人大常委会将自然保护区法的制定纳入立法规划。

按照立法规划的要求，全国人大环资委于 2004 年年初成立了起草领导小组和工作小组，并于 2004 年 2 月召开了国务院有关部门参加的立法启动会议。全国人大环资委正式委托国务院有关部门起草与本部门职责相关的立法草案和建议，并委托有关科研机构进行立法的前期调研。起草领导小组成员还赴福建、江西、广东、吉林等省进行调研，并到美国、巴西等国家考察了该国自然保护区的立法情况。2005 年 9 月，全国人大环资委以座谈会的形式专门就法案的名称、调整范围、分类管理制度等重大问题听取国务院有关部门和专家学者的意见和建议；2005 年 10 月和 2006 年 1 月就立法中一些重大问题分别征求国家林业局、国家环保总局的意见。在此基础上，经过反复研究论证，并经全国人大环资委全体委员会议审议，于 2006 年 2 月形成了《自然保护地法》草案征求意见稿，分为六章，共 68 条。

《自然保护地法》法律议案，与最先的《自然保护区法》相比最显著的改变就是，法律议案起草人全国人大环资委在实地考察和研究以后，将某一个类别的自然保护地立法转变为体系化的涵盖所有保护地类型的自然保护地立法，这种转变无疑是根本性的，且具有进步意义，这是国家自然保护地统一立法的第一次尝试。根据 2006 年全国人大环资委发布的《自然保护地法》草案征求意见稿及起草说明，这项自然保护地法律议案的核心内容如下。

1. 法案名称和内容调整：从《自然保护区法》改为《自然保护地法》

2004 年第十届人大常委会在制定立法规划时所提出的《自然保护区法》，初衷是考虑到作为具体类别的“自然保护区”存在着管理和保护上的诸多问题，力图将《自然保护区条例》上升为国家法律。但是全国人大环资委考察后发现，在实践中，我国的自然保护区和风景名胜区、地质公园等其他类型的保护区域普遍存在交叉，而我国还没有一部有关自然保护地的综合性法律，现行各法规的效力位阶比较低，在法律的权威上受到一定的限制，对自然保护地的统一、科学管理产生了较大的影响，如果局限于《自然保护区条例》的“自然保护区”概念进行国家立法将不能有效解决实际问题。因此，全国人大环资委采取了广义的“自然保护区”概念进行立法，而广义的自然保护区概念，其实就是国际上（主要是 IUCN 倡导的）“自然保护地”的概念。因此，全国人大环资委在提案说明中解释道：我国《自然保护区条例》和有关法规规定的自然保护区，是指为保护最重要的自然生态系统、珍稀濒危野生动植物物种的天然集中分布区域以及有特殊意义的自然遗迹而划定的特定区域。为使立法涵盖我国绝大多数物种和生物多样性，并使更多有保护价值的珍贵资源免受无序无度开发的威胁，草案将风景名胜区、地质公园等不同类型的保护区域也纳入了本法的调整范围。这不仅有利于理顺各种类型保护区域之间的关系，规范各种开发和保护的行为，还可以提高法律规范的效力等级，有效解决不同法规之间的矛盾和冲突，保障各类保护区域依法行政工作的开展。为此，草案将法律的名称定为“自然保护地法”。

2. 关于管理体制

实践中，自然保护地的管理由多个部门负责，由于几乎所有的保护地均存在保护与开发利用的矛盾，仅仅依靠业务主管部门对各自所属的自然保护地进行监管，生态保护难以保障。草案采纳并适当修正《自然保护区条例》的管理体制，即明确环保部门为统一监督管理部门，环保部门不直接对自然保护地进行具体管理，在部门利益上保持比较超脱的地位，在处理保护与开发利用的关系可较少受各种利益关系的牵扯，因而能够更加客观公正。《自然保护区条例》（1994）将环境保护行政主管部门的职责定位于“综合管理”（2011 年修改后仍如此），但“综合管理”在法律上的性质不够明确，职责也不易划清。因此，草案将环境保护行政主管部门的职责定位由“综合管理”表述为实施“统一监督”。

3. 关于分类管理制度

自然保护地的分类管理制度存在较大的局限性。按照现行的法规，我国的自然保护地是按照保护对象的不同进行分类的。这种分类方法固然有其简明、直观的优点，但缺少明确的管理目标，不能涵盖除自然保护区外的其他类型保护区域，与保护地管理制度的设置相脱节，与国际上通行的做法也存在较大的差异。在这一分类管理制度下，很难建立多元化的科学管理模式，造成了很多管理上的难题，也引发了一些部门纠纷，应当调整和完善。

分类管理在自然保护地法律制度体系中具有很重要的地位。法律的调整范围扩展后，更有必要通过保护地类别的划分实行多元化的管理模式，建立科学、合理的自然保护地管理机制。分类管理制度的设计应当从我国的国情出发，充分考虑现实可操作性，在充分调动有关主管部门积极性的前提下，处理好开发和保护的关系，并结合分区、分级等其他管理措施，形成以分类管理为核心的完整的法律制度体系。为此，草案第三十八条规定，自然保护地可以根据管理目标和要求确定为三大管理类别：Ⅰ类是严格保护类，对自然保护地内的自然环境和自然资源实行严格的保护，禁止开展与管理目标无关的活动；Ⅱ类是保护优先、适度利用类，可以在不影响自然保护地的自然环境和自然资源的前提下，在一定限度内组织利用活动；Ⅲ类是定向保护、可持续利用类，可以在不影响自然保护地主要保护对象生存环境和生物多样性的前提下，对自然保护地内的自然资源进行可持续利用。此外，本法施行后，国务院有关自然保护地行政主管部门应当在国务院规定的期限内确认或者调整各自主管的自然保护地的管理类别，经征求国务院环保部门的意见，并经国务院经济综合宏观调控部门综合平衡后，报国务院批准。其中，划为Ⅰ类自然保护地的应当限于国家级和部分省级自然保护地。针对不同的区域，草案还规定了不同的财政支持力度和管理措施（第四十条、第四十一条至第四十五条）。

4. 关于资金投入保障

资金投入不足、渠道不畅是实际工作中存在的主要问题之一。为使我国的自然保护地事业获得有效的资金保障，草案从三个方面做了规定：首先，国家建立自然保护地专项资金，用于自然保护地的建设和管理。财政部门会同环保部门和有关自然保护地行政主管部门，编制国家或地方自然保护地年度投资计划。其次，自然保护地管理机构或者其行政主管部门可以接受国内外组织和个人的捐赠，用于自然保护地的建设和管理。最后，自然保护地从事开发经营活动所得收入，应当主要用于自然保护地的建设和管理。

5. 关于自然保护地规划

现行法规对自然保护地规划的规定比较模糊，一些重要问题没有明确，影响了规划的效力和作用。草案第二章强化了自然保护地规划的规定，将自然保护地的规划分为两个层次：一是国家或者省级的自然保护地发展规划；二是每一个自然保护地的建设规划。同时，草案对每一层次规划的编制要求、主要内容、审批和修改程序、与其他规划之间的关系以及规划效力等问题做了比较明确的规定，使规划真正成为自然保护地建设和管理的基本依据和有效管理制度。

6. 关于设立自然保护地的评审制度和评估机制

关于设立自然保护地的评审制度，在实际工作中对此还存在一些不同的认识。一种意见认为，对设立自然保护地进行评审，属于保护地建设工作的范畴，应当由各自然保护地主管部门负责，环保部门的主要职责应落实在监督上；另一种意见认为，统一评审是统一监督的重要组成部分，对设立保护地应当由环保部门组织统一评审，以体现评审中立的原则，防止部门各自为政。为此，草案提供了两种不同的解决方案。

为从根本上解决自然保护地“建而不管、管而不力”的问题，草案规定了自然保护地的评估机制。据此，省级以上人民政府环保部门和有关自然保护地行政主管部门应当定期评估各级自然保护地的建设和管理状况，并根据评估结果提出改进意见和建议。自然保护地主要保护对象的分布范围受人为或自然因素的影响而发生重大变化的，可以报经原批准设立自然保护地的人民政府批准，调整自然保护地的范围。对因自然或者人为因素致使自然资源和环境受到严重破坏且无法恢复、失去保护价值和意义的，或者在管理机构设置、人员配备、资金投入、土地权属等方面存在重大问题而不能实现保护目标的，可以由省级以上人民政府有关自然保护地行政主管部门提出建议，经评审后，由原批准设立该自然保护地的人民政府决定降级或者撤销。

7. 关于公众参与和社区共管

自然保护地的建设和管理，仅仅依靠国家或有关部门的努力是远远不够的，必须充分调动社会各界的积极性，鼓励他们参与自然保护地的建设（孙佑海，2006）。公众参与在自然保护地建设和管理中有着十分重要的意义。为此，草案第十一条规定，国家鼓励国内外的自然人、法人和其他组织参与自然保护地的建设，加强自然保护地建设和管理的国际交流与合作。自然保护地设立、晋升、调整、降级或者撤销前，有关人民政府应当向社会公示；必要时，可以采取听证会、论证会或者其他形式征求公众意见。此外，草案还规定，对城乡社区或者企业以公益为目的自筹经费设立的各类生态保护小区，经向县级以上自然保护地行政主管部门登记备案，受法律保护。

为了在自然保护地建设和管理过程中贯彻社区共建的理念，草案规定，自然保护地管理机构可以通过与当地居民组织签订共管协议的方式，促进自然保护地与当地经济社会协调发展，建立双方共赢的管理模式。

8. 关于自然保护地的土地权属

实际工作中，由于自然保护地土地权属不明而引发的争议比较多，草案对这一问题做了比较具体的规定。首先，已经依法确定的土地所有权或者使用权，不因自然保护地的划定而改变。其次，因科学研究、保护珍稀濒危物种或者其他特殊管理目标要求，确需取得自然保护地土地所有权或者改变使用权的，国家可以依法征收或者征用自然保护地内的集体土地并给予合理补偿。

9. 关于自然保护地补偿机制

我国的自然保护地普遍面临开发与保护的矛盾，为解决这一问题，有必要在法律上建立和完善自然保护地补偿机制（孙佑海，2006）。草案从以下几方面做了规定：首先，因自然保护地的建设或者管理，确需限制利用自然保护地内土地等自然资源的，自然保护地管理机构应当与土地或者其他自然资源的所有权人或者使用权人协商，签订协议，规定限制利用的方式、规模和补偿办法。其次，对按照自然保护地建设规划的要求，必须将自然保护地内的原住民迁出的，批准设立该自然保护地的人民政府应当依照国家有关规定予以妥善安置，并给予合理补偿。最后，依法占用自然保护地的土地、利用自然保护地内的自然资源或者在自然保护地内依法从事生产经营活动的，应当对自然保护地给予补偿。

《自然保护地法》征求意见稿在国务院各部门征求意见的时候，国家林业局、国家环保总局等部门都发表了不同程度的、不同的反对声音，地方管理部门和官员尤其对“自然保护地”概念难以接受。《自然保护地法》议案最终没有进入第十届人大审读程序。

《自然保护区法》仅就某一类保护地立法是不能解决横向保护地之间的衔接和协调管理问题，立法机构将之上升为《自然保护地法》，具有前瞻性和合理性。《自然保护地法》议案的内容具有合理性，其之不能前行，反映出中国特殊区域的自然保护在理念上与国际行动的滞后性，很多人抱守“自然保护区”概念，不能以开放、兼容和协作的观念思考自然保护地综合管理机制问题，只能说，管理实际部门并没有真正准备好迎接这一自然保护地国家统一立法的宝贵时机。

1.4.2　《自然遗产保护法》法律议案（2010 年）

21 世纪初逐渐高涨的世界遗产申报热暴露了我国自然保护地管理的体制性问题，自然保护地统一立法持续被第十一届全国人民代表大会所关注，《自然遗产保护法》议案作为《自然保护地法》议案的“升级版”，被纳入十一届全国人大立法计划，全国人大环资委是议案的起草者。2010 年 4 月，《自然遗产保护法》草案送审稿公开发布。

《自然遗产保护法》的起草思路是，在法律中重点保护在国内外具有突出价值的自然保护区域，以国家级自然保护区、国家级风景名胜区、世界自然遗产管理制度为依托，以在国内具有典型代表价值，需要严格保存自然生态系统、珍稀濒危野生动植物物种栖息地、自然遗迹完好自然状态的区域（即自然遗产区域）为核心，设立国家级自然保护区进行保护；以在国内具有典型代表价值，需要严格保护自然景观和人文景观融入的自然景观自然状态的区域（即自然遗产区域）为核心，设立国家级风景名胜区进行保护。自然遗产区域的具体范围由国务院批准的自然遗产保护规划确定；全国人大环资委在草案说明中指出，我国目前拥有的各级各类保护园区的面积已经接近国土面积的 20%，国家级自然保护区、国家级风景名胜区和世界自然遗产地总面积约占陆地国土面积的 10%，目前 85%以上符合上述自然遗产条件的资源位于国家级自然保护区、国家级风景名胜区以及世界自然遗产划定的核心区内，面积不会超过陆地国土面积的 5%。因此，草案将自然遗产保护的“自然遗产区域”（而非“自然遗产地”）拟制为“国家级自然保护区”和“国家级风景名胜区”的“核心保护区域”的“集成”，为此“自然遗产”的定义在考虑到与现行自然保护区条例和风景名胜区条例的相关条款对应后被立法者拟制产生。草案送审稿的自然遗产定义是：“本法所称自然遗产，是指从科学、审美和保存角度在国内外具有突出价值，自然演化形成的，反映重大生物和地质历史发展过程，需要依照本法规定予以特殊保护和管理的生态系统、珍稀濒危野生动植物物种栖息地、重要的地质遗迹以及这类结构群组成的自然景观或明确划定的自然地带。自然遗产包括国家自然遗产和列入世界遗产目录的中国的世界自然遗产。”草案提出的自然遗产保护范围上有几项排除含义：第一，草案没有规定也不包括地方自然遗产。对具有地方代表价值的自然保护地，没有涉及地方自然遗产级别，而将地方自然保护地保护和管理的权限留给地方。立法者解释道，这样“更有利于国务院颁布的自然保护区条例、风景名胜区条例和地方性法规、部门规章的实施，更有利于带动包括自然保护区、风景名胜区在内的自然生态环境保护事业的规范健康发展”。第二，不包括保护珍稀濒危野生动植物物种。立法者解释说，生物物种的保护主要是《野生动物保护法》等法律的主要规范内容，自然遗产保护法侧重对栖息地的保护；本质上，保护好珍稀濒危野生动植物物种栖息地，就是从自然生态环境保护的角度保护生物物种，两者是相互衔接的。

《自然遗产保护法》议案在管理体制上的制度设计是，其一，明确国家自然遗产保护规划是指国家级自然保护区总体规划或者国家级风景名胜区总体规划；其二，沿用现行国家级自然保护区、国家级风景名胜区和列入世界遗产目录的世界自然遗产的管理体制，即仍然由已经设立的保护管理机构对自然遗产实施保护，不再新设保护管理机构。

《自然遗产保护法》草案中的“自然遗产”不是一个独立的自然保护地的概念——如前所分析我国尚未形成自成体系的自然遗产保护地类别，但是该议案不是以构建独立的自然遗产保护地体系为目的；也不完全是在《世界遗产公约》等国际法律规范体系下对自然遗产保护和管理国内法制度的延续；而是一个立法者“拟制”（“法律拟制”）的概念——在内涵上借鉴了国际公约的内涵，但在外延上则具有很大的随意性和摇摆性，似乎想构建独立的自然保护区域，又似乎是想整合自然保护地。法律拟制必须以满足国内立法需求为目标。自然遗产概念的法律拟制，可以沿循两条逻辑主线：一是将自然遗产拟制为所有类别的自然保护地的统一和集成；二是构建形成一个独立的自然保护地类型。无论沿着哪条逻辑路线，都应该实现自在的法律构建目标，即拟制的法律概念应当在吸收和借鉴国际公约的概念后续展形成自有的、内在合理的自然保护地概念范畴，形成自己的评判标准。然而，草案采用一种近似“折中”的路线，这也是草案最大的缺陷。它在内涵上简单机械地套用国际公约自然遗产的概念，在保护范围上又投机地、随机地、有选择地圈定了“自然保护区”和“风景名胜区”的核心保护区域作为“自然遗产”的实际法律保护区域。这样一来，自然遗产地成为“驴马不分”或者更难厘清的自然保护区域，不但没有廓清拟定之新法与原有“两区”条例的关系，而且更引来其他自然保护地管理机构及其主管部门的质疑。林业主管部门对此激烈反对，为什么单单把“自然保护区”和“风景名胜区”的核心保护区纳入新法保护的特殊区域，其他园区——森林公园抑或国家级森林公园为什么不被包括？因此，《自然遗产保护法》议案由于缺乏自然遗产的自主性定义和独立的技术评价标准，无法构建自然遗产保护制度的内在合理性，也无法回答法律保护范畴上的疑问。草案仅仅把“自然遗产”作框框和标签用，忽视了对内涵的研究和规范。

2011 年、2012 年是全国人大环资委向国务院有关部门解释、回应议案内容及其理由的时期，在此期间，来自林业部门和环境资源领域院士专家的反对声音持续强烈，出现了 11 位院士上书全国人大常委会反对该议案的事件。在此期间，专家学者通过各种渠道提出提案，要求全国人大环资委或改变立法技术路线，或回归第十届全国人大常委会环资委提出的《自然保护地法》议案。随着第十一届全国人大常委会环资委任期届满，《自然遗产保护法》议案也偃旗息鼓。

1.5　生态文明建设中自然保护地国家立法的新形势

1.5.1　自然保护地在国土空间规划中的战略定位

中国特殊区域的自然保护在 2012 年以后出现了一个新态势，即全国主体功能区划和生态功能区划的成熟，并在国家国民经济和社会发展第十一个五年规划中全面应用。正在试点建设的国家公园，作为一个新型的保护地类别，与自然保护区、风景名胜区、森林公园、地质公园、自然和文化遗产地等既有的保护地并列。那么，国家公园在全国主体功能规划暨国土空间分区功能中的定位如何，成为研究国家公园立法首先要明确的前提性问题。

国家公园建设必须符合国土空间规划的要求，也就是国家主体功能区划和全国生态功能区划要求。生态功能区划是根据区域生态系统格局、生态环境敏感性与生态系统服务功能空间分异规律，将区域划分成不同生态功能的地区。全国生态功能区划是以全国生态调查评估为基础，综合分析确定不同地域单元的主导生态功能，制定全国生态功能分区方案。全国生态功能区划是以实施区域生态分区管理、构建国家和区域生态安全格局的基础，为全国生态保护与建设规划、维护区域生态安全、促进社会经济可持续发展与生态文明建设提供科学依据。

生态功能区划是构建国家和区域生态安全格局的基础，各级政府在编制主体功能区规划、制定重大经济技术政策、经济社会发展规划、土地利用规划、城乡建设规划、生态保护与建设规划等专项规划时，要依据生态功能区划，优化国土开发格局，划定生态空间。

我国生态功能区划工作始于 2000 年，国务院颁布了《全国生态环境保护纲要》，明确了生态保护的指导思想、目标和任务，要求开展全国生态功能区划工作，为经济社会持续、健康发展和环境保护提供科学支持。从 2001 年开始，国家环境保护总局会同有关部门组织开展了全国生态现状调查。在调查的基础上，中国科学院以甘肃省为试点开展了省级生态功能区划研究，并编制了《全国生态功能区划规程》。2002 年 8 月，国家环境保护总局会同国务院西部开发办公室联合下发了《关于开展生态功能区划工作的通知》，启动了西部 12 省、自治区、直辖市和新疆生产建设兵团的生态功能区划编制工作。

2003 年 8 月，开始了中东部地区生态功能区划的编制。2004 年，我国内地 31 个省、自治区、直辖市和新疆生产建设兵团全部完成了生态功能区划编制工作。在此基础上，综合运用中华人民共和国成立以来自然区划、农业区划、气象区划，以及生态系统及其服务功能研究成果，2005 年，中国科学院汇总完成了《全国生态功能区划》初稿。反复修改和完善之后，发布了《全国生态功能区划》（2008 年版）。党的十八大明确提出推进生态文明建设，构建生态安全格局，党的十八届三中全会进一步提出“建立空间规划体系，划定生产、生活、生态空间开发管制界限，落实用途管制”。《关于加快推进生态文明建设的意见》（2015）明确要求“适当增加生活空间、生态用地，保护和扩大绿地、水域、湿地等生态空间”。党和政府有关生态文明建设的一系列部署对进一步开展全国生态功能区划提出了新的要求。环境保护部和中国科学院决定，以 2014 年完成的全国生态环境十年（2000—2010 年）变化调查与评估为基础，由中国科学院生态环境研究中心负责对《全国生态功能区划》（2008）进行修编，完善全国生态功能区划方案，修订重要生态功能区的布局。新修编的《全国生态功能区划》（2015）包括 3 大类、9 个类型和 242 个生态功能区，确定 63 个重要生态功能区，覆盖我国陆地国土面积的 49.4%。

全国生态功能区划根据生态系统服务功能类型及其空间分布特征而开展：（1）按照生态系统的自然属性和所具有的主导服务功能类型，将生态系统服务功能分为生态调节、产品提供与人居保障 3 大类。（2）在生态功能大类的基础上，依据生态系统服务功能重要性划分 9 个生态功能类型。生态调节功能包括水源涵养、生物多样性保护、土壤保持、防风固沙、洪水调蓄 5 个类型；产品提供功能包括农产品和林产品提供 2 个类型；人居保障功能包括人口和经济密集的大都市群和重点城镇群 2 个类型（环境保护部，2015）。（3）根据各生态功能区对保障国家与区域生态安全的重要性，以水源涵养、生物多样性保护、土壤保持、防风固沙和洪水调蓄 5 类主导生态调节功能为基础，确定 63 个重要生态系统服务功能区，即国家重点生态功能区（环境保护部，2015）。国家重点生态功能区的功能定位是：保障国家生态安全的重要区域，人与自然和谐相处的示范区。

国家禁止开发区域是指有代表性的自然生态系统、珍稀濒危野生动植物物种的天然集中分布地、有特殊价值的自然遗迹所在地和文化遗址等，需要在国土空间开发中禁止进行工业化、城镇化开发的重点生态功能区。国家禁止开发区域的功能定位是：我国保护自然文化资源的重要区域，珍稀动植物基因资源保护地（中国网，2011）。

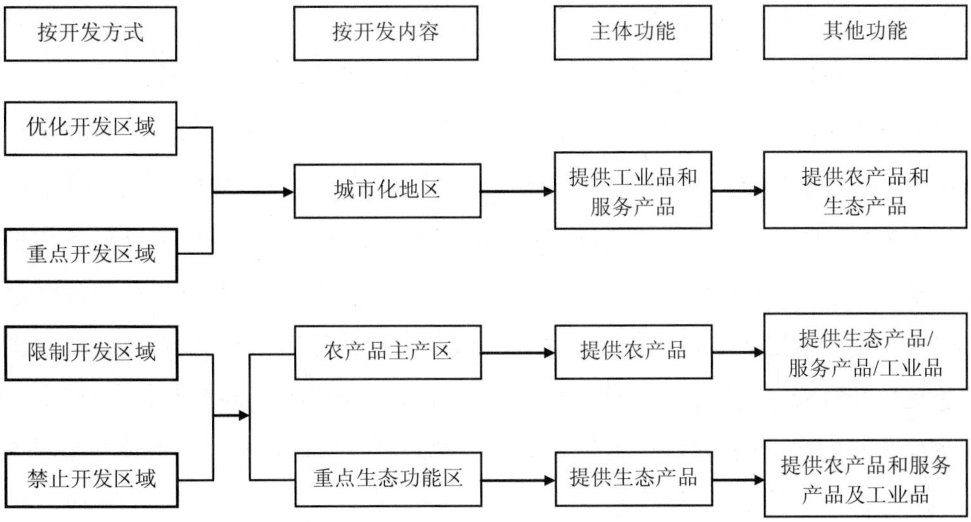

图 1-3　主体功能区分类及其功能示意图

依据《全国主体功能区划》（2011）提供的资料显示，自然保护地（包括自然保护区、风景名胜区、森林公园、地质公园、自然和文化遗产地）应当主要位于禁止开发区域和限制开发区域，而所有国家级的自然保护地，包括国家级自然保护区、世界文化自然遗产、国家级风景名胜区、国家森林公园、国家地质公园，以及正在建设的国家公园，应当定位为国家禁止开发区域，见表 1-2（中国网，2011）。

表 1-2　我国禁止开发区域基本情况

类型	数量/个	面积/万 km^2	占陆地国土面积比重/%
国家级自然保护区	319	92.85	9.67
世界文化自然遗产	40	3.72	0.39
国家级风景名胜区	208	10.17	1.06
国家森林公园	738	10.07	1.05
国家地质公园	138	8.56	0.89
合计	1443	120	12.5

1.5.2　国土空间区划对“国家级”自然保护地的保护和强制性管制要求

2007 年，国家环境保护总局相继发布《全国生物物种资源保护与利用规划纲要》和《国家重点生态功能保护区规划纲要》，指导我国生态功能保护区建设。为了贯彻落实该《规划纲要》，2009 年 7 月环境保护部制定了《国家重点生态功能区保护和建设规划编制技术导则》。2011 年 7 月 19 日，财政部颁发了《国家重点生态功能区转移支付办法》，通过充分发挥转移支付的政策导向功能，推动地方政府加强生态环境保护和改善民生。为了规范转移支付分配、使用和管理，增强地方政府生态环境保护意识，提高国家重点生态功能区转移支付资金使用绩效，2012 年 6 月 15 日，财政部制定了《2012 年中央对地方国家重点生态功能区转移支付办法》。为了支持开展国家重点生态功能区环保管理试点工作，2013 年 1 月 22 日，环境保护部、国家发展和改革委员会、财政部联合下发了《关于加强国家重点生态功能区环境保护和管理的意见》，要求地方各级政府建立完善各种有利于国家重点生态功能区环保管理的政策措施和法律法规。

根据全国主体功能区划和生态功能区划，国家禁止开发区域是“禁止开发”的特别区域，即依据法律法规规定和相关规划实施强制性保护，严格控制人为因素对自然生态和文化自然遗产原真性、完整性的干扰，严禁不符合主体功能定位的各类开发活动，引导人口逐步有序转移，实现污染物“零排放”，提高环境质量（中国网，2011）。

国家禁止开发区域还是“全国意义的”自然保护地的集聚区域，国家对各类保护地也提出了“禁止开发”的规范要求（中国网，2011）。

1. 国家级自然保护区

要依据《中华人民共和国自然保护区条例》(2011 年修订)、规划确定的原则和自然保护区规划进行管理。具体禁限措施为：（1）按核心区、缓冲区和实验区分类管理。核心区，严禁任何生产建设活动；缓冲区，除必要的科学实验活动外，严禁其他任何生产建设活动；实验区，除必要的科学实验以及符合自然保护区规划的旅游、种植业和畜牧业等活动外，严禁其他生产建设活动。（2）按核心区、缓冲区、实验区的顺序，逐步转移自然保护区的人口。绝大多数自然保护区核心区应逐步实现无人居住，缓冲区和实验区也应较大幅度减少人口。（3）根据自然保护区的实际情况，实行异地转移和就地转移两种转移方式，一部分人口转移到自然保护区以外，一部分人口就地转为自然保护区管护人员。（4）在不影响自然保护区主体功能的前提下，对范围较大、目前核心区人口较多的，可以保持适量的人口规模和适度的农牧业活动，同时通过生活补助等途径，确保人民生活水平稳步提高。（5）交通、通信、电网等基础设施要慎重建设，能避则避，必须穿越的，要符合自然保护区规划，并进行保护区影响专题评价。新建公路、铁路和其他基础设施不得穿越自然保护区核心区，尽量避免穿越缓冲区。

2. 国家级风景名胜区

依据《风景名胜区条例》（2016）、规划确定的原则和风景名胜区规划进行管理。具体禁限措施为：（1）严格保护风景名胜区内一切景物和自然环境，不得破坏或随意改变。（2）严格控制人工景观建设。（3）禁止在风景名胜区从事与风景名胜资源无关的生产建设活动。（4）建设旅游设施及其他基础设施等必须符合风景名胜区规划，逐步拆除违反规划建设的设施。（5）根据资源状况和环境容量对旅游规模进行有效控制，不得对景物、水体、植被及其他野生动植物资源等造成损害。

3. 国家森林公园

依据《中华人民共和国森林法》（2009）、《中华人民共和国森林法实施条例》（2016）、《中华人民共和国野生植物保护条例》（1996）、《森林公园管理办法》（2016），规划确定的原则和森林公园规划进行管理。具体禁限措施为：（1）除必要的保护设施和附属设施外，禁止从事与资源保护无关的任何生产建设活动。（2）在森林公园内以及可能对森林公园造成影响的周边地区，禁止进行采石、取土、开矿、放牧以及非抚育和更新性采伐等活动。（3）建设旅游设施及其他基础设施等必须符合森林公园规划，逐步拆除违反规划建设的设施。（4）根据资源状况和环境容量对旅游规模进行有效控制，不得对森林及其他野生动植物资源等造成损害。（5）不得随意占用、征用和转让林地。

4. 国家地质公园

依据《世界地质公园网络工作指南》（2002）、规划确定的原则和地质公园规划进行管理。具体禁限措施为：（1）除必要的保护设施和附属设施外，禁止其他生产建设活动。（2）在地质公园及可能对地质公园造成影响的周边地区，禁止进行采石、取土、开矿、放牧、砍伐以及其他对保护对象有损害的活动。（3）未经管理机构批准，不得在地质公园范围内采集标本和化石。

5. 世界自然文化遗产地

依据《保护世界文化和自然遗产公约》《实施世界遗产公约操作指南》、规划确定的原则和文化自然遗产规划进行管理。具体禁限措施为：加强对遗产原真性的保护，保持遗产在艺术、历史、社会和科学方面的特殊价值。加强对遗产完整性的保护，保持遗产未被人扰动过的原始状态。

1.5.3 国家公园的引入：自然保护地国家统一立法的新机遇

中国生态文明体制改革进程中国家公园的性质已经明确，其是一个新型类别的自然保护地，而不是统合所有自然保护地的、与《自然保护地法》议案中的“自然保护地”同位阶的属概念，因此，国家公园不能成为自然保护地统一立法的逻辑承载体系。在这个意义上，本书研究国家公园的国家立法所关涉的第一个前提性问题——国家公园能否成为自然保护地立法体系中的国家统一法的地位，否定性的答案已然不说自明。

即便如此，国家公园所具备对“国家级”（或“国家”）自然保护地进行整合的“管理”功能，仍然切合了国家国土空间战略规划对国家级保护地进行整合管理、实行强制管制和保护的立法需求和国家意志性。倘若如此，则 2012 年搁浅的《自然遗产保护法》议案的整合“国家级风景名胜区”和“国家级自然保护区”的核心区域作为特别立法保护的目标和立法技术路线，将有可能被国家公园保护地制度予以贯彻和实现。而国家公园对“国家级”（或“国家代表性”）自然保护地进行整合和类别立法的过程，势必重启人们对自然保护地统一立法议题的思考。只是，在生态文明体制改革的进程中，在国土空间总体战略规划的蓝图下，应当采取何种立法技术路线更能实现自然保护地的功能和价值，合理调整开发与利用的关系，实现人与自然的和谐和可持续发展，则是值得深入研究的。当然，立法者和改革者坚定的改革意志仍然是撬动自然保护地国家统一立法进程的首要前提条件。

1.6 中国自然保护地国家立法模式

中国国家公园立法模式及其在中国自然保护地立法体系中的定位问题，实际是要讨论以下三个基本问题：一是中国自然保护地立法体系；二是国家公园本身的立法体系规划；三是国家公园立法与其他保护地行政法规和地方性法规的关系。

1.6.1 关涉中国自然保护地统一管理的国家立法

从环境法的学理和概念性环境法立法体系分析，《中华人民共和国环境保护法》（2014）是我国环境资源生态保护的“基本法”，概念性地统领着一系列污染防治法如《中华人民共和国大气污染防治法》（2015），并承担着“自然保护法”功能（我国并没有一部《中华人民共和国自然保护法》这样的实体法）。而自然保护地是最具典型意义的自然保护客体，同样地，我国还不存在自然保护地的统一实体法。

但是，随着国家公园新类型的引入，中国急需建立关涉自然保护地统一管理的国家立法。由于国家公园新型自然保护地具有统合国家级或省级自然保护区和风景名胜区的功能，已经触动《自然保护区条例》《风景名胜区条例》两个行政法规对被整合区域的适用效力问题。理论上说，只有高于这两个行政法规的国家基本法律的规定或授权才能改变或转化自然保护区和风景名胜区的自然保护地类别。从这个意义上说，自然保护地的类别转化、国家公园的性质和地位等有关自然保护地的横向管理的基本问题应当由关涉自然保护地统一管理的国家基本法律予以规范和解决。

针对中国自然保护地统一管理的国家立法模式，以下两个方案可供宏观选择（表1-3）。

表1-3　中国自然保护地和国家公园立法模式选择

国家法律	模式一专门立法：《自然保护地法》*或《国家公园和自然保护地法》*或《国家公园法》* 模式二专章立法：《环境保护法》或《自然保护法》*或《禁止开发区保护法》*
行政法规	《自然保护区条例》《风景名胜区条例》《国家公园条例》*（在无《国家公园法》*的情况下）
地方性法规	“一区一法”模式，如《三江源国家公园条例（试行）》《武夷山国家公园条例（试行）》《神农架国家公园保护条例》
国务院部门规章和技术性规范	国家公园配套部门规章和技术性规范： 《国家公园和保护地分级评价标准》*《国家公园和保护地分类设置标准》*《国家公园和保护地分区标准》*《国家公园和保护地设立及其重大建设项目准入环境影响评价和风险评价标准》*《国家公园和保护地自然资产损害鉴定标准》* 其他保护地类：略

* 虚拟性法律文件。

模式一，制定自然保护地专门立法。可能的实施方案有：（1）重启制定全国人大常委会环资委《自然保护地法》；（2）制定凸显国家公园地位的《国家公园和自然保护地法》；（3）制定专门的《国家公园法》。

模式二，在自然保护地逻辑域更宽层级上的国家法律中，设专门章节规定自然保护地统一管理的内容，既有的国家法律适宜的有《环境保护法》，有必要制定的国家法律有《自然保护法》《禁止开发区保护法》等。

1.6.2 国家公园立法模式

国家公园具有几个独特的功能属性：一是“新类别”，以一类新的保护地类别的“平等身份”落户于万象丛生的中国保护地类别体系。二是“蚕食性”，一如“舶来品”的外来物种的侵占性，它的落户遍涉已有保护地，将“整合+撤销”现有类别，也可以理解为类别转化。三是“全民性”，即具有国家代表性、全民共享性。这些都是国家公园最独树一帜的特性。因此，国家公园与其他保护地比较具有特殊重要的意义——这也决定了它将在保护地类别中占据龙头地位。

国家公园的上述特性和地位，决定了国家公园专门立法存在两种可能的立法模式。模式一是以《国家公园和自然保护地法》国家法律形式出现；模式二是在国家法律有专门立法或专章立法的前提下，以《国家公园条例》行政法规形式出现。模式一更凸显国家公园独特性并将之提升到保护地龙头地位；而模式二则更寓意于国家公园与其他保护地的平等性，将国家公园立法与《自然保护区条例》《风景名胜区条例》同列为三级阶位。

1.6.3 与国务院行政法规、规章的关系

国家公园体制改革是 2015 年生态文明体制改革出现的新事物，它涉及对既有自然保护地类别的整合和管理机制的重塑，国家公园立法还应该考虑与《自然保护区条例》（2011）和《风景名胜区条例》（2016）的体系关系和立法衔接。

国家公园保护地类别不会完全“替代”其他类别的保护地，因此其他类别的保护地法律体系将继续存在但将予以调整；而国家公园专门立法也必须对国家公园设立过程中整合其他保护地类的活动予以规范和制度重塑，因此国家公园专门立法应当十分重视制度设计，以保证被整合的保护地能够真正实现严格保护区域面积不减少和程度不降低。

1.6.4 与“一园一法”、地方性法规的关系

国家公园是一类只有国家级的保护地类别，不适宜设立省级保护地类别。从全国来看，国家公园也不宜设立太多。在中央层面，应当制定国家公园和保护地的专门的综合性立法，不适宜对特定的国家公园开展立法。在地方层面，应当以“一园一法”的形式对特定的国家公园保护地进行立法保护，不适宜对具体保护地类别的普遍性基本问题进行立法，如云南省关于国家公园的地方性法规，在国家公园国家立法出台以后应当废止或修改。

第2章 中国国家公园保护地模式建设溯源和法治方向

2.1 中国国家公园保护地模式建设的缘起

2.1.1 云南省国家公园保护地模式的发展

中国国家公园保护地模式发展可溯源自生物多样性最丰富的省份云南省（台湾省因情况特殊不考虑）。1998 年 6 月，在美国著名的环保民间组织“大自然保护协会”的资金和技术支持下，云南省开始了“国家公园”保护地模式的探索（曹志娟，2008）。

1999 年 2 月，云南省人民政府颁布了含国家公园发展的《关于开展滇西北地区保护与发展工作规划的通知》，当年在丽江召开“滇西北地区保护与发展（含国家公园）规划”国际研讨会，对探索滇西北国家公园保护地建设奠定了初期理论和指导思想基础（段森华等，2000）。

2000 年，美国大自然保护协会与云南省发展改革委开展国家公园建设方面的研究合作，邀请美国国家公园管理局的专家到云南提供技术支持，并组织多批云南省和滇西北地州的领导到美国和其他国家考察国家公园建设和管理的国际经验。作为美国大自然保护协会与云南省发展改革委合作的一个子项目，以中国科学院院士、工程院院士吴良镛为核心的清华大学人居环境研究中心的科研团队与云南省社会发展促进会，合作完成了《滇西北人居环境（含国家公园）可持续发展规划研究》，并对如何建设滇西北国家公园提出了初步意见和建议（吴良镛，2000）。该研究成果标志着推动建设滇西北国家公园体系的滇西北可持续发展战略的形成。2003 年以后，滇西北国家公园体系建设从理论探索走向试点实践，香格里拉普达措国家公园的筹建工作全面开展起来，迪庆州人民政府力欲“将把迪庆香格里拉建设成中国最好的国家公园”（黄雷，2008）。2006 年 6 月，云南省迪庆藏族自治州香格里拉普达措国家公园正式挂牌成立，成为国内第一个正式挂牌的国家公园。到2007年5月30日，该国家公园接待游客60.1万人次，旅游收入为4870万元，比上年同期增长600%，为社区村民提供了直接就业岗位300多个，产生了良好的社会效益、生态效益和经济效益（张议橙，2007）。2007年3月云南省省长秦光荣在云南省第十届人民代表大会第五次会议上的政府工作报告中指出，正确处理经济建设与环境保护的关系，积极推进普达措国家公园建设，继续加强自然保护区管理和生物多样性保护，探索建立“国家公园”等新型生态保护模式。此后，云南省迅速形成了建立云南滇西北地区三个国家公园的构想，即香格里拉国家公园（普达措—梅里雪山—大峡谷等）、老君山国家公园和怒江大峡谷国家公园。2008年的《云南省人民政府关于加强滇西北生物多样性保护的若干意见》充分肯定了保护与开发兼顾的香格里拉普达措国家公园模式，并正式把国家公园列为与自然保护区、风景名胜区同等地位的保护地类型。

2008年以后，云南省的国家公园建设进入了快车道。2009年，云南省政府成立了第一届国家公园专家委员会，建立了国家公园建设科学决策的咨询机制；丽江老君山、西双版纳和梅里雪山国家公园总体规划获得省政府批准。在2009年12月出台的《云南省人民政府关于推进国家公园建设试点工作的意见》和《云南省国家公园发展规划纲要（2009—2020年）》中，云南省人民政府要求将国家公园建设成为保护生物多样性、森林景观、湿地景观资源和民族文化资源的典范，建设成为向公众提供休闲观光和体验自然的最佳场所，实现对具有国家代表性的生物、地理和人文资源及景观的科学保护和开发。

截至2013年年底，云南建成普达措等8个国家公园，正式开放4个国家公园。经评估，8个国家公园森林生态服务功能价值为每年797.30亿元，截至2012年旅游收入总计达16.73亿元（云南省林业厅等，2013）。国家公园既定的保护、科研、教育、游憩和社区发展等五大功能逐步得到体现。2015年，在国家深化生态文明体制改革重要任务之一的国家公园体制改革和建设中，云南等9省市被纳入为期3年的试点省市。2016年，云南省人民政府批准设立白马雪山、大山包、楚雄哀牢山等3个国家公园，还批复建立独龙江、怒江大峡谷两个国家公园。至此，云南经省政府批准设立的国家公园数量达到13个。

云南省国家公园的立法建设也取得了成绩。2009年，云南省颁布了《国家公园基本条件》《国家公园资源调查与评价技术规程》《国家公园总体规划技术规程》《国家公园建设规范》等4项国家公园地方推荐性标准由云南省质量技术监督局发布，统一规范了国家公园基本条件、资源调查与评价、总体规划编制和建设等技术要求。2014年1月1

日，《云南省迪庆藏族自治州香格里拉普达措国家公园保护管理条例》开始实施，这是关于国家公园的第一个地方性自治法规，国家公园保护地建设步入法治建设阶段。2015 年 11 月 26 日，《云南省国家公园管理条例》被云南省第十二届人民代表大会常务委员会第二十二次会议通过，并于 2016 年 1 月 1 日施行，这是我国目前第一个也是唯一一个国家公园综合管理（非“一园一区”式）的地方性法规。

云南省是我国国家公园实践的先行者，2006 年，第一个国家公园——普达措国家公园建立，截至 2016 年，云南省已建立了 13 个国家公园（孟维东，2016）。在过去十几年，云南省在全国先行先试国家公园模式，为国家公园体制改革和建设提供了宝贵的实践智慧和地方经验。

2.1.2　国家公园试点建设

1. “牛刀小试”阶段

云南省大力推行国家公园新型保护地模式无疑受到国家有关部门的高度关注和认可。2008 年 7 月，国家林业局正式批准云南为首个国家公园建设试点省，要求云南省以具备条件的自然保护区为依托，遵循保护优先、合理利用的原则，在保护好生物多样性和自然景观的基础上，更全面地发挥自然保护地的生态保护、经济发展和社会服务功能，探索出具有中国特色的国家公园建设和发展道路（杨子江，2011）。同年 10 月，环境保护部和国家旅游局批准建设第一个国家公园试点单位——黑龙江汤旺河国家公园（吴爱华等，2012）。然而，这种由单一部门来推动的国家公园保护地管理模式终因各种体制因素而未能有效推进。

2. 生态文明建设背景下的实质推进

建立国家公园体制，是加快生态文明制度建设的重要内容。2012 年 11 月，党的十八大报告提出要树立尊重自然、顺应自然、保护自然的生态文明理念，加快实施主体功能区战略，加大自然生态系统和环境保护力度。2013 年 11 月，党的十八届三中全会发布了《中共中央关于全面深化改革若干重大问题的决定》，明确要求划定生态保护红线，建立国土空间开发保护制度，严格按照主体功能区定位推动发展，建立国家公园体制。2014 年 10 月，党的十八届四中全会发布的《中共中央关于全面推进依法治国若干重大问题的决定》则要求建立健全自然资源产权法律制度，完善国土空间开发保护方面的法律制度。2015 年 4 月，中共中央、国务院出台《关于加快推进生态文明建设的意见》，提出要加强自然保护区建设与管理，对重要生态系统和物种资源实施强制性保护，切实保护珍稀濒危野生动植物、古树名木及自然生境，并提出建立国家公园体制，实行分级、统一管理，保护自然生态和自然文化遗产原真性、完整性。

2015 年 9 月，中共中央、国务院正式发布《生态文明体制改革总体方案》，提出建立国家公园体制。加强对重要生态系统的保护和永续利用，改革各部门分头设置自然保护区、风景名胜区、文化自然遗产、地质公园、森林公园等体制，对上述保护地进行功能重组，合理界定国家公园范围。国家公园实行更严格保护，除不损害生态系统的原住民生活生产设施改造和自然观光科研教育旅游外，禁止其他开发建设，构建保护珍稀野生动植物的长效机制，保护自然生态和自然文化遗产原真性、完整性，并要求中央政府对部分国家公园直接行使所有权。2015 年，国家发改委等 13 个部门联合印发了《建立国家公园体制试点方案》，提出以保障国家生态安全为目的，以实现重要自然生态资源国家所有、全民共享、世代传承为目标，坚持问题导向，建立具有我国特色的国家公园体制。并选定北京、吉林、黑龙江、浙江、福建、湖北、湖南、云南、青海九省市开展为期 3 年的国家公园体制试点。要求一是要突出生态保护，严格遵守生态保护红线制度，核心保护区不能动，保护面积不能减，要合理划定功能区，严格用途管制；二是要突出规范管理，对现有各类保护地的管理体制机制进行整合，探索跨行政区管理的有效途径；三是要明晰资源产权，对试点区的自然生态空间进行登记，科学确定全民所有和集体所有的产权结构，合理分割并保护所有权、管理权、特许经营权等；四是要创新经营管理，积极探索管理权和经营权分离，对经营项目要实施特许经营，进行公开招标竞价；五是要促进社区发展，试点区的发展建设要吸收周边社区居民和社会公众参与，并建立合理的补偿机制。

2016 年 3 月，“十三五”规划明确提出建立国家公园体制，整合设立一批国家公园。2016 年 11 月，《“十三五”生态环境保护规划》提出要整合设立一批国家公园。合理界定国家公园范围，整合完善分类科学、保护有力的自然保护地体系，更好地保护自然生态和自然文化遗产原真性、完整性。加强风景名胜区、自然文化遗产、森林公园、沙漠公园、地质公园等各类保护地规划、建设和管理的统筹协调，提高保护管理效能。

2017 年 9 月，中共中央、国务院正式批准出台《建立国家公园体制总体方案》，该方案对于国家公园建设有了更为明确的指导意见，一是明确了国家公园的定位，即国家公园是我国一种自然保护地类型，实行最严格的保护。二是理清了国家公园和其他自然保护地类型的关系，在已建成的国家公园区域内不再保留或设立其他自然保护地类型。三是确定自然资源资产所有权分级行使。全国 9 个试点区目前都已编制完成试点实施方案，并积极推进国家公园建设和立法进程。

在实践层面上，目前全国 9 个试点区都已编制完成试点实施方案，并在积极推进国家公园建设。其中《云南省迪庆藏族自治州香格里拉普达措国家公园保护管理条例》（2013）是我国最早以“国家公园”命名的自治条例，确立了国家公园规划与建设、保护与开发、经营与管理等内容。2015 年 11 月《云南省国家公园管理条例》通过，这是我国进行国家公园试点后第一部省级地方性法规，确立了国家公园设立与规划、保护与管理、利用与服务等内容。

2017 年 6 月，青海省通过《三江源国家公园条例（试行）》，这是我国国家公园首个试行性地方性法规，主要从管理体制、规划建设、资源保护、利用管理、社会参与等方面对国家公园建设进行立法规制。2017 年 11 月，湖北省通过《神农架国家公园保护条例》，成为我国首个正式颁行的国家公园地方性法规。

2.2　国家公园保护地建设的价值、功能、宗旨

国家公园保护地是一项现世代的人如何看待保护地与整个人类关系的事项。人们对这个问题的看法和观点——也就是价值观，将直接影响着人们将为国家公园保护地勾画何种蓝图，以及开展什么管理方式进行管理。对国家公园保护地的价值和功能的认识，将决定国家公园保护地模式的管理宗旨和目标。

2.2.1　国家公园和自然保护地的价值和功能

从哲学层面上分析，任何事物都具有两个方面的价值形式，一个是本我价值，也就是本征价值，这是去主客体关系论的、事物本身内在的、具有普遍性的存在意义；另一个是他我价值，也就是在主客体关系论下的功能、功利价值。在很多情况下，人们——现世代的人，往往从功能角度，而且往往从以人类为中心的功能服务角度理解自然、生态系统、国家公园。但这是片面的，还应当从保护地的本征价值理解保护地的内在意义。可以说，对自然保护地而言，自然的本征意义是自然保护法所维护的第一法益。

国家公园和自然保护地的本征价值，是指国家公园和保护地所具有的天赋的原真性

和完整性的物质形态、结构和功能，以及所蕴含的文化和美感意义。这些是在超越国家、种族、民族等社会界限和界分，对全人类（当代和后代）均具有普遍的重要价值。实际上，联合国教科文组织在《世界文化和自然遗产保护公约》中，已经较好地宣示了自然和文化遗产的本征意义，并表述了据以判断的尽量接近客观的依据和标准。

国家公园和自然保护地的功能价值（主客体关系论下的功能价值），是从“效应”和“效益”的角度来界定国家公园的功能价值的，表现了国家公园主、客体之间的功利关系和功能定位。在法律领域，国家公园和自然保护地的功能价值是以公园客体——公园区域的自然客观实在，对主体——人类和社区的作用效果或效益来判断和界定价值。

国家公园和自然保护地的功能价值是多方面的，既有生态功能又有经济、社会、文化功能，具体体现为以下方面。

1. 保护生态环境，维护国土生态安全

自然保护地具有成熟而完整的生态系统和生态过程，生物群落和物种丰富、结构平衡，生态系统稳定性高，是国土安全的最重要的基本内容和物质基础条件，是人类永续利用和保护重要自然生态系统和典型类型的“本底”资源。自然保护地还是提供人类淡水、洁净水的源头。我国西部地区禁止开发区域的自然保护，对缺少生物机能的城镇体系和追求单一农作物生物量为目的的农业生态体系具有重要的补充和平衡作用。

2. 保存重要遗传物质及发挥基因库功能

自然界的每一种生物都是经过漫长的地质和历史演替的遗存者。所有物种和生命形式即便不能为今世所用不等于没有价值。若任人为恣意开发、选择性利用或消灭，将导致生物物种大量灭绝，使生态系统处于高风险。因此自然保护地具有保存自然资源及维护生物多样性、为野生生物提供天然栖息地、保持物种基因库多样性和丰富性的重要意义。

3. 提供国民游憩机会

大自然可陶冶人性，启发灵感。随着经济社会的快速发展，我国城乡居民生活水平显著提高，收入大幅度增长，部分家庭过上了富裕生活，进而激发了人民群众对生活质量和环境质量的要求越来越高，休闲游憩和回归自然成为国民生活的一种方式。城市居民对户外游憩的需求更为迫切，为求健康及心理上的平衡，城市居民前往自然地区近距离感受自然、亲身体验国家公园自然和文化保护价值，缓和生活上的紧张感。

4. 促进科学研究及国民的环境教育

自然是人类知识的源泉。国家公园为保存原始且完整的自然资源而设立的，其地形、地质、气候、土壤、河流溪谷、山丘景观，以及生活其间的动植物几乎不受到人为干扰和改变。自然保护地是国民体验和接近自然的场所，是环境教育、科研的天然教室、实验室。

5. 带动地方经济繁荣

在满足国民游憩需求的同时，通过适当和适度的开发利用，自然保护地可以发挥旅游经济功能，达到吸引大量外国游客、增加外汇收入，增加政府财政收入，提供社区直接的或间接的就业机会，促进地方经济的发展。带动相关产业如食品、餐饮、交通、旅游用品、旅游纪念品等的发展，刺激消费，带动内需并促进区域经济的发展。

2.2.2 国家公园保护地模式的宗旨

我国已经建立了包括自然保护区、风景名胜区、森林公园、地质公园、湿地公园等在内的自然保护地类别体系，那么为什么还要开创国家公园这一自然保护地类别体系呢？这个问题实质在问国家公园保护地模式建设的宗旨何在。

我国主体功能区划中的禁止开发区域，约有 12%的国土是国家级的自然保护地，是构成我国国土生态安全保障的国土资源。这些资源，同时也是异常丰富的经济资源。目前，这些区域基本上被各种类别的自然保护地所涵盖，依循各类别自然保护地管理、保护和利用的政策和法律，形成了我国类别型自然保护地管理体系。在这些类别管理中，存在着第 1 章所谈论的体制问题和法律成因。

我国现阶段开展的国家公园保护地模式就是为了扭转不合理的状况。国家公园保护地模式，作为一个独立类别的保护地，它具有如下制度本原特征：

第一，国家公园保护地模式是以自然保护地本征价值为第一法益、功能价值为第二法益的保护地模式。在法益认同上，国家公园与自然保护区的理念是一致的。文化、美学和游憩经济价值等功能价值是后位法益。

第二，国家公园保护地模式并不排斥不与第一法益保护相排斥或抵触的适当利用和开发的行为。在功能实现上，国家公园与自然保护区采取的全封闭管理模式差异很大，国家公园以管理目标为导向选择管理模式，而不是“一刀切”采取封禁。

但是我国当前保护地类别管理尚不存在符合国家公园制度特征的类别形态。我国风景名胜区、森林公园、地质公园强调的是游览，如风景名胜区往往以自然风光优美、历史遗存多、文化底蕴厚为评价标准，对自然本征意义的保护薄弱。在这些保护地中游览已难以体验到“荒野”这个自然保护主义者十分珍视的概念，更无法从保护地体验中抵达登山、攀岩、漂流、远足等挑战人性和自我的愉悦与美。我国自然保护区虽然强调了本征意义，但是在管理方式上采取机械的方法保护自然保护地的本征意义和价值，存在过度保护、割裂适度利用的缺陷。

我国当前保护地类别管理存在体制障碍，严重影响了自然保护地价值和功能目标的实现。当前保护地模式实行的是“按行政区划分，专业部门指导”和“综合协调，多部门管理”的管理体系，既受管理委员会（管理局）的领导，又受各自业务主管部门的领导，没有明确和统一的规划和管理，从而出现管理重叠交叉、机构设置混乱、封闭保护、忽视社区利益等一些体制弊端（张飞，2015）。因此，我国现阶段的国家公园自然保护地建设的宗旨是弘扬自然保护地的自然本征意义并应当将其确定为第一法益，保护方法上摒弃资源类别管理而应当采用目标管理，体制上则要理顺重叠交叉和混乱的管理关系。

2.3　国家公园保护地的概念、特征

2.3.1　“国家公园”概念域外考察

“国家公园”（National Park）的概念溯源于美国。1832 年，在美国西部大开发进程中，对印第安文明、野生动植物和荒野造成了负面的影响，美国艺术家乔治·卡特琳（George Catlin）由此构想“它们可以被保护起来，只要政府通过一些保护政策设立一个大公园——一个国家公园，其中有人也有野兽，所有的一切都处于原生状态，体现着自然之美”的美好愿望，在 1872 年，美国黄石国家公园由国会批准设立，作为“为人民福利和快乐提供公共场所和娱乐活动的场地”（李如生，2005）。之后该概念被多国沿用，国家公园发展为世界性的运动以及自然保护地的形式之一。综观全球的国家公园，大多是以天然景观为主体，保持原始的自然状态，景观资源珍稀独特，对本国乃至世界都有着重要的影响或特别的意义，在公园内建设少量的人工建筑，作为辅助设施。

但是考察国家公园运动的发展历程可以发现，国家公园的意义不止于其是一个承载着“自然保护”和“公民休憩”功能的载体，其保护生态完整性的意义更加深远。国家公园源于保护原生态的朴素理想，而后演变成一套保护理念，再从单一的国家公园概念延伸发展成为国家公园和保护地体系，继而衍生出“世界遗产”和“生物圈保护区”等概念。不同于不受人类活动的直接干扰予以严格保护的自然/野生地保护区（Strict Nature Reserve），也与娱乐性景区或城市公园有异，国家公园是为实现保护和可持续利用目的而划定的一个特殊区域，其是具有一个或多个典型生态系统完整性的区域，如特殊自然景观、生境/物种管理区、岛屿风光等，包括与传统土地利用方式相协调、和谐的生物群落以及由社会习俗所形成的自然和人文景观。

国家公园的概念在世界国家公园运动的纵深发展中有了新的诠释，发展形成了“国家公园和保护地体系”“世界遗产”“生物圈保护区”等相对完整的自然保护地体系。一般习惯上，还把国家公园、名胜风景地等自然景观与风景资源统称为“遗产”（heritage）或“遗产地”，即遗产存在的地理空间及其物质环境，对此，国际社会制定了专门的多边协定。1972 年 11 月，联合国教科文组织第 17 次会议通过了《保护世界文化与自然遗产公约》。该公约指出，“世界遗产”是指经由联合国教科文组织和世界遗产委员会确认，具有突出意义和普遍价值、罕见且无法替代的文化古迹及自然景观，主要包括文物、建筑群和遗址以及由物质和生物结构或由这类结构群组成的自然面貌、地质和自然地理结构以及明确划为受威胁的动物和植物生境区、天然名胜或明确划分的自然区域。

《保护世界文化与自然遗产公约》将遗产分为自然遗产和文化遗产两大类，并从以下三个角度对“自然遗产”进行定义：（1）从审美或科学角度看，具有突出的普遍价值的由物质和生物结构或这类结构群组成的自然面貌；（2）从科学或保护角度看，具有突出的普遍价值的地质和自然地理结构以及明确划为受威胁的动物和植物生境区；（3）从科学、保护或自然美角度看，具有突出的普遍价值的天然名胜或明确划分的自然区域。自然遗产的上述定义对发展形成我国“国家公园”保护地概念有积极的借鉴意义。

2.3.2　IUCN 保护地体系下的“国家公园”定义

1969 年，世界自然保护联盟（IUCN）在第十届大会上提出国家公园的定义，即“国家公园是指大面积的自然或接近自然的区域，设立的目的是保护大尺度的生态过程，以及相关的物种和生态系统特性。这些自然保护地提供了环境和文化兼容的精神享受、科研、教育、娱乐和参观的机会。”世界自然保护联盟进一步解释，国家公园应当具备以下三个基本特征：（1）区域内生态系统尚未由于人类的开垦、开采和拓展而遭到根本性的改变，区域内的动植物物种、景观和生境具有特殊的科学、教育和娱乐意义，或区域内含有一片广阔而优美的自然景观。（2）政府权力机构已采取措施以阻止或尽可能消除在该区域内的开垦、开采和拓展，并使其生态、自然景观的美学特征得到充分展示。（3）在一定条件下，允许以精神、教育、文化和娱乐为目的的参观旅游。目前联合国以及许多国家和社会组织都接受和应用了 IUCN 的国家公园定义。

2.3.3 主要国家的“国家公园”定义

美国国家公园包含狭义和广义两重概念。狭义的国家公园是指拥有着丰富自然资源的、具有国家级保护价值的面积较大且成片的自然区域。广义的国家公园即“国家公园体系”，是“不管现在抑或未来，由内务部部长通过国家公园管理局管理的，以建设公园、文物古迹、遗迹地、观光大道、游憩区为目的的所有陆地和水域”，包括国家公园、纪念地、历史地段、风景路、休闲地等（张海霞，2010）。

新西兰的国家公园是为保留自然而划定的区域，其目的是保护某地不受人类发展和污染的伤害，国际上一直公认其属于自然保护区类型。确切地说，国家公园是由国家划定的需要特殊保护、管理和利用的自然区域，划定的目的是保护一个或多个典型生态系统的完整性，为生态旅游、科学研究和环境教育提供场所。新西兰国家公园具有三大基本特征：第一，区域内生态系统尚未因为人类的开垦、开采和拓展而遭到根本性的改变，区域内的动植物物种、景观和生态环境具有特殊的科学、教育和娱乐的意义，或区域内含有一片广阔而优美的自然景观。第二，政府权力机构已采取措施以阻止或尽可能消除在该区域内的开垦、开采和拓展活动，并使其生态、自然景观和美学的特征得到充分展示。第三，在一定条件下，允许以精神、教育、文化和娱乐为目的的参观旅游（国家林业局森林公园管理办公室，2015）。

德国对于国家公园的界定集中体现在《德国联邦自然环境保护法》（或称《联邦自然与景观保护法》）中：面积大并具有整体性（最小建议面积为 10000 公顷）；拥有特定的地貌或物种；该地区绝大部分区域属于自然保护区，没有或较少受到人类活动的影响；动植物及其自然界能按各自自然规律生存发展和变化。

南非早在 1926 年的《国家公园法》中就有关于国家公园的定义，即“基于游客的权益和娱乐目的，既可以对野生动物、海洋动植物和地质进行保护和研究，也可以进行考古、历史、民族研究以及其他教育科学研究的区域。”但该法律对国家公园的定义具有很大的局限。鉴于此，后来，NEMPAA（National Environmental Management: Protected Areas Act）给国家公园下了一个更具说服力的定义，即国家公园是一个提供科学、教育、休闲以及旅游机会的区域，同时该区域要兼顾环境的保护，并且使得当地获得相应的经济的可行发展。

加拿大对于国家公园的定义是全体加拿大人世代获得享受、接受教育、进行娱乐和欣赏的地方。

日本的国家公园是指根据《自然公园法》，由政府指定并管理的、具有日本代表性和世界意义的自然风景地，它分为国立公园、国定公园、都道府县立自然公园三类。

2.3.4　中国实践中“国家公园”之定义

我国实践中的国家公园定义可从如下类别的规范性渊源中进行解读。

1. 我国试点规范性政策文件中的有关表述

我国目前关于国家公园体制建设的权威性规范文件——《建设国家公园体制试点方案》（2015）中并没有明确给出国家公园的定义，但从其表述可以总结出国家公园概念的基本内涵，即国家公园是具有原真性、完整性的重要自然生态区域。《建立国家公园体制总体方案》提出国家公园是指由国家批准设立并主导管理，边界清晰，以保护具有国家代表性的大面积自然生态系统为主要目的，实现自然资源科学保护和合理利用的特定陆地或海洋区域。在国家公园试点规范性文件上，《东北虎豹国家公园体制试点方案》将东北虎豹国家公园界定为我国东北虎、东北豹种群数量最多、活动最频繁、最重要的定居和繁育区域。其他规范性文件都只是划定了各国家公园试点范围，并没有从一般意义上对国家公园进行界定。如《神农架国家公园体制试点区域试点实施方案》对神农架国家公园的界定是：整合神农架现有的国家级自然保护区、国家森林公园、国家地质公园、国家湿地公园等国家级保护地，北至红坪镇，南至下谷乡、木鱼镇，西至九湖镇，东至宋洛乡中岗村；再如《南山国家公园体制试点区域试点实施方案》中对南山国家公园的界定是：整合原南山国家级风景名胜区、金童山国家级自然保护区、两江峡谷国家森林公园、白云湖国家湿地公园共四个国家级保护地，新增非保护地但资源价值较高的区域，总面积 635.94 平方千米。我们可以看出各地方试点规范性文件并没有从一般意义上对国家公园进行界定。

2. 云南省地方性法规中的表述

云南省最早在国内建设国家公园，并制定了《国家公园基本条件》（DB53/T 298—2009）的地方标准，其对国家公园的定义是：由政府划定和管理的保护地，以保护具有国家或国际重要意义的自然资源和人文资源及其景观为目的，兼有科研、教育、游憩和社区发展等功能，是实现资源有效保护和合理利用的特定区域。云南也是最早进行国家公园立法的省份，其中《云南省国家公园管理条例》（2015）将国家公园定义为：国家公园是指经批准设立的，以保护具有国家或者国际重要意义的自然资源和人文资源为目的，兼有科学研究、科普教育、游憩展示和社区发展等功能的保护区域。从中可以看出以下几点：首先，国家公园是法定的，必须经过国家批准设立，其他任何组织或个人划定的自然区域都不得成为国家公园。其次，国家公园是一种资源，包括自然资源和人文资源：前者是在一定的时间、地点条件下，能够产生经济价值，以提高人类当前和未来福利的自然环境因素和条件的总和；后者是古今人类活动的艺术结晶和文化成就，包括各种历史古迹、古今建筑、各民族非物质文化遗产等。再次，国家公园是一定的保护区域，这就意味着具有国家或者国际重要意义的自然资源和人文资源必须依附在一定区域，如非物质文化遗产若没有固定区域则不能被纳入国家公园范围。最后，国家公园具有科学研究、科普教育、游憩展示和社区发展等功能，基本排除了经济功能，也就是说国家公园的建设更注重公益性。《云南省迪庆藏族自治州香格里拉普达措国家公园保护管理条例》（2013）则规定香格里拉普达措国家公园（以下简称公园），是指位于三江并流世界自然遗产地哈巴雪山片区列入保护管理和开发利用的区域（包括碧塔海和属都湖景区）。该规定只说明国家公园是一定的保护管理和开发利用的区域，并未呈现国家公园的基本内涵。

3. 青海省地方性法规《三江源国家公园条例》中的表述

2017 年 6 月青海省制定颁布的《三江源国家公园条例》，是 2015 年国家层面开展的国家公园试点改革以后颁布的第一个地方性法规。该条例第三条只是规定“三江源国家公园由长江源（可可西里）、黄河源、澜沧江源三个园区构成，具体范围以国家批准公布的三江源国家公园总体规划为准”，并没有直接对国家公园的概念进行界定。但从该条例的内容看可以得到国家公园的若干特征：第一，国家公园主要是对自然资源的保护，该条例的附则对自然资源资产做了解释，它是指可给人类带来福利、以资产资源形式存在的稀缺性物质资产，包括水流、森林、山岭、草原、荒地、滩涂等自然资源资产；第二，设立国家公园的目的是保护国家重要生态安全屏障，实现重要自然资源的全民共享，世代传承；第三，国家公园的自然资源属于国家所有，国家公园有非常重要的生态系统、独特的自然景观和丰富的科学内涵，它以国家利益为主导，所以必须坚持国家所有。

2.3.5　中国“国家公园”保护地的应然定义和特征

国家公园这一保护地模式是体现人类社会努力实现人与自然和谐关系的重要行为方式。它首先应当揭示国家公园这一特殊区域的本原价值和意义，其次它还要传达人类对待和利用这一特殊区域或这一特殊自然客体所应有的态度，包括在这个区域或这一特殊自然客体上如何正确选择资源利用和自然保护的具体方式。国家公园概念应当反映出一个国家关于受特殊保护的、具有人类共同遗产特性的自然客体所秉持的基本理念，以及所采取管理方式的价值判断。本质上，这样的国家公园概念反映的是一个国家在对待人与自然关系和可持续发展问题上的政治文明水平，以及在自然资源永续利用问题上纵向传承创新、横向选择吸纳的国家治理能力。我们认为，生态文明体制改革下的国家公园概念，包含两层鲜明的含义：国家公园既是一个承载人类共同自然遗产的特殊自然区域，也是一种管理人类共同自然遗产所涉资源和资产的模式。因此，中国国家公园可以定义为：其是具有中国国家代表性、典型性、生态完整性的自然客体和自然过程，以保护为本位目的，由国家实行整体保护、类别管理并提供国民科研、教育、适度游憩等公共服务的特定区域。

中国特色的国家公园建设具有鲜明的制度特色，可以概括为“一个具备三个代表”，即具备最重要的自然生态价值意义和生态安全功能价值和地位，代表着国家文明水平和形象，代表着广大人民福祉的国家福利，代表着中央政府主控国家自然遗产的管理意志和能力。

2.4　国家公园保护地模式的立法目的和原则

2.4.1　国家公园保护地模式的立法目的和保护目标的优先顺位

我国现行的自然保护地管理手段并非建立在管理目标导向的基础上，而是建立在资源类型的基础上，因而体现为风景名胜区、自然保护区、地质公园等多种类型，并各自形成了相对独立和封闭的技术体系、分区体系和管理模式。但是这种表面上形态完备的自然保护地体系，实则不是内在管理逻辑和方法合理有序的自然保护体系，存在区域交叉、重叠、管理目标不一致或冲突、管理方法和措施不兼容等问题。究其根源，在于我国自然保护地管理体系的分类不是以保护和管理的目标为指向。保护和管理目标是贯穿自然保护地设立、规划、分区、土地用途管制、经营等全过程的逻辑指向；保护和管理目标，从法律规范上考察，首先体现为国家为自然保护地所做的定位，为具体类别自然保护地的保护和管理所设定的立法目的。

我国尚无国家公园这一具体的自然保护地类别，我国的自然保护地类别管理又是以资源类别为分类，因此，在为国家公园这一具体自然保护地类别设计其在自然保护地体系中的地位和作用的时候，我们还需要同时通盘考虑我国自然保护地类别体系的改革方案、理顺国家公园在保护地类别中的特殊地位。

在我国现有的风景名胜区、自然保护区、地质公园等多种类型保护地中，自然保护区是最严格的保护地；风景名胜区以风景资源旅游为目标，自然保护不是其第一位法益和目标；森林公园、地质公园兼有自然保护与旅游的功能，旅游的开发利用驱动力强势，自然保护往往受到威胁。

那么，正在建设的国家公园，作为一类具体类别的自然保护地，应当如何设立特有的立法目的和法律保护目标？回答这个问题的一个基本考察策略就是：首先，应当且必须从国家公园的本质意义和功能属性出发，明确国家公园应有的具体立法目的和法定保护目标；其次，明确法律保护目标的优先顺位。表 2-1 是关于主要国家国家公园法定保护目标和立法目的的内容比较（杨子江，2016）。

表 2-1　主要国家设立国家公园的立法目的比较

国家	法律依据	国家公园的立法目的
美国	《国家公园管理局组织法》（1916）	保存（公园内的）风景、自然和历史遗迹以及野生生物并且将它们以一种能不受损害地传给后代的方式提供给人们来欣赏
加拿大	《国家公园法》（1930）	公园服务于加拿大公民的利益、教育和娱乐并且应该以完好无损的方式进行保留和使用以提供给子孙后代继续享受。要求在管理、规划公园管理规划分区和游客利用时，将保护自然资源和生态系统的完整性考虑为具有第一位的优先权
英国	《环境法》（1995）	保存和保护自然美景、野生生物和文化遗迹（公园内的）；增加公众理解和欣赏这些公园的特殊品质的机会

国家	法律依据	国家公园的立法目的
德国	《巴伐利亚州自然保护法》（2011）	顺次为：（1）保护整个地区的生态环境；（2）保护处于自然状态和接近自然状态的生物；（3）在不影响环保目的的前提下，对当地居民进行宣传教育，开发旅游和疗养业；（4）国家公园不以营利为目的
新西兰	《国家公园法案》（1980）	基于国家的利益，新西兰的国家公园永恒保护那些拥有如此美丽、独特和具有科学重要性的与众不同品质的风景、生态系统、自然特征，保护它的内在价值，并促使公众合理使用、欣赏和享受这些区域
澳大利亚	《环境保护和生物多样性保护法案》（1999）	保护公园所在区域处于自然状况，并且鼓励和规范公众对这一区域的合理使用、欣赏和享受
韩国	《韩国自然公园法》（1967）	保护代表性的自然风景地、扩大国民的利用率，为保健、休养及提高生活情趣做出贡献
日本	《自然公园法》（1957）	为保护优美的自然风景地区，以及对野生动植物、生态环境、生物多样性等的保护，增进其利用，并为国民提供一个保健、休养及科普教育的优美场所

由表 2-1 可以看出，主要国家在国家公园法定保护目标和立法目的的设定上有如下共同点：（1）“自然保护”和“公众的游憩利用”是国家公园公认的两个目标。八个国家和地区的相关法律政策都同时强调了公园“自然保护”和“公众的游憩利用”的双重目的。（2）强调了公众对国家公园享有自然惠益和合理利用的权利。立法强调了公园是为国家和人民的利益而设的，公众对国家公园拥有进入、合理利用和欣赏娱乐的天然权利。（3）明确指出当保护和游憩利用之间存在冲突时，保护应赋予更大的权重。在各国公园管理目标的进一步陈述中，均不同程度地提到当保护和利用之间存在不可调和的冲突时，保护应赋予更大的权重，如英国的《环境法案》就明确指出：当公园两个立法目的“保存和提高（国家公园的）自然美景、野生生物和文化遗产与提供公众理解和娱乐（国家公园）这些特殊品质的机会”存在不可调和的冲突时，赋予保护国家公园自然美景、野生生物和文化遗产目的更高的权重。澳大利亚和新西兰等国家的相关法律也有相似的规定。（4）明确拒绝公园的经济发展目标。经济发展目的没有出现在上述任何一个国家的相关法律中，英国、德国相关法律更是明确指出国家公园拒绝经济目的，认为发展经济应由单独的发展机构来承担，促进经济发展不能成为设立国家公园的根本目的。

当然，在强调上述共性的时候，各国所突出的重点还是有差异的。差异性主要表现在：首先，“自然保护”针对的重点有所不同。在实践中，不同国家“自然保护”含义的侧重点不同。大体可分为两类：北美洲和大洋洲国家公园的“自然保护”侧重于生态系统和生物多样性的保护；亚洲和欧洲国家以及地区的国家公园则侧重于风景和景观的保护。其次，个别国家把“促进社区经济繁荣和促进社会福利”作为国家公园的一项法定责任引入。例如，英国考虑到国家公园内社区居民众多这一实际情况，《环境法案》对国家公园管理局赋予如下法定职责：与负责发展的地方机构通力合作，促进国家公园内社区的经济繁荣和社会福利。这一规定，对于具有类似情况的国家在建设国家公园上具有重要的借鉴意义，国家公园虽然不能把繁荣经济和促进社会福利作为一个根本的管理目标，但是可以作为一项重要的国家和社会责任引入，配合地方主管经济发展的机构促进公园所在区域社会、经济的可持续发展。

造成各国国家公园法律保护目标差异的根本原因在于各国国情不同，国家公园发展由于所处的历史时期不同而设定的选取标准也不同。加拿大、美国、澳大利亚和新西兰等，从历史和政治地缘看，它们属于欧美老牌资本主义国家的殖民地，在开发新大陆时，往往国土面积广阔、地广人稀，它们掠夺式的开发催生了自然保护和自然保护地保护的思想，再加上它们摆脱殖民宗属国的独立精神、崇尚民主和公众利益思想，使它们得以在早期大量大片的自然地域并未遭受人类文明进程的破坏。因此，这些国家公园的设立标准一般是：是否具有特殊自然现象、独特生态系统、珍稀濒危动植物物种，以及能否为公众提供了解、鉴赏和享用自然的机会。因而公园管理目标的设定偏重于保护生态的完整性，为公众提供了解、享用自然的机会等满足多样性的游憩需求（黄丽玲等，2007）。

而先进的欧美国家如英国、德国，以及有着相似历史背景的亚洲的日本（袁晖，2002）、韩国（韩相壹，2002），由于国土面积小，人口众多，人类文明发达，国家公园作为后发展而来的自然保护手段，在国家公园设置的时候国土几乎已经出现不同程度的开发，普遍存在人类活动痕迹，因而难以开辟出像美国或加拿大那样完好的、保持自然面积的大面积国家公园。因而上述这些国家和地区的国家公园主要以自然美学价值作为重要评判和选取标准，所选之地多数风景秀丽，人类活动和居民生息在此世代相传，沉淀了丰厚的人文遗迹。国家公园的管理目标设定自然地就偏重于保护风景资源的世代流传，同时体现着对公园内社区居民生存和发展的繁荣和民生改善。

2.4.2 国家公园保护地立法原则

在中外自然保护地立法、管理和保护实践的基础上，我们归纳出国家公园保护地立法应当遵循以下基本原则：自然最好，生态保护第一，目标导向管理，全民共享福利，国家所有、集权管控为主，社区均衡发展，毗邻区域和利益主体分配正义，简析如下。

1. 自然最好原则

自然最好原则是指保持国家公园内自然资源和人文资源的原真性和完整性。丰富的自然资源和人文资源是当代人及后代人的宝贵财富，保护国家公园不仅是保护当代人的利益，更是保护子孙后代的利益。过度开发和不善管理会损害这些资源的原真性和完整性，造成不可逆转的损失。自然最好原则对世界自然遗产和文化遗产的保护意义尤为重要。根据《实施世界遗产公约操作指南》第 192 条，对其开发和利用不能损害其完整性和原真性，否则会面临从《世界遗产名录》中除名的风险。因此，在合理开发利用和保护国家公园过程中，应坚持自然最好原则，保存和传承各类自然资源和人文资源，实现国家公园的可持续发展。

自然最好原则是国家公园及其保护地本征价值的体现，是生态保护第一原则的价值判断前提。在自然最好原则下，资源保护也应当采取尊重自然、自然最好的价值认识，在保护、利用上都应当采取不干扰的方式，在不得不采取干扰方式的时候则采取最接近自然或自然友好的方式开展保护。

2. 生态保护第一原则

生态保护第一原则是指优先采取防患于未然的各种保护措施，避免国家公园的生态环境遭受破坏。一旦国家公园的生态资源遭受破坏，国家公园的物质文化基础即丧失，公民获得教育和欣赏的福利和发展机会也将丧失。因此，坚持生态保护第一原则，就是合理规划和有计划地开发和利用国家公园的生态资源，保护自然资源以维护或恢复生态完整性，提高风险预防意识，谨慎防止破坏生态资源的开发利用活动，使经济发展与生态保护协调发展。

生态保护第一原则是衡量保护与利用关系的价值判断准则。国家公园类型自然保护地，与自然保护区类别一样，是以保护自然原始性和原真性为主的自然保护地类型和自然保护模式。在利用问题上，兼具利用的功能，但利用不是本位和第一法益。自然保护区允许科学研究性的适度利用。我国除自然保护区保护地模式外，都比较强调利用价值，要求保护地具有诸如“观赏、文化或者科学价值”“生态、历史和文化价值”和“美学价值”的现实实用意义，如国家湿地公园要求“兼顾湿地生态系统服务功能展示、科普宣教和湿地合理利用示范，蕴涵一定文化或美学价值”。《风景名胜区管理暂行条例》及后继《风景名胜区条例》对风景名胜区的定义颇为相似，即“凡具有观赏、文化和科学价值，自然景物、人文景物比较集中，环境优美，可供人们游览或者进行科学、文化活动的区域”；可见，风景名胜区的管理目标明显侧重观赏和利用。虽然森林公园、地质公园、湿地公园以及水利风景区等都提出保护生态和自然环境的概念，但在中国旅游经济繁荣的背景下，其定义和宗旨中蕴含的利用内涵更强调，由此产生严重的过度利用问题。而国外国家公园的定义和宗旨则偏重于“为人类福祉和享受”“对大众进行生态教育”之目的，在协调保护和利用的关系中抑制利用的扩张。

国家公园是一类保护与利用兼有的保护地，但是保护与利用的关系问题则是一个影响管理全局的至关重要的命题。因此，结合国际和国外国家公园设置和保护的制度内容，我国国家公园立法应当遵循“生态保护第一”的理念。

3. 目标导向管理原则

目标导向管理原则是指国家公园的管理是以目标为导向的管理，强调对管理前景的展望，明确管理意图以及管理活动所欲达到的成效。在广义的管理科学中，“目标管理”是指由管理规划所产生的管理风格，其是一种积极主动的管理方式而非被动反应式的管理，是以成效为导向，注重业绩和成果的管理方式（LEE THOMAS et al.，2005）。目标导向管理具有主动控制干预的特性，因而被世界各国保护地和国家公园管理机构普遍采用。管理目标的设定是管理国家公园最为关键的第一步，是管理者制订管理计划、分配管理资源、实施管理行为以及评估管理成效等后续管理活动的直接依据和重要的评估标准。因此，应当坚持目标导向管理原则，制定明确的管理目标以指导管理计划的制订和管理活动的开展。

4. 全民共享福利原则

国家公园是一种典型的公共产品，国家公园不仅是为公众提供开放旅游、观光、科研和教育的场所，更是一种协调和平衡生态保护与经济发展的新型经济增长模式。国家公园的公共产品属性表现在以下三个方面：第一，为公众公开提供国家公园资源，每个国民都有享受国家公园的自然资源、生态惠益的权利；第二，每个国民都享有公共生态服务的基本生存权；第三，国家公园自然资源集体性的生态、文化价值及其经济利益理应由全体社会成员共有和共享，任何机构、组织或个人都无权独占或垄断经营。因而，国家公园的建设应坚持全民共享福利的原则。

5. 国家所有、中央集权管控为主原则

国家公园作为公共产品和公共资源，应坚持国家职能和政府责任主导性，即坚持国家所有、中央政府管控为主的原则。国家公园自然资源只能是国家所有和集体所有。在国家所有和集体所有的问题上，要处理好是否保留集体所有制的问题，即谨慎运用国家征收工具。就管理体制而言，国家公园因其国家代表性而应当由中央人民政府直接管理或者委托省级人民政府管理；省级人民政府不宜再委托或指定下级人民政府代管。

6. 社区均衡发展原则

国家公园是依托于特定的社区设立、建设和发展的，国家公园与所在社区关系紧密，只有它们两者之间形成一种相互促进的关系，才能确保国家公园体制建设的稳步推进。社区均衡发展原则在这一背景下被引入，其主要含义是指国家公园在发展过程中应在经济发展、基础设施建设、文化教育、科学研究等方面带动社区发展。社区均衡发展既不是只针对社区的某一方面建设的发展，也不是只注重部分群体的发展，而是覆盖社区全主体、包含各方面的发展。社区均衡发展原则在实践中的运用应当包含以下几个方面：一是建立社区管理和协调机制，吸收社区参与国家公园的管理；二是通过提供就业机会、建立社区发展基金等方式保证社区居民生计问题；三是加强社区居民教育，让社区居民能够深入了解国家公园，主动参与国家公园森林防火和环境保护工作。

7. 毗邻区域和利益主体分配正义原则

国家公园的建设不单单只涉及国家公园内的社区，毗邻区域同样也会对国家公园的生态保护造成压力，也会与公园管理机构存在一定的冲突。而国家公园社区冲突的根源在于利益分配机制的不合理性。因此，在利益主体众多的情况下，坚持毗邻区域和利益主体分配正义原则十分必要。毗邻区域和利益主体分配正义原则意味着在规划初期，国家公园就应当充分兼顾各主体的利益，并在公园建设发展过程中一以贯之，最终实现多种利益的协调和平衡（游勇，2013）；应当按照兼顾各方、利益共享的原则，合理确定利益分配方案，建立各主体利益共享的分配机制。

第 3 章　不同法体系下国家公园立法之比较研究

国家公园概念最早起源于美国，经过长期的发展，全球近 200 个国家和地区都已建立国家公园体系（李博炎等，2017）。国家公园在很多国家和地区的自然保护地体系中处于重要地位，并采用高位阶的专门法律（Law 或 Act）进行保护和管理。而就国家公园立法内容来看，不同法体系的国家公园专门立法和相关法规均在管理体制、土地权属、分区管理、特许经营、原住居民权益保障等方面形成了各有特色的法律规制机制。

本章主要考察不同法体系下的国家——日本、新西兰、美国、德国、南非、加拿大等主要国家的国家公园立法，比较分析它们在国家公园立法体系、管理体制和重要法律制度的经验和有益实践，以期为建设我国国家公园体制、健全自然保护地体系提供启示性的经验。

3.1　国家公园和保护地立法体系比较

3.1.1　日本

日本内阁环境省所确定的日本自然保护地域包括以下 3 类：国立公园、国定公园、都道府县自然公园。《自然公园法》规定，日本的国家公园是由自然公园中的国立公园和国定公园两部分构成；原生自然环境保全地域、自然环境保全地域、都道府县自然环境保全地域；鸟兽保护区（国设）、都道府县设鸟兽保护区；生息地等保护区。在自然保护地立法上，日本主要制定了如下法律：《自然公园法》（2003 年修订）和《自然公园法实施细则》，从国民保健、休养及教育的立场对风景地的保护和合理利用进行了严格管控；《自然环境保全法》，以优美的自然环境为立法目的，对指定地域的开发利用行为予以一定的控制，着重于保护现有的已形成良好环境的地域；《都市绿地保全法》《首都圈近郊绿地保全法》《关于整备近畿圈保全区域的法律》《生产绿地法》对自然保护地领域的绿地开展的必要的自然保全活动进行规定；《关于鸟兽保护及狩猎的法律》和《关于控制特殊鸟类转让的法律》以自然环境的重要构成要素——野生鸟兽为保护对象，确保其繁殖和生物多样性的延续；其他诸如《森林法》《关于古都风土保存的特别措施法》《文化财产保护法》对自然保护地中的森林、文化遗产、遗迹等进行保护。

关于日本国家公园立法体系，国内法层面，日本的国家公园立法已形成以《自然公园法》为基本法，以《自然环境保护法》及施行令和施行规则、《基本环境法》为核心，以《野生生物保护及狩猎控制法》《濒危野生动植物保存法》《自然恢复促进法》《自然再生推进法》《景观法》《生态旅游促进法》《规范遗传基因重组方面的生物多样性保护法》《鸟兽保护及狩猎合理化法》等法律为辅助，并颁布《自然环境保全基本方针》《国内特定物种事业申报相关部委令》《国际特定物种事业申报相关部委令》《特定未来物种生态系统危害防止相关法》《景观保护条例》《自然环境保护条例》等多项施行令和施行规则，构成较完善的国家公园法律体系。

在国际法层面，日本签署了《生物多样性公约》《世界遗产公约》《湿地公约》等多项与国家公园治理有关的国际公约。日本从国际、国内两个层面对国家公园的自然生态保护与游憩等主要管理目标进行严格、细致的立法规范，为国家公园管理体制的运行和自然资源的保护提供了明确、细致的法律保障。

3.1.2　新西兰

新西兰是英国女王统治下的普通法国家，其法律渊源有宪法、立法及先例几类。新西兰宪法为不成文宪法，由宪法性文件、宪法惯例、宪法判例组成，重要的宪法性文件包括《英王制诰》（*The Letters Patent 1839*）、《怀唐伊条约》（*Treaty of Waitangi 1840*）、《宪制法令》（*Constitution Act 1986*）等；立法是新西兰法律的重要来源，新西兰议会负责通过法律议案；判例是新西兰的正式法律渊源，法院审判必须首先查找先例，当普通法与衡平法产生冲突时，依《司法法》（*Judicature Act 1908*）第 99 条，优先适用衡平法。

新西兰的保护地体系由国家公园（IUCN Ⅱ类）、森林与保护公园（IUCN Ⅱ类）、保护地（IUCN Ⅱ～Ⅳ类）、海洋保护区（IUCN Ⅰa 类），风景和特别保护区（IUCN Ⅰa～Ⅳ）、历史保护区、海洋庇护所（IUCN Ⅳ类）组成。其中，一处保护地只属于一个类别；“世界级”保护地独立存在；由一个部门管理整个保护地体系。截至目前，新西兰已经建立了包括《资源管理法》《野生动物控制法》《国家公园法》《海洋保护区法》《野生动物法》《自然保护区法》等法律法规在内的一个较为完整的自然生态保护法律体系。其中位阶最高的是 1987 年的《保护法》，规定了如下内容：保护与保育的地位、部长权限、保护部职能、新西兰保护局和保护委员会的职能、政策与规划制定过程。其他自然保护相关的法律均服从于《保护法》，如《国家公园法》《保护地法》《野生动物法》《海洋保护区法》《海洋哺乳动物保护法》。上述法律有些是保护某一类保护地，而有些法律则保护不同类型的保护地，如受《保护法》保护的有保护公园、生态区域、庇护区域（Sanctuary Area）等，这些类型可以同时指定给某一区域，即某一区域既是保护公园，又是庇护区域；同时，这样的法律也保护某一保护地中不同类型的区域。

新西兰国家公园管理所涉及的法律主要是立法（有《保护法》《国家公园法》等）、保护部（Department of Conservation）的总体政策、保护管理策略，以及其他相关法。另外，每个国家公园的具体管理工作全部制定在管理规划中。《保护法》位阶最高，其规定了保护公园、生态区域、庇护区域等特殊保护区，如国家公园与庇护区域有重合，则《国家公园法》（包括所有国家公园专门法）与《保护法》要同时适用。同时，毛利土地法院（Māori Land Court）和怀唐伊法庭（Waitangi Tribunal）的判例也需要一并遵守。

3.1.3　其他国家

1. 美国

美国的保护地由联邦、州、部落、地区等不同层面的管理机构予以管辖，保护的水平也有很大不同。联邦层面的主要保护地系统有：国家公园系统、国家原野与风景河流系统、国家景观保护系统、国家森林系统（含国家草原）、国家野生物庇护系统、美国荒野保护系统、美国海洋保护区系统、美国工程部队保护地、生物圈保护区。其中，国家公园在保护地体系内的保护程度是最高的，其他同等级的保护地类有国家野生动物保护区、国有林地、荒野地、印第安人保留区等。有关保护地立法的规模和数量非常的庞大，不仅有联邦立法，还有州立法，每个保护地都有相关的法律文件。如《荒野法》（*Wilderness Act*）、《国家野生动物保护区系统管理法》（*National Wild Life Refuge System Administration Act*）、《侵入保护区法》（*Refuge Trespass Act*）、《保护区娱乐法》（*Refuge Recreation Act*）、《保护区收入分享法》（*Refuge Revenue Sharing Act*）、《狩猎动物及鸟类保护区法》（*Game and Bird Preserves Act*）、《北美湿地保护法》（*North American Wet Lands Conservation Act*）、《国家公园内采矿法》（*Mining in Parks Act*）、《原始风景河流法》（*Wild *and Scenic River Act*）等。

美国国家公园系统保护三类自然保护地，第一类是处于核心地位的国家公园，以保护自然生态系统为主，其保护措施最严格；第二类是自然风光保护区，与欧洲的景观保护区相似，主要是国家海滨区、国家湖滨区等；第三类以国家历史公园为代表，以保护自美洲大陆发现以来的古迹以及美国建国以来的历史遗迹为主。广义的国家公园体系，涵盖了美国国家公园管理局所管辖的全部领域，包括国家公园、国家战场、国家湖滨区、国家纪念地及国家历史公园等（王辉等，2015）。

美国国家公园立法体系可分为国家公园基本法、授权法、单行法和部门规章四个层次。1916 年，国家公园体系中最基本也是最重要的法律——《国家公园基本法》由美国国会颁布，该法规定了美国国家公园管理局的基本职责。授权法，指的是立法机关将其某项立法权授权或者委托行政部门或其他组织在授权范围内立法的决定或者决议。1872 年，美国国会授权、格兰特总统签署颁布了《黄石公园法》，这是美国的第一部授权法（余俊，2011）。授权性立法文件是美国国家公园体系中数量最多的法律文件，每个国家公园都有相应的授权立法文件，其形式是国会的成文法或美国总统令，这些立法文件对该国家公园单位的边界、重要性和其他适用于该国家公园单位的内容予以规定。美国国家公园的单行法在某些领域的地位十分重要，有力地填补了美国国家公园法律体系的立法空白，主要包括《原野法》《原生自然与风景河流法》《国家风景与历史游路法》。美国国家公园体系中的部门规章立法权限来源于 1916 年《国家公园基本法》，该法规定：内政部长应该制定和公布他认为对国家公园管理局管辖下的公园、纪念地和保留地的利用和管理，有必要制定适当的规则和规章。

2. 德国

德国的自然保护地主要有六大类：自然保育区、国家公园、景观保护区、生物圈保护区、自然公园和欧盟 Natura 2000 保护地。这六大类自然保护地在面积大小、保护目标、对土地利用的限制程度等方面均有不同，但目前尚未形成统一的划分标准，部分类型自然保护地在空间上存在重叠或交叉的情形（庄优波，2014）。其中，国家公园、生物圈保护区和自然公园是大尺度保护地类型。德国的生物圈保护区共有 16 处，占国土面积的 3.7%，侧重于保护、发展和恢复受传统使用方式影响而形成的大尺度自然和文化景观多样性，以及与其相伴随的动植物物种和生境多样性，这与国家公园有所不同；而自然公园（共 104 处，占国土面积的 27%）则侧重于保护和维持大尺度文化景观中的栖息地以及物种多样性，并且协调好保护与利用的关系，使保护与可持续旅游、可持续土地利用紧密联系。自然公园中农业用地占地面积最大为54%，林业用地占29%，城市或城镇用地和道路用地占12%，其他类型用地占5%（王洪涛，2008）。

从法律层级上说，德国国家公园立法体系形成了国家和地方两级法律体系，具体来说，在国家层面，《联邦自然与景观保护法》是国家公园体系中最为重要的法律，为各州管理国家公园制定了框架规定。此外，联邦层面的《联邦森林法》《联邦环境保护法》《联邦土壤保护法》《联邦狩猎法》等诸多法律起到了辅助作用。在地方层面，各州依据《联邦自然与景观保护法》，结合本州区域内国家公园的实际情况，制定了一些专门针对国家公园管理和保护的法律，如黑森林州在2003年制定了《科勒瓦爱德森国家公园法令》，巴伐利亚州制定的《自然保护法》为该州的自然保护和国家公园建设工作提供规范指导。各州的国家公园法律都对各自国家公园的性质、功能、建立目的、管理机构和管理规模等有着具体的说明。

3. 南非

南非《国家环境管理：保护地法》（*National Environmental Management: Protected Areas Act 57 of 2003*）及2004年31号修正法案（*National Environmental Management: Protected Areas Act 31 of 2004*）中明确规定了南非保护地体系的类型，主要包括（唐芳林等，2017）：特殊自然保护区（special nature reserves）；国家公园（national parks）、自然保护区（包括荒野地）[nature reserves（including wilderness areas）]、保护的环境区（protected environments）、世界遗产地（world heritage sites）、海洋保护区（marine protected areas）、特别保护森林区（Special Protected Forest Areas）、森林自然保护区（Forest Nature Reserve）、森林荒野地（Forest Wilderness Areas）[依据《国家森林法》（*the National Forests Act*，Act No.84 of 1998）的公告]；高山盆地区（mountain catchment areas）[依据《高山盆地区法案》（*the Mountain Catchment Areas Act 1970*）]。这些类别包含了所有国家级别、省/地区级别和地方级别的保护区（唐芳林等，2017）。国家级的保护区类别主要是（1）特殊自然保护区（special nature reserves）；（2）国家公园（national parks）；（3）自然保护区（包括荒野地）[nature reserves（including wilderness areas）]。其中，自然保护区包含两种情况：一是由国家机构管理的；二是因某种原因而落入部长的权限之中的（徐青，2008）。

在国家层面，南非先后制定了《国家环境管理法》、《生物多样性法令》（2003）、《环境保护法令》、《国家公园法案》（1976）、《湖泊发展法令》、《世界遗产公约法令》、《海洋生物资源法令》(1998)、《国家森林法令》和《山地集水区域法令》等。

南非国民议会于 1926 年通过《国家公园法案》，授权设立南非第一个国家公园——克鲁格国家公园。1926 年以后，《国家公园法案》经过多次修正，并于 1976 年制定颁布了新的《国家公园法案》(*National Parks Act 1976*)。1989 年，为提供有效的环境保护并控制环境利用行为，国民议会制定了《环境保育法》(*Environment Conservation Act 1989*)。1998 年南非国民议会制定了《国家环境管理法案》(*National Environmental Management Act 1998*)，作为进行环境决策、促进环境合作及实现国家环境治理的重要法律。2003 年，南非在国家层面上整合了《国家公园法令》《国家环境管理法》《国家森林法》《世界遗产公约法》《高山盆地法》等历史上颁布的与保护区管理相关的法案，颁布了《国家环境管理法：保护地法案》(*National Environmental Management: Protected Areas Act*)，这是南非历史上第一部真正意义上的保护地法。其适用于全国包括国家公园在内的全部保护地的运营、保护和管理。该法的通过废止了 1976 年的《国家公园法案》，成为南非国家公园运营和管理的直接法律依据。2004 年，在《国家环境管理法案》和《国家环境管理：保护地法案》基础上，国民议会又制定通过了《国家环境管理：生物多样性法案》(*National Environmental Management: Biodiversity Act 2004*)，形成了完整的环境保护法律框架体系。

此外，与国家公园运营和管理相关的法律还包括南非国家公园管理机构编制的《南非国家公园信息知情手册》(*Manual: Promotion of Access to Information Act 2000*)以及南非国民议会于 1993 年制定的《旅游法案》(*Tourism Act 1993*)。

4. 加拿大

加拿大自然保护地体系十分庞大，在国家层面，有国家公园、国家海洋保护区、国家野生动植物保护区、国家候鸟禁猎区、国家首都保护地、加拿大遗产河流系统等；在省级层面，有省立公园、荒野保护区、省立自然保护区、鸟类禁猎区和生态保护区等；还有地区级和地方级的保护区。1990 年，加拿大出台《加拿大绿色规划》，将环境进行整体规划，提出了若干目的、相关目标和进度，其中一个目的直接与自然保护地相关，即“保护加拿大特有空间和物种”。加拿大自然保护地立法形成了完整而科学的体系，其中《加拿大国家公园法》为加拿大国家公园系统提供了强有力的法律保护，《国家公园局法》确定由什么机构主管国家公园事务，《加拿大遗产部法》确立了由哪个部级机构负责指导国家公园局的专业工作。此外，《加拿大野生动植物法案》对国家野生动植物保护区和禁猎区进行保护，《历史遗迹与纪念地法》用来管理在历史学和建筑学方面具有国家意义的历史名胜。

加拿大国家公园的法律法规体系较为完善，早在 1887 年为规范班夫国家公园的管理，加拿大颁布了《落基山公园法》对其实施专门保护。随后，在 1911 年，加拿大又出台了《自治领地保护区和公园法》。1930 年，加拿大正式颁布《加拿大国家公园法》，后来历经多次修改，最新版于 2000 年 10 月 20 日由国会通过，部分条款当即生效，部分条款于 2001 年 2 月 19 日生效，还有部分条款于 2005 年 10 月 1 日生效。此外，加拿大还制定了《野生动物法》《濒危物种保护法》《狩猎法》《防火法》《放牧法》等诸多法律和《国家公园通刑法规》《国家公园建筑物法规》《国家公园别墅建筑法规》《国家公园墓地法规》《国家公园家畜法规》《国家公园钓鱼法规》《国家公园垃圾法规》《国家公园租约和营业执照法规》《国家公园野生动物法规》《国家历史遗迹公园通用法规》《国家历史遗迹公园野生动物及家畜管理法规》等多部相关法规，形成了较为完善的国家公园管理法律法规体系，并通过了《加拿大国家公园管理局法》《加拿大遗产部法》等来规范国家公园组织管理机构的运行。

各省制定的法律也比较健全，大部分省都制定和颁布了省立公园法案和保护森林、野生动物及森林防火相关的法律，而且其内容非常详尽和具体，真正做到有法可依。

3.2 国家公园核心立法及主要规定之比较

3.2.1 日本

日本的国家公园和自然环境保护区分别以《自然公园法》和《自然环境保护法》为核心立法，辅之以配套的条例共同组成日本自然保护地和国家公园的法律调整体系。

1.《自然公园法》

1931 年，日本政府出台了《国立公园法》，这也是日本国家公园制度创立的标志。该法规定了由国家公园委员会对全国范围内的自然景观进行调查。依据此项规定，日本从 1934 年 4 月开始设立国立公园。1949 年对《国立公园法》重新修订，将原来规定的“准国立公园地区”确定为“国定公园”，并明确了指定和管理的程序；同时还在国立公园条款中增加了关于“特别保护区”的新规定，以便保护那些最有价值的优美景观和原始自然。这两处的修改和补充为以后自然公园的迅速发展提供了必要条件。为满足不断增长的游娱及接触自然的需求，20 世纪 50 年代以后，日本自然公园的工作重心一方面仍致力于将那些尚未开发的名山大川开辟为国立公园或国定公园，另一方面也开始将注意力转移到城市周边的游娱利用率较高的自然地域。因此，日本于 1957 年制定了《自然公园法》，取代了《国立公园法》，并补充了对都道府县立公园的相关规定。

《自然公园法》最初目的是为了保护和合理利用风景地，确立了由国立公园、国定公园、都道府县立公园组成的自然公园体系。日本“国家公园”这一概念对应的是国立公园和国定公园两类。目前，日本对国家公园保护与管理主要依据《自然公园法》。2013 年《自然公园法》进行了修订，目前《自然公园法》由四部分构成，其主要内容包括：第一章总则；第二章国立公园与国定公园，该章分别就公园的指定、公园计划、公园事业、公园的保护与利用、生态系统维持与恢复事业、风景地保护协定、公园管理团体、费用以及附则等做出了详细的规定；第三章都道府县立自然公园；第四章罚则。

第一章总则部分指出了本法的目的是保护优美自然风景地前提下，增强对公园的利用，为国民提供可用于休息、教育、健身的场所；对自然公园、国立公园、国定公园、都道府县立公园、公园计划、公园事业、生态系统维持与恢复事业的概念进行了定义；还规定了公园的责任主体包括国家、地方公共团体、企业经营者、公园利用者。由于对原生自然环境利用的增加，导致野生动物捕杀现象日益严重，针对此种情况，2003 年《自然公园法》进行了修改，增加了国家和地方政府对生物多样性保护的内容。

第二章是关于国立公园与国定公园的内容。第一，在公园的指定部分规定，国立公园和国定公园都由环境大臣在听取自然公园审议会的意见后指定，其解除和区域的变更也由环境大臣决定。第二，在公园计划部分规定，计划的决定、废止和变更的主体都是环境大臣，并且在决定公园计划时需要将计划进行公示。第三，在公园事业部分规定，国立公园事业由环境大臣决定，而国定公园事业则由都道府县知事决定，公园事业的内容都需要进行公示。公园事业主要指公园设施的建设，国立公园和国定公园分别经过环境省、都道府县知事的同意，可以将部分事业委托给地方公共团体负责。第四，在公园的保护与利用部分规定，国家公园按照保护强度又分为特别区域和普通区域两类。在特别区域内，建筑物的新建、扩建，树木的砍伐和矿物开采等行为，若发生在国立公园内则需要环境大臣的许可，在国定公园内则需要都道府县知事的许可。普通区域管理相对宽松，只限制超过一定规模的设施建设和过度开采行为。还规定在必要的时候，环境大臣可以在国立公园内，都道府县知事可以在国定公园的特别区域中内指定“特别保护区”。随着各种基本建设规模不断扩大，日本为得到更多用地而经常采取向大海要地的方法，削平崎岖海岸，填埋自然海滩，使海岸的自然环境遭受严重破坏。对此，《自然公园法》又进行了补充修订，第 22 条规定了“以保护海岸景观为目的的海中公园区”的相关内容。第 23 条还规定了“利用调整区制度”用来控制利用者的人数和使用期限，从而实现对特别区域和海中公园内某些地区的特别保护。第五，在生态系统维持与恢复事业部分规定，为了国家公园生态系统恢复事业有效实施，环境大臣在公园计划的基础上负责制订国立公园的生态系统维持与恢复事业计划，都道府县知事负责制订国定公园的维持与恢复事业计划。第六，在风景地保护协定部分规定，当国家公园内土地属于私人所有时，公园管理者与土地所有者签订风景地保护协定，该土地所有者可以享受税收优惠待遇，与此相对应，由公园管理者代替其实施保护、管理、信息发布和提供服务。除此之外，还可以由政府直接出资购买民有地，以便提高管理效率，降低管理成本。第七，在公园管理团体部分规定，环境大臣对于国立公园，都道府县知事则对于国定公园可以指定有一定能力的社团法人、非营利组织作为公园的管理团体，主要负责国家公园的日常管理、设施维护、资源的保护、数据收集与信息公布等。第八，负担规定，有三方面内容。首先，公园事业的费用方面遵循“执行者负担”的原则，由国家公园管理的执行者负担该费用，国家在预算范围内向都道府县给予执行费用的一部分补助。其次，遵循“受益者负担”的原则，地方公共团体因公园事业而受益时，在其受益范围内负担部分执行费用。最后，遵循“原因者负担”的原则，当国家或地方公共团体因为某种原因不得不采取措施时，造成该原因的人应负担全部或部分的费用。

第三章规定都道府县立自然公园由都道府县知事指定。在都道府县立公园内也有风景地保护协议制度和公园管理团体制度，它属于自然公园体系的一部分，但不属于日本国家公园。第 81 条规定“国立公园、国定公园、原生自然环境保护区都不包含在都道府县立公园的范围内”。

第四章罚则部分主要规定的是罚金刑，范围是 10 万～100 万日元。受到最重的处罚的情形是违反环境大臣风景地恢复原状的指令，将处以 1 年以下的拘役和 100 万日元以下的罚款。

为了保障《自然公园法》的实施，日本政府又颁布了《自然公园法施行令》《自然公园法实施规则》等配套法规。《自然公园法实施规则》在《自然公园法》的基础上将特别区域又具体分为三类：Ⅰ级特别区、Ⅱ级特别区、Ⅲ级特别区。Ⅰ级特别区是指具有相当于特别保护地区的景观，该地域主要是对现有景观进行严格保护。II级特别区的主要保护措施是对该区域的农林渔活动进行调整。III级特别区是指保护的必要性相对较低，一般的农林渔业活动不会影响其景观的地域。日本还出台了《国立公园及国定公园候选地确定办法》《国立公园及国定公园调查要领》《国立公园规划制定要领》等重要文件，内容包括国立公园所在地区图与规划图制订要领，以及国立公园规划修改要领、国定公园指定及规划制订、都道府县立公园指定及规划制订等。

2.《自然环境保护法》

20 世纪 80 年代，日本国内呈现“大量生产、大量消费、大量废弃”的现象。首先，对矿产、木材等资源的需求迅速增长，相应的开发行为威胁着自然公园。例如，当时的吉野熊野国立公园的北山川水电站、中部山岳国立公园的黑部川水电站的建设都与自然公园的旨趣相悖。其次，城市拓展、住宅建设等问题也都涌向自然地域，甚至日益增长的观光旅游也给自然公园造成巨大的压力。如何协调好自然保护和各种开发利用之间的关系成为自然公园工作中最难但必须解决的问题。对此，日本进一步调整了环境管理战略，将可持续发展作为战略方向，开始强调在生产和消费环节进行污染控制，通过制定环境政策来对产业结构进行调整，向循环经济过渡。1971 年日本政府设立了环境厅，以此为契机于 1972 年制定了以自然环境保护为专门目的的《自然环境保护法》，该法在保护大面积的、有价值的自然美景方面发挥了重要作用，具有自然环境保全基本法的性质。

《自然环境保护法》将自然公园以外的地域，以保护为目的确立了自然环境保护区（杨素娟，2002）。该法规定环境大臣可以根据保护的需要，具体指定“原生自然环境保护区”和“自然环境保护区”。都道府县知事也可以指定“都道府县自然环境保护区”。该法主要内容包括：总则、自然环境保护基本方针、原生自然环境保护区、自然环境保护区、罚则、都道府县自然环境保护区等。

第一章总则部分指出本法的目的，其是与《自然公园法》等法律相结合，推进自然环境的保护工作，确保现在以及将来国民健康与文明的生活。由于日本很多保护区内土地所有权属于私人，因此该法第 3 条规定了“在实施土地保全和公共利益调整措施时，必须尊重有关人员的所有权和财产权”，还规定了地方公共团体、企业经营者、国民都有责任协助国家实施有关保护自然环境的方针政策。在自然环境保护区的管理制度方面，该法第 5 条规定了“自然环境保护基础调查制度”，日本大约每 5 年对地形、地质、植物以及野生动物进行一次必要的基础调查。另外，环境厅曾在 1994 年对公园区域和公园计划进行了再检讨。对于已经再检讨过的公园，每隔 5 年还将对其区域和计划再进行一次监测，即由环境厅主导实施“自然公园利用状况的调查”。

第二章自然环境保护基本方针，包括环境保护的基本规划、各类保护区的指定及其方针政策。环境大臣在听取自然环境审议会意见的基础上，可以根据保护的需要，制定自然环境保护基本方针。

第三章原生自然环境保护区规定。当某些区域需要不受人类活动影响，维持其原始状态时，由环境大臣将其指定为需要特殊保护的原生自然环境保护区。原生自然环境保护区是从国有或地方公园所有土地中，几乎未受人为活动影响，并且保持原始自然环境状态的区域中指定。在该区域内，禁止建筑物的新建、改建、增建，并限制以下开发行为：宅基地开发，土地开垦和其他改变土地性质的行为；采取矿物和土石；填埋水面；导致河川或湖泊的水位与水量增减的行为；竹木的采伐或损伤；竹木以外的植物的采集或损伤，以及植物落叶的采集；竹木的栽培；动物的捕猎伤害，或动物卵的采集伤害；家畜的放牧；野外用火；屋外物品堆放或储藏；车马动力船的使用以及航空器的着陆以及其他政令规定的行为。该法第 19 条规定了非经许可，不得进入限制进入的区域，“环境大臣认为有保护环境的特别需要时，基于保护计划，在该区域内可以指定限制进入区”。

第四章自然环境保护区规定，环境大臣在原生自然环境保护区以外、具有独特地理特征、有特别保护自然环境需要的区域指定为自然环境保护区。该区域根据需要又分为特别区、海中特别区、野生动植物保护区、普通区，不同区域对人为活动进行不同程度的限制。在特别区内各项行为都需要环境大臣的许可，为了保护特定的野生动植物，环境大臣可以将特别区内的某区域指定为野生动植物保护区。在野生动植物保护区内，一般情形下均不得捕获或采取野生动植物。在海中特别区，未得到环境大臣的许可，不得进行设备的新建、扩建，不得变更海底形状，不得采掘矿物和土石，不得排水造田，不得拴绑物品，不得采捕热带鱼、珊瑚等。在普通区进行相关开发行为，需要事先向环境大臣申报该行为的种类、场所、实施办法。环境大臣从收到申请后 30 日内审核，如果认为超过了限度则可以命令禁止有关行为或令其采取必要措施。第 35 条规定重视对当地居民权益的保障，“当适用有关自然环境保护区的规定时，应当关切该地区的居民的农林牧渔等生产稳定及提高其生活福利”。

第五章是罚则部分，主要规定执行费用的负担问题。第 37 条和 38 条规定主要遵循“原因者负担”和“受益者负担”两项原则来分配责任。如有不缴纳费用的情形时，由环境大臣或地方领导进行督促，并指定应缴纳的期限。逾期仍不缴纳的，可以征收滞纳金，并且滞纳金优先于执行费用。

第六章都道府县自然环境保护区部分规定，在都道府县立自然环境保护区内可以指定特别区，包括其中的野生动植物保护区，或作为普通区域但对某些行为进行限制，并且应当照顾当地居民的农林渔业等生产的稳定及生活福利的提高。

罚则部分包括了拘役刑和罚金刑。最重的处罚是处以一年以下拘役或 20 万日元以下的罚款，包括两种情形：一是违反第 17 条第 1 款，即在原生自然环境保护区进行了某些被限制的开发行为；二是违反第 18 条第 1 款和第 2 款，即违反环境大臣或自然保护官下达的中止某行为、令其限期恢复原状或采取必要替代措施的命令。

对于《自然环境保护法》不能予以充分保护的自然区域，主要依靠地方公共团体制定《自然保护条例》，实现对其自主的保护。这实际上是日本关于自然保护区的地方性立法。《自然环境保护法》和《自然公园法》均规定了，指定特定区域应当先制定相关的保护计划，并且均对保护计划的制订程序和内容做了详细的规定。不同的是，《自然公园法》的立法目的有两个，一是保护自然环境，二是增强对公园的利用，为国民提供可用于休息、健身的场所。因此，《自然公园法》中除了保护计划，还规定了公园利用计划。但《自然环境保护法》是实行保护、保全事业的法律，着重于保全现存的已经形成良好环境的地域，因此没有规定利用计划。

自然保护区域分别由《自然公园法》和《自然环境保护法》调整的二元化立法对自然环境的保护也造成了一定阻碍（杨素娟，2002）。根据《自然公园法》和《自然环境保护法》的规定，自然公园和自然环境保护区不能重叠指定，由于《自然公园法》制定在先，因此某些地域因早已被划入自然公园指定的范围之内，即使符合了《自然环境保护法》规定的条件，也不能被指定为自然环境保护区。并且在自然公园区域的实践中，利用比起保护往往得到更多的重视，这使得自然公园范围内某些原生自然环境得不到有效的保护，自然公园因过多地接待观光游客而造成植被损害、景观破坏等问题也越来越严重。

3.2.2　新西兰

1.《国家公园法》（*National Parks Act 1980*）

新西兰 1980 年《国家公园法》分为 8 个章节，共有 80 个条款，其中有 24 个条款被废除。该法主要规定：国家公园的管理原则、设立标准及定义、国家公园土地的取得、由其他法律调整的土地、管理体制、总体政策、保护管理策略、利用规划、利用限制、资金、违法行为及法律责任。其立法宗旨包括：尽量维持国家公园原有自然状态，保护所有的本土动植物，保存历史文化遗迹，维护土壤、水、森林及其他受保护的区域；免费向公众开放，允许公众全方位地感受山川、森林、海岸、湖泊、河流和其他自然景观带来的种种益处，启迪心灵、宴飨美景、愉悦身心。该法规定了几个重要的制度，如分区利用、特许经营（concessions）等。

2.《保护法》(*Conservation Act 1987*)

新西兰 1987 年《保护法》分为 8 个章节，共 65 个条款，其中有 9 个条款被废除。该法规定了如下内容：保护与保育的地位、部长权限、保护部职能、新西兰保护局（New Zealand Conservation Authority）和保护委员会（conservation board）的职能、政策与规划制定过程。《保护法》为了更好地保护新西兰自然与历史资源而设立了保护部，并将之前分属于五个不同机构的保护职能全部归于保护部之下。《保护法》划分了五类保护区域（conservation areas）：特别保护区（Specially Protected Areas）、边缘地带（Marginal Strips）、管护区（Stewardship Areas）、保护区（Land deemed to be held for conservation purposes）、行政管理区（Land Held for Administrative Purposes）。其中特别保护区又进一步细分为保护公园（Conservation Parks）、荒野区（Wilderness Areas）、生态区域（Ecological Areas）、庇护区域（Sanctuary Areas）、水道区域（Watercourse Areas）、游憩区（Amenity Areas）、野生生物管理区（Wildlife Management Areas）。《保护法》第 VA 章设立了垂钓竞技委员会（Fish and game councils），负责管理、加强、维护钓鱼比赛和娱乐性猎鸟活动，并代表垂钓者与猎鸟人的利益。委员会的职责根据国家公园相关法律规定可延伸至公园内行使。此外，公园内机动飞行器的起飞、盘旋、降落也需要遵守《保护法》的规定。

3.《怀唐伊条约》(*Treaty of Waitangi*) 和《毛利土地法》(*Māori Land Act 1993*)

《怀唐伊条约》是新西兰宪法体系中的一部重要法律文件，规定了英国王室对原住民毛利人所负有的宪法性义务。条约有英文及毛利文两个版本，承认了毛利人对其土地、森林、渔场及其他财产享有完整、排他的所有权作为他们放弃主权的交换。毛利人认为他们只让与了英国王室以统治权，而保留了自己的自然资源管理权。正因如此，国家公园内涉及的自然资源利用与管理，必须征询毛利人的意见。条约也赋予英王室从毛利人手中购买土地的排他权利。新西兰国会于 1975 年设立了怀唐伊法庭（Waitangi Tribunal），毛利人有关《怀唐伊条约》的权利主张可以向怀唐伊法庭提出。法庭只能提出处理建议，此种建议不具有法院判决般的约束力。法庭审理与调查的方式也有别于普通法院，审理程序更加严格，且一般在毛利会堂（Orakei Marae）进行。在法庭上，条约两种版本的法律约束力一致，法官在适用时根据《释义法》（*Interpretation Act 1999*）进行符合立法原意的解释。怀唐伊法庭由毛利土地法院（Māori Land Court）的首席大法官任庭长。

有关毛利土地的纠纷由《毛利土地法》协调，毛利人之间因毛利土地引发的争议、主张和调查由毛利土地法院管辖。毛利土地法院负责审理自 1865 年起与毛利土地有关的案件，涉及毛利土地的所有权及继承的事务一般通过传统且适当的方式解决。法院开庭以毛利语进行，并且在审理的开始和结束都要进行祷告。

4. 其他法律

（1）《资源管理法》（*Resource Management Act 1991*）。当地政府根据《资源管理法》的授权管理领域内的空气、淡水、海岸水、土壤及自然灾害。除了鲱鱼的养殖、捕捞是由保护部负责；商业性淡水渔业（如鳗鱼、黑比目鱼、鲻鱼）由渔业部（Ministry of Fisheries）进行管理。渔业法规允许当地原住民对鱼类资源的传统利用权。

（2）《历史遗迹法》与《文物法》。国家公园内的历史与文化遗迹管理需要向文化遗产部（Ministry for Culture and Heritage）咨询文化遗产政策，文化遗产部代表皇家意见。对园内的考古遗迹进行调查、拆毁或修缮，必须得到新西兰历史遗迹基金会（New Zealand Historic Places Trust）的批准，基金会的职权见《历史遗迹法》（*Historic Places Act 1993*）。依据《历史遗迹法》的标准认定的重要历史文化遗产需要进行主动的、统一的保护与管理。某些古董文物应在公园内进行原址保护的，依照《文物法》（*Antiquities Act 1975*）的规定。

（3）《皇家矿产法》与《普纳姆法》。国家公园内的采矿权不以《保护法》中规定的特许方式（concessions）批准，园内的采矿行为由《皇家矿产法》（*Crown Minerals Act 1991*）及《资源管理法》调整。《皇家矿产法》第 8 条第 2 款准许保护部利用公园内皇家所有的矿产；而《资源管理法》第 12 条、第 13 条规定了从河床、湖底、滩涂采集沙、鹅卵石以及其他天然矿物需要当地政府的许可，并且此行为也需要特许。针对毛利人十分重视的一种绿玉普纳姆（Pounamu），由一部特别法《普纳姆法》（*Pounamu Vesting Act 1997*）进行管制。该法授权在指定区域内以自然状态存在的绿玉所有权归属于当地的毛利人。另有一部《普纳姆资源管理规划》（*Pounamu Resource Management Plan*）规定了绿玉的保护、开采相关政策。

（4）《生物安全法》（*Biosecurity Act 1993*）。该法适用于国家公园可能涉及外来物种入侵等生物安全问题，规定了一系列清除及控制害虫和其他有害生物的措施。三文鱼及娱乐用鸟不属于外来物种，依《垂钓及竞技管理规划》（*Sports Fish and Game Management Plan*）进行管理，该规划不能与国家公园管理规划相冲突。另外，采集、处置《野生生物法》（*Wildlife Act 1953*）下的受保护物种，必须取得部长许可。除需要特许授权的活动外，对公园的利用行为可能需要其他法律的授权，如《海洋哺乳动物保护法》（*Marine Mammals Protection Act 1978*）。《建筑法》（*Building Act 2004*）第 117 条至 120 条规定了食宿及其他设施的建筑标准应便利残疾人使用，公园中的设施应符合《建筑法》的要求。在园内进行军事演习必须要符合《防御演习条约》（*Defence Training Agreement 1990*）的规定。

（5）《政府信息公开法》（*Official Information Act 1982*）。该法为公民获取政府信息提供了途径，该法旨在提高公民对政府信息的利用，使其能更有效地参与法律与政策的制定和实施，并增强了执政者的责任感。公民个人可依该法之规定申请获取信息，除法定的特殊情况外，不得拒绝该申请。根据该法要求，有关国家公园的研究和监控结果原则上应对公众公开，例外情形如涉及外交关系、国家安全及敏感商业信息等特定信息则不予公开。

5. 法律规定的管理政策

新西兰法律规定的国家公园管理政策主要有总体政策、保护管理策略和管理规划三类。

（1）总体政策（General Policy）。总体政策是国家公园管理的最高法定政策，有两部：《保护总体政策》（*Conservation General Policy*），根据《保护法》制定，由保护部部长（Minister of Conservation）批准；《国家公园总体政策》（*National Parks General Policy*），则是根据《国家公园法》制定，由新西兰保护局批准通过（《国家公园法》第 44 条授权新西兰保护局通过总体政策指导养护管理者和社区如何保护特殊区域及当地物种）。这两种政策会一并在保护管理战略（conservation management strategies）中得到体现。总体政策包括自然、文化与历史资源，游憩，设施建设，科研、自然灾害应对等内容。《保护总体政策》对保护管理战略和规划的制定做出了要求：首先，认定保护区域内应受保护的资源，不同利用方式的潜在影响以及如何减轻影响；保护公共土地和水域的目标；

如何与土地管理规划协调。其次，要求在保护管理战略中确定具有国家或世界重要性的区域，并制定规划对其进行保护管理（包括具体的目标）并向公众咨询。最后，进一步明确了保护委员会的职责；保护管理战略和规划的制定、审议应向委员会咨询，委员会接受公众质询。《国家公园总体政策》规定了国家公园的基本概念和保护对象，以及规划的内容、编制与审议等方面。总体政策的具体实施是通过保护管理战略及规划进行的，作为一种法律执行的指导性意见，它有效地衔接法律和规划。它们的位阶顺序由《国家公园法》及《保护法》规定，从高至低依次是立法→总体政策→保护管理战略→规划。总体政策会避免对国家公园的保护方法规定的过于详细，以便在规划中依据新科技、新手段及新资源进行调整。

（2）保护管理战略（conservation management strategies）。保护部将新西兰所有国土面积划分为 11 个保护区域（Conservancy），保护区域与行政区划并不必然具有一致性。在保护区域中有公共土地，也有部分土地为私人所有。每一保护区域应制定一部保护管理战略，为保护部负责管理的公共土地、水域和物种提供总体概貌和保护方向；针对私有土地则仅提出建议。保护区域内各类保护地都需要遵守该区的保护管理战略，国家公园也不例外。保护管理战略是以 10 年为周期的区域性战略，勾画了 10 年后的发展愿景，应《保护法》的要求为了执行总体政策而设定自然与历史资源的综合管理目标，并确定了保护部在保护区域内实现其综合管理职能的路径。制定保护管理战略时应考虑到与现有的依据《保护法》《资源管理法》及其他由保护部实施的法律而制定的管理规划相协调。保护管理战略通常包括：（a）什么是保护管理战略以及如何应用该战略；（b）确定所辖区域自然和文化价值以及对该区域的总体评价；（c）制定分类管理措施和一般规定（如特殊物种的保护、病虫害控制的政策、特许经营等）；（d）对区域内重要自然资源进行分析及分区管理，分别制定保护管理措施（包括资源特征、价值、威胁分析、公众利用方式规划、科研、生态调查、监测等）。若保护区域内存在国家公园（或其他需要进行管理规划的保护地），则无须对该保护地进行具体分析。

（3）管理规划（management plans）。管理规划包括《保护管理规划》（*Conservation Management Plans*）、《国家公园管理规划》（*National Park Management Plans*）、《垂钓及竞技管理规划》（*Sports Fish and Game Management Plans*）。根据《国家公园法》第 45 条的规定，新西兰每个国家公园都必须在设立 2 年内制定一部管理规划，并且至少每 10 年进行一次整体修订。管理规划执行保护管理策略，并为特定区域内自然、文化资源的统一管理设定具体目标。规划制定或修订的过程中，保护部会咨询保护委员会、当地土著以及其他民众、组织的意见。每年保护部均需要向保护委员会提交关于规划实施情况的报告。《国家公园管理规划》通常包括：（a）国家公园及其所在保护区域（包括历史、价值等）基本情况；（b）管理规划的法律背景及地位；（c）重要的保护原则；（d）保护政策、目标及具体措施，以及针对特定区域的措施（如《汤加里罗国家公园规划》对 2 处野生动物区域、2 处荒野区域、3 处美景区域等进行了专章规划）；（e）利用限制，包括特许经营的具体规定。

3.2.3　其他国家

1. 美国

美国国家公园的核心立法主要是《国家公园基本法》及“一园一法”的授权法。美国国家管理公园局于 1916 年成立时通过的《国家公园基本法》，规定美国国家公园管理局的基本职责——“美国国家公园管理局应该根据如下基本目标，来改善和管制国家公园、国家纪念地和其他保护地区……的利用：在保护风景资源、自然和历史资源、野生动物资源，并在保证子孙后代能够不受损害的欣赏上述资源的前提下，提供（当代人）欣赏上述资源的机会”。国家公园的种类随其体系的不断扩大而日趋多样化。最初只有“国家公园”和“国家纪念地”两种类型，后来发展到“国家军事公园”“国家休闲地”等 20 个类型。后加入的国家公园单位（Park Units）所取得的许多授权与 1916 年国家公园管理局基本法的精神相抵牾。因此，1970 年，美国国会修改了《国家公园基本法》，修正案指出：“从 1872 年设立黄石国家公园后，国家公园体系不断扩大，包括了美国每一个主要区域的杰出的自然、历史和休闲地区……这些地区虽然特征各异，但是由于目标和资源的内在关系被统一到一个国家公园体系之中，即它们任何一处都是作为一个完整的国家遗产的累积性表达……本修正案的目标，是将上述地区扩展到体系之中，而且明确适用于（国家公园）体系的权限”。1970 年的修正案还规定，每一个国家公园单位在执行各自的授权法及国家公园基本法的同时，也要执行其他针对国家公园体系的立法。1978 年，美国国会再次对基本法予以修改，指出：“授权的行为应该得到解释；应该根据最高公众价值和国家公园体系的完整性实施保护、管理和行政，不应损害建立这些国家公园单位时的价值和目标，除非这种行为得到了或应该得到国会直接和特别的许可。”这些修改的立法背景主要是在 20 世纪 70 年代中期，红杉树等国家公园面临着来自公园边界外围的资源破坏威胁，因此，为了增强内政部长保护公园资源的权力和保护国家公园体系的完整性（Integrity），国会采取了立法行动（杨锐，2003）。

美国国家公园体系中数量最多的法律文件是授权性立法文件，其中，最著名的《黄石公园法》被引用最多。每一个国家公园体系单位（Park Units）均有各自相应的授权立法文件，由此，授权性立法文件具有独立性和针对性，是管理该国家公园的重要依据。这些文件是国会的成文法或美国总统令。一般而言，这些授权法（包括总统令）都会对该国家公园单位的边界、重要性和其他适用于该国家公园单位的内容予以规定（杨锐，2003）。

此外，于 1964 年通过的《荒野法》，作为适用于美国整个国家公园体系的成文法之一，它赋权给美国国会，使其有权命名联邦公有土地成为国家原野保护体系（National Wildness Preservation System）的一部分。1968 年开始实施的《原生自然与风景河流法》，旨在建立一个系统，以保护那些有杰出的风景、休憩、地质、历史、文化、野生动物以及相似价值的河流，从而保持其自然状况。1968 年通过的《国家风景与历史游路法》，旨在形成国家风景游路网络。其后经美国国会修订，该法案加入了历史游路。

2. 德国

德国《联邦自然与景观保护法》是国家公园法律体系中的核心立法。该法虽然只有 11 条，内容却极为丰富，涵盖了自然保护和景观管理的宗旨、原则、当局的职责、公有地管理、合同协定、容忍义务和景观规划等。该法第一条规定了自然保护与景观管理的宗旨："鉴于自然及其景观的自身价值，并作为人类及未来世代人的生存发展的基础，必须予以维护、开发和恢复，以保障自然资源的自然恢复力、自然生态系统的公共服务机能、动植物的生境以及前述自然和景观的多样、特色和优美及其对人类休闲的内在价值的可持续性。"该法第二条规定了自然保护与景观管理的 15 条原则，大致可以分为三类：第一类是保护生态系统原则，第二类是注重自然和景观的休闲和教育及历史文化价值原则，第三类是注重公众参与原则。第一类原则包括保护生态系统功能、保护土壤、野生动植物等作为生态系统组成部分的资源和项目建设应坚持对自然影响最小化原则。第二类原则内容主要为：保护非建设区域对于生态系统和休闲的价值，保障其属性和功能满足其目的；无须再开发的划定区域应恢复到自然状态；维护和开发景观的特色结构与元素。公众参与原则集中体现在原则的第十五条：采取适当措施推动对自然保护和景观管理任务和目标的认识与理解，在此过程中应与相关及感兴趣的公众及时交流信息。该法第三条提出了一个新词汇：以保障本土动植物及其种群以及其栖息地、生物群落的可持续性，并保存、修复和发展生态机能的相互关系的“群落生境网络”。群落生境网络覆盖德国国土面积10%以上，由核心区域、连接区域和连接单元组成，国家公园只是其中一部分。该法第六条规定了行政机关的职责：确定了由自然保护和景观管理主管机关负责该法及属于该法框架和以该法为基础的法律条款的实施；在涉及或可能对自然保护和景观管理利益产生影响的公共规划或措施的筹备阶段，主管机关具有优先权；联邦负有制定规则来要求教育、培训及信息媒体告知其受众自然与景观的意义和自然保护的任务。

3. 南非

南非《国家环境管理：保护地法案》的第一章是最重要的有关自然保护地的法律规定。该章明确了环境管理的基本原则，并且宣布这些原则的适用范围不仅包括对本法的解释、运用和执行，还包括任何与保护和管理环境有关的法律。为改善先前被剥夺了基本权利的人们的地位，该法特别规定如下：（1）追求环境公正，不得以不公正地歧视任何人（特别是那些被剥夺了基本权利的人们）的方式传播对环境的有害影响。（2）为了确保所有因为不公正的歧视被剥夺了基本权利的人们享有均等利用环境资源的机会，政府将采取特别措施。该章对在可持续发展中应当考虑的相关因素予以列举，包括避免环境的污染与恶化，若无法避免，则必须将其控制在最低限度内；避免对作为国家遗产的自然景观和遗址造成破坏，即便无法避免，也应将其控制在最低限度内。第三章规定了合作管理程序；第四章规定了公正决策及冲突解决；第五章规定了综合性的环境管理；第六章规定了国际环境义务与条约；第七章规定了法律的遵守与执行；第八章则规定了环境管理的合作条约（夏新华，2001）。

4. 加拿大

加拿大《国家公园法》具有生态保护的先进性。该法首次颁布于1930年，经1988年、2000年两次修订，其主要内容包括：一是建立目的。加拿大的国家公园，是全体加拿大人世代获得享受、接受教育、进行娱乐和欣赏的区域。根据该法及相应法规的规定，国家公园应该得到精心保护和利用，并完好无损地留给后代享用。二是公园的建立或扩大的前提是女皇享有明确的公园土地所有权或公园土地所有权的支配权，或者这些土地所在地的省政府同意其用地目的。三是行政管理规定。四是公园土地规定。此外还对违法行为、公园社区等做了详细的规定。

3.3 国家公园和保护地管理体制之比较

3.3.1 日本

1948 年，厚生省成立了“国家公园部”，重新启动因第二次世界大战而中断的国家公园计划。面对当时日益恶化的环境问题，日本开始重视自然公园体系发展。1971 年，环境厅从厚生省独立出来，负责全国范围内的环境治理工作，原来由卫生和福利部门管理的自然公园转由环境厅全权管理。这一转变对自然公园有关工作可以说是一个关键转折，自此以后，关于协调开发和保护等问题可以站在环境立场予以决定，甚至可以采用强制措施。但是，第二次世界大战后的日本掀起了经济开发的热潮，受到开发优先思潮的影响，环境厅一度被视为经济发展的“绊脚石”，有不少人主张废止环境厅。伴随着公害事件发生和人们环保意识的提高，《自然环境保护法》也明确了环境厅对国家公园管理的最高权威地位，在 2001 年，环境厅被升格为环境省。

现在，日本对国家公园的管理，采取的是中央与地方相结合的混合管理体制（李闽，2017）。中央设环境厅，并在其中设置了自然环境保护局，由中央政府负责制定统一的法律法规和管理规划。自然环境保护局是由原厚生省的公园管理部门与农林省、鸟兽保护管理部门合并组成的新的自然保护管理机构，承担有关自然环境的保护和整备的综合调整任务，是国家实施自然环境区域保全制度的管理机关。地方上设置的自然环境保护事务所，是自然环境保护局在各地的派出机构，负责地方环境行政工作，同时也负责国立公园管理的相关事务，如国立公园野生动植物事务所、国立公园管理官事务所等。

3.3.2 新西兰

经过长期的发展，新西兰已经逐渐形成以政府绿色管理为主导、公众积极参与的“垂直与公众参与管理模式”。在中央层面，新西兰以自然资源保护部为主导，其他特定职能的机构参与监督管理。新西兰采取统一的综合性管理方式，在管理体制上进行了简化，由一个管理机构进行综合管理。政府把原来分属林业、土地管理、野生动物保护部门的保护职能集中，撤销了一些职责单一的管理部门（如森林服务部门、土地管理与调查部门、野生动物服务部门和环境委员会等），成立了具有综合性的统一保护管理部门——

保护部，负责管理全部 14 个国家公园、32 个海洋保护区、70 个保护公园、85 个有害物种无控制的岛屿（杨桂华等，2007）。而管理部实现了垂直管理，中央设一个总部，14 个地方形成管理部门。其中，管理总部的职责以政策制定和统筹安排各项事宜为主，地方管理部门与地方政府协同对国家公园进行保护。

新西兰在国家公园管理体制构建中充分重视公众参与，专门成立了非政府保护组织——保护委员会。该委员会独立于政府，代表公众的利益，负责立法和监督。新西兰国家公园建设方案则由“国家公园和保护区指导中心”提出。该组织由 10 位具有国家公园建设和自然保护方面知识的专业人员担任，其决策直接影响国家公园管理计划的制订。但经营管理国家公园的方针和政策最终依靠的是每两年一次的，由土地测量局召集，一般公众、区域理事会、公民社团共同参与的协商会议（郭宇航，2013）。

3.3.3 其他国家

1. 美国

美国保护地体系非常庞大，每个系统分为不同的类别，几个系统有共同的类别，绝大多数是一处保护地只属于一个类别，一处保护地由一个部门管理。大多数的自然保护区为联邦政府所有并全权交给专门的管理机构管理，少量为自治团体、企业和个人所有。美国的保护地实行集中统一的管理、垂直管理，所有的管理机构均为非营利机构，机构的设置也精简而高效。联邦政府、州政府和地方当局负责美国的保护地体系的管理。各类保护地的管理主要涉及内政部的国家公园管理局（NPS）、农业部的林务局（USFS）、土地管理局（BLM）、鱼类与野生生物管理局（USFWS）、国家海洋与大气管理局（NOAA）以及环境保护局（EPA）等多个机构。一些保护地往往涉及多个管理部门，因而需要各部门合作联合管理。在管理机制上，保护地采用多部门分工负责的模式，而且管理者自身定位为“管家”或“服务员”的角色，而非业主的角色，即其不可把保护地资源作为生产要素投入，更没有权力将资源转化为商品牟利，管理者自身只能从岗位获取工资的收益。美国农业部和内政部负责管理保护地，管理联邦保护地的责任则由其下属的四个联邦机构分担：土地管理局、森林服务机构、鱼和野生动物服务机构及国家公园服务机构（陶一舟，2007）。其中管理保护地数量最多的机构是森林服务机构，管理保护地面积最大的机构是国家公园服务机构。美国国家公园的管理模式以中央集权为主，并实行自上而下的垂直领导，加以其他相关部门的合作和民间机构的辅助。该管理模式职责明确，工作效率高。针对国家公园垂直管理，美国设立了以下若干前置条件：第一，明确的使命、完备的法规以及必要的财政资金保障；第二，明确了土地的权属；第三，良好的公众参与及公众决策机制。美国国家公园管理局统一管理国家公园系统各单位，其下设有行政管理、专业管理、公园运行、教育、自然资源与科学、文化资源及合作等处室。美国国家公园管理局的管理工作除自身管理外，还要管理国家公园系统以及国家公园管理局项目。国家公园局的管理具有独立性，不受国家公园所在地的地方政府干涉，即使治安也是由国家公园管理局独立行使执行权（王辉，2015）。

2. 德国

根据宪法规定，德国国家公园的管理保护工作由联邦政府和州政府共同负责开展，联邦政府只负责国家公园宏观政策、框架性法律法规的制定、服务和引导等工作。国家公园的建立、管理机构、管理目标的设定、具体管理与保护工作的开展与执行等都由州政府自行决定。在德国，州政府拥有国家公园最高管理权，在州一级设国家公园管理办事处，在县（市）一级设立国家公园管理办公室。它们都属于政府机构，分别隶属于各州（县、市）议会，并在州或县（市）政府的直接领导下，依据国家的有关法规，自主地进行国家公园的管理与经营活动。其中，国家公园管理办事处应当履行以下职责：第一，提出并制订国家公园的规划及年度计划；第二，经营并管理国家公园及其设施；第三，保护和养护国家公园内的动植物，并执行推广保护措施；第四，鼓励并参与有关的科学考察以及科学研究；第五，开展对公众的宣传教育；第六，管理旅游业和疗养业。

国家公园地方政府委员会和顾问委员会需依法设立，旨在实现与相关政府部门的协调。德国各州之间、各州与联邦政府之间、政府机构与非政府机构共同商讨国家公园的管理问题，并制定了国家公园管理的统一规范以及标准。2005 年 10 月—2008 年 2 月，德国推行的《发展德国国家公园质量规范与标准计划》，旨在提升国家公园的管理效率和质量，资金由德国环境、自然保护和核安全部以及自然保育机构提供。该计划的实施主体包括德国环境、自然保护和核安全部、各州政府机构、自然保育机构、国家公园行政机构、国际保育联盟、自然保护区组织和国家公园之友组织等。国家公园的具体建设工作则由各州联合联邦土地规划、建筑及城市建设部和德国环境、自然保护和核安全部共同完成。另外，参与管理的其他政府和非政府机构还包括联邦农业、食品和森林部、州立陆地开发和环境事务部、林业和自然保护部以及非政府组织——欧洲公园联盟德国分部等（丰婷，2011）。

3. 南非

南非的国家公园管理体制是中央集权型的。南非环境事务部负责国家公园管理和生物多样性保护以及野生动物可持续利用的管理和服务工作，国家公园的管理和运营则由其下属的国家公园管理局（SANPARKS）统一负责（唐芳林，2017）。各省负责国家公园事务的部门不一，有的直接由环境管理部门负责的，如西开普省环境事务、环境和发展计划部；有的专设委员会，如西北省公园和旅游委员会等。南非国家公园局是依据《国家公园法》（*the National Parks Act 1976*）设立的独立法定机构，是保护南非所有国家公园的主要机构。南非国家公园属于独立法人。《国家环境管理：保护地法案》第 55 条规定了南非国家公园局的职责：管理全部现存国家公园以及根据该法和《国家环境管理法案》授权国家公园局管理的其他保护地；管理根据有关国家文化遗产立法授权国家公园局管理的世界遗产地；管理南非环境事务和旅游业部（the Department of Environmental Affairs and Tourism）部长授权国家公园局管理的未纳入国家保护地体系的保护地；参与国际、区域和国内环境、保育和文化遗产项目；保护、保育和控制国家公园和其他保护地，包括其生物多样性；根据南非环境事务和旅游业部长的要求，向部长建议生物多样性保育和管理有关事宜，并提议设立国家公园等。

4. 加拿大

加拿大国家公园是由一个联邦政府、十个省政府、两个地区政府以及几个委员会和有关当局的管理保护区共同管理的，且联邦政府设立的国家公园和省立国家公园的管理体制是不同的，是典型的中央集权和地方自治相结合的管理模式。国家级国家公园由联邦政府设立，并实行垂直管理体制，联邦遗产部国家公园管理局负责国家公园的所有事务，国家公园所在地无权干涉（杜永庆，1998）。其高级决策机构是国家公园管理局执行委员会，为国家公园管理局确定长期发展的战略方向和近期的优先发展目标。该委员会每年也批准国家办公室、现场管理区以及服务中心在商务发展计划中的资源分配、新政策提案和创新服务项目。联邦政府下设国家公园局，国家公园局是加拿大国家公园最高管理机构，负责自然、文化遗产的保护。保护地体系的建设由国家公园管理局负责，具体管理规划的编制则由各保护区所在地负责。在实际管理过程中，公园管理局通过与联邦政府、各省、地区、委员会及有关当局共同合作和共同负责的方式来主导国家公园的管理运营（葛梦琪，2016）。

3.4　国家公园重要法律制度之比较

3.4.1　土地权属制度

1. 日本

日本国家公园的权属问题复杂，存在着多种所有制——国家所有、地方政府所有、私人所有。例如，大雪山国立公园的国有土地占有率超过了 94%，而伊势志摩国立公园的私有土地占有率超过 96%。《自然环境保护法》第 3 条也特别强调了，“在实施土地保全和公共利益调整措施时，必须尊重各种所有权和财产权”。因此，日本将国家公园内的土地进行统一的规划和管理，但是不变更风景地中原先的土地所有制，只是在划定区域后谋求公园式利用，由政府和土地所有者进行合作来保护自然景观，这就是日本的地域制公园（廖柏明，2006）。

无论土地所有的形态如何，日本地方政府即使没有土地的管理权或使用权，也可以对园内的相关行为进行限制和规范，例如，通过风景地保护协定、公园管理团体制度、利用调整制度、协议会制度等对园内土地进行公共管理。

（1）风景地保护协定：当国家公园内土地属于私人所有时，公园管理者与土地所有者签订风景地保护协定，该土地所有者可以享受税收优惠待遇，与此相对应，由公园管理者代替其实施保护、管理、信息发布和提供服务。除此之外，还可以由政府直接出资购买私人所有地，以便提高管理效率，降低管理成本。（2）公园管理团体制度：由环境大臣指定非营利性组织负责公园日常维护、设施建造、资源的保护、数据收集与信息公布。（3）利用调整制度：经过环境大臣或都道府县知事的许可，设定某区域的利用者上限和最长连续利用期限，确保该地区生态系统的可持续发展能力。（4）协议会制度：国家公园在制订管理计划时吸引居民、特许承租人、地方政府等利益相关方参与，重新审视现有计划，以便提高公园计划的实际可操作性。

20 世纪 70 年代开始，日本政府开始制定新的政策，允许政府购买私人土地进行重要的保护活动。当为了保护活动而需要购买私人土地时，就由当地政府发行债券，然后由国家对政府进行补贴。现在已经有 4000 平方千米以上的土地被政府收购，尽管如此，地域制公园仍然是日本国家公园的重要机制。

2. 新西兰

新西兰土地所有制形式多样，国有土地、私有土地和租赁持有等几种形式同时存在。在新西兰的国有土地中，30%由国家直接持有，主要是国家公园、保护区和中央政府及其兴办的事业用地（包括学校、铁路、高速公路等）；10%由地方政府持有，主要是地方政府及其兴办的公共设施用地，此类用地与其他法人一样，需向国家或私人购买；其余60%的土地，由企业和私人持有。但所有土地管理的权力都集中于中央政府（佚名，2016）。

新西兰部分自然保护地建在私有土地上，政府往往通过购买和联合保护经营的方式与私人达成协议，进行保护地建设和管理。政府购买主要指政府以市场价格购买私有土地，然后由政府独立管理或与当地居民共同管理。联合保护经营则指政府虽然不购买私有土地，但通过与当地居民签订相关协议，对土地使用进行限制，即不能进行毁坏性开发建设，只能进行保护和适当的旅游开发。

3. 美国

美国国家公园内的土地有三种权属类型：公共土地、私人土地以及印第安人保留地。其中公共土地的产权归属美国联邦政府，由相关联邦机构代为管理；而印第安人保留地则归部落所有，或由信托管理的方式由政府代管。大部分国家公园是由联邦政府直接掌握产权并全权委托给遗产管理机构管理。由于美国是土地私有制国家，政府在土地私有化过程中，由议会或政府将适合娱乐、历史保护以及公共利用的土地圈定出来，根据《国家公园法》《古迹法》等相关法律将其划定为多用途的保护地，以此保护和扩大公共利益。而今，保护地界外的私有土地对保护地的影响不断加强，如景观和自然环境的破坏、野生动植物栖息地环境质量的降低等。土地的私有制对保护地的管理提出了一定的挑战。

4. 德国

在土地权属规定上，德国国家公园土地权属归由地区或政府，联邦政府不拥有土地。但国家公园建设不免会将部分私有林地划入其中，德国主要采取协调或征收补偿的方式确保公园土地权属的单一，并加强与民众的交流，减少国家公园建设中的权属利益纷争。

德国森林所有权可分为国家所有、除国家以外的其他公法团体（城镇或教会所有）所有和私人所有三类。其中，由于德国是联邦制国家，土地的国家所有又包括德国联邦所有和德国各州所有两类。归联邦所有的森林在全国森林面积中所占比例不大，只占 6%左右，而且其用途限于军事或进行其他禁伐性的使用（刘畅，2012）。

5. 南非

南非《保护区法令》规定：在设立保护区前，应当对私有土地所有者等利益相关方的权利予以充分考虑，以购买土地或权利，或权利交换，或依法征用土地的方式取得保护区的土地所有权或使用权。《保护区法令》也规定了对区内生物资源的利用。根据获批的管理计划，允许通过颁发许可证或者以协议的方式对生物资源进行可持续的利用，许可证或协议应当确定生物资源使用范围、时间以及利用方式，并明确陆地和水体不同的利用方式，另外，管理机关有权决定许可证的收费。为了避免野生动物栖息地环境区划的碎片化，《保护区法令》还规定了被宣布正式成立的保护区可以涵盖国有的或者私有的任何土地，并允许土地的所有者、其他组织或人员共同管理保护区。《国家环境管理：保护区法》赋予国家环境事务和旅游部部长权力，可以通过购买土地所有权获得私有土地来建立保护区，并且明确鼓励保护区可以包含私有土地。

6. 加拿大

加拿大是联邦制国家，现行土地所有制包括联邦公有、省公有和私人所有三种形式。其中，联邦公有（主要是国家公园、印第安人保留区、河流湖泊以及气候恶劣、人烟稀少的西北地区等）占比约 41%，省公有占比约 48%，私人所有则约 11%（吕蕾，2017）。

加拿大 1930 年通过的《国家公园法》中明确规定，国家公园范围内一切自然资源及土地均归政府所有。但这一规定在实施中面临着一定的挑战。一方面，国家公园内原住居民不愿意将潜在的公园绿地交给联邦政府；另一方面，加拿大很多土地受制于一些原住民的条约，这些条约往往存在争议。因此，有些国家公园的土地状态受制于具体条约的约定。

加拿大在社区土地利用形式上更加多样化，可以允许居民出租、转让或特许使用。

3.4.2 分区管理制度

1. 日本

日本国家公园按照风景秀丽等级、生态系统的完整性、人类对自然资源的影响程度等因素进行分区管理。陆地部分分为普通区域和特别区域两大类。普通区域主要指当地的居民区，管理相对宽松，只限制超过一定规模的设施建设和过度开采行为。需要强调的是特别区域，它是国家公园的核心保护区，该区域内实施最严格的保护措施，又进一步细分为特别保护区、Ⅰ级特别区、Ⅱ级特别区、Ⅲ级特别区 4 小类。保护区级别越高，保护程度越低，利用限制程度越小。

特别保护区是国家公园中最重要的核心区域，采取最严格的保护措施，在管理上要求维护风景不受破坏，特别保护区内种植行为有严格的审批手续（在其他区域砍伐树林需要许可，但种植树林不需要许可）。特别保护区内有步行道，允许一定数量游人进入。在Ⅰ级特别区内，要求尽可能维持风景不受破坏，有步行道。在Ⅱ级特别区内，可以进行适当的农林渔业活动，建设一些不会影响自然风貌的休憩场所，有机动车道。在Ⅲ级特别区内，对农林渔业活动没有过多限制，可以集中建设各种服务设施，但建筑风格应当与当地的自然环境相协调。临海的国家公园，在 1 千米海域范围内也划为公园区域，相当于普通区域。其中，海洋资源丰富、景观极佳的海域被指定为海中公园区。海中公园区内建设以及捕捞热带鱼等均需获得许可。包含海中公园区的国立公园有 32 处，总面积有 1164.4 公顷；国定公园有 31 处，总面积 1386.4 公顷。普通区域主要是在公园区域与公园以外地区之间起缓冲、隔离的作用。

2. 新西兰

国家公园免费为社会开放，但利用必须与保护相结合。出于保护目的，并对公园的利用进行限制。新西兰国家公园实行分区管理制度，根据《国家公园法》，国家公园可以分为三个区域：特别保护区（specially protected areas）、荒野区（wilderness areas）、游憩区（amenities areas）。钓鱼比赛需要有权机关的批准才能在特别保护区内进行；荒野区的面积要足够大且尽量远离人类干扰，荒野区内不能设立任何道路、建筑或机械装置，在荒野区进行必要的研究与采集需要经过部长（minister）的批准（科研活动对园内的不利影响应削减至最小且尽量在园外进行）；只有当游憩活动无法在园内进行，且对公园的影响能保持最小时，方由规划确定出游憩区范围。园内可以进行的游憩行为、限制人数等均由规划进行具体可行的细致规定。游客禁止携带外来物种入内，且不能任意移动园内物品。未得到部长许可，任何人都不能惊扰、诱捕、带走或猎杀园内的动物。动物（包括宠物在内）不得被带入公园，除非得到《国家公园法》、规章及当地特别规定的许可。水上摩托及其他个人水上交通工具不得在园内使用，规划可以批准一些其他水上交通工具的使用；机动车与非机动车只能在规划批准的道路上行驶；规划同时规定了非机动飞行器和非机动水上交通工具的使用方式。

3. 美国

美国国家公园划分为四个功能区：原始自然保护区、特殊自然保护区/文化遗址区、公园发展区和特别使用区。其中，原始自然保护区不允许进行任何开发利用行为，人和车都不能进入。特殊自然保护区/文化遗址区允许少量公众进入，设有自行车道、步行道和露营地，无其他接待设施。公园发展区设有简易的接待设施、餐饮设施、休闲设施、公共交通和游客中心，主要是为国家公园访客提供必要的服务。特别使用区是单独开辟出来做采矿或伐木用的区域。

4. 德国

在分区管理制度上，德国公园大体上划分为核心区、限制利用区以及外围保护区三个区。核心区的面积最大，一般占整个国家公园面积的 75%。核心区实行严格的自然保护，不允许任何的开发利用，只有自然道路，而没有公路、缆车等人工交通系统。限制利用区则允许有人工设施，是较大规模人类集中活动的区域。而外围防护区的面积很小，设置防护设施，用以保护生物群落结构（丰婷，2011）。德国国家公园免费对外开放，不收取门票。国家公园内修建汽车道、自行车道、步行游道和指示牌等交通设施，陈列室、信息室和标本室等科普设施，还有供水供电排污设施等。为了方便游客进入以及引导和调控游客的走向，游道密度较大，每个公园平均 200～300 千米。公园内的科普教育措施很多，且对公众免费开放，但公园并不修建住宿、餐饮设施，而是依托邻近的市镇解决这些问题（周树怀，2003）。

5. 南非

为了让人们更好地感受国家公园内的自然景观及丰富的动植物，南非国家公园允许游客自行驾车进入国家公园，但在自行驾车进入时，需签订安全须知协议，且游客不能擅自下车，擅自下车不仅面临着被驱逐出园的处罚，还会被列入“黑名单”，几年内不得再次进入国家公园。

但这种高度自由的游憩模式给国家公园的生态环境、物种多样性等带来负面影响。为了解决这些问题，南非国家公园实施游客分区的旅游开发政策，以克鲁格国家公园为例，早在 1997 年，克鲁格国家公园已将游客的活动范围从高密度的北部地区扩展到较为偏远的、原始的南部地区，以满足游客亲近自然的需求，同时减少游客活动对国家公园的不利影响。

6. 加拿大

在分区管控上，加拿大国家公园划分为特别保护区、荒野区、自然环境区、游憩区和服务区五类区域，并制定相应的管理政策。加拿大法律明确禁止以任何形式开采国家公园内的资源，但存在以下例外规定：在新建的国家公园内，土著居民可继续保留其赖以生存的传统资源利用方式，如允许传统狩猎方式。对此，加拿大最高法院主张，应当尊重土著居民的权利，在保护自然的前提下，在国家公园内划出相应范围允许土著居民狩猎，国家公园管理机构在决策时应将该问题考虑在内。加拿大《国家公园行动计划》规定，必须为民众提供机会参与国家公园的决策、管理规划的制定过程，因而国家公园非常重视与研究机构、私营企业和原住民的充分合作。

3.4.3　特许经营制度

1. 日本

日本国家公园内的基础设施由政府投资兴建，经营者负责经营和维护，如交通系统、卫生设施、游客中心、停车场等。而住宿、餐饮、娱乐等商业设施通过特许经营的方式由私营企业提供，并且要严格按公园的管理规划建设。

经营者，也就是特许承租人，需要在取得由环境厅颁发的自然公园经营执照之后才能进行商业设施的建设、经营和维护。公园管理机构对承租人进行监督，并向其收取一定的特许经营费。私人商业性资本的引入一方面可以为公园内游客提供诸多旅游便利，另一方面经营者都必须签订风景保护协议，积极采取措施保护生态环境，如向社区特别是学生提供生态环境教育、提高当地社区居民生态环境保护意识，还可以让公园管理机构专注于园内资源保护事务，保持其非营利性公益机构的性质。

2. 新西兰

特许经营（concessions）是指国家公园的管理者就餐饮、游憩、住宿等旅游服务在一定条件下向社会公开招标，许可他人在一定区域内从事经营业务。大部分许可费将用于公园的基础设施建设，以便更好地为公众提供配套服务。特许经营制度的法律基础是《保护法》第 3 章与《国家公园法》第 49 条，个人或组织的任何游憩服务均需要特许经营授权，无论是否是营利性的。居住用建筑（包括管理人员的宿舍）及其附属设施无须特许，由《国家公园法》第 50 条规定的部长授权，但如果建筑除了住宿用途还包括其他游憩活动则需要特许。所有的特许经营者需要对经营安全负责（包括员工、顾客、施工人员以及公众的安全），并应监控特许经营设施对公园的不利影响以及是否违背了公园设立的精神。特许经营权的取得有两个重要的先决条件：第一，所申请的活动是否和地区保护管理策略及国家公园管理规划相符合；第二，需要进行环境影响评价。在经营者提出申请后，保护部根据该项目的潜在环境影响程度来判断采取的程序。该制度建立了严格的生态保护考评体系与完备的退出机制，如果经营者考评不合格，将被收回特权。

3. 美国

美国国会于 1965 年通过了《国家公园管理局特许事业决议法案》，该法案要求在国家公园体系内全面施行特许经营制度，即公园的餐饮、住宿等旅游服务设施和旅游纪念品的经营者应当以公开招标的形式征求，除上缴国家公园管理局之外，特许经营收入必须全部用于改善公园的管理。特许经营权的取得形式有：申请、招标、提交申请、审核比较、公告等。在经营机制上，明确了保护地资源经营权在授权区域内依法行事，其经营的范围仅限于提供与保护地核心资源无关的后勤服务和旅游纪念品。在特许经营的管理上，管理者对经营者的规模质量和价格等方面进行监管，并且管理局应当确定特许经营设施的规模和地点。所有的特许经营设施都应当遵守联邦、州和地方的建设法规，达到相应的指南中规定的要求。特许经营设施必须符合国家公园管理局规定的可持续设计、通用设计和建筑设计等标准方可建设。除了满足公园总体设计要求，在设计过程中，国家公园管理局还要进行价值分析，以分析设施、过程、系统、设备、服务和用品的功能，使之符合所需的性能、可靠性、环境质量、安全原则和标准。在特许经营的具体管理中，地区国家公园管理局根据《游客商服设施业态规划》宏观管理管辖范围内的业态，并对其进行总体上的业态调整。地区国家公园管理局通过合同管理的方式来管理特许经营者。根据规定，特许经营合同不能是长期合同，合同期限一般是 3～5 年，管理者通过评估特许经营者，从而确定是否履行和延长合同。每年，特许经营者都需要制订业务计划（operation plan），业务计划需包含针对管理要求的反馈内容，包括：产品质量要求、解说系统要求、产品经营定价要求、景观资源管理要求、环境管理要求、食品安全管理要求和金融管理要求等。地区国家公园管理局每年都要对业务计划进行评估，以此来确定特许经营者是否履行合同，与此同时，地区国家公园管理局每年都要监管业务计划的执行，根据特许经营者的表现来确定是否需要在执行期间中止合同。在合同到期后，还要在对特许经营者合同期内的表现以及未来的计划整体考察的基础上，确定未来是否与其续约。美国的特许经营制度自国家公园建立之初即开始实施，具有非公益性、非使命性、易排他性服务、监督与退出机制完备等特点。通过特许经营，充分体现资源保护、管理、监督由政府承担，经营由第三方提供的政企、事企分开的模式，是一种高效的资源运作方式。与此同时，特许经营通过明确经营人的权利和义务，从而保证企业的经营行为不会对国家公园的保护宗旨以及发展目标造成影响和产生扭曲的后果。另外，收取特许经营费，保障了国家公园不会因特许经营而带来额外的资金负担，体现了资源的有偿使用，形成了资源开发与保护的良性循环。

4. 德国

德国国家公园内一般不修建住宿餐饮设施，主要依托邻近市镇解决游客的食宿问题。因此，基于德国国家公园内不存在营利性的经营活动，德国并未实行特许经营制度。

5. 南非

在特许经营上，南非国家公园局授权符合条件并支付相应经营许可费用的第三人开展商业、贸易或提供其他服务，并为此类经营活动提供基础设施。南非国家公园的所有权归属于国家，但政府并非大包大揽。在国家公园建立初期，国家投资建设必要的基础设施，之后转入商业化的运营模式，国家公园通过旅游业和特许经营活动获取收入，并将收入统一上交给国家公园管理局，实行收支两条线，国家公园管理局则通过 SANPARKS 董事会审批预算，并进行审计。75%的国家公园预算支出依靠国家公园经营收入，不足部分由国家财政补助（李俊生等，2015）。

6. 加拿大

在特许经营上，加拿大国家公园经国家公园局允许后可以实施特许经营制度。对于国家公园局审批批准的部分基础设施建设、服务项目及土地有限使用权，可以由私营机构和个人通过租赁、特许经营等方式获得。其中，以协议形式获得的土地使用权还应当向联邦政府支付相应的特许经营费用或租金，这些收入会用于国家公园的建设（葛梦琪，2016）。

3.4.4 原住居民权益保护制度

1. 日本

首先，在保障公众的知情权方面，日本《自然公园法》和《环境保护法》都有规定，在制订公园计划或进行可能对公园产生影响的活动时都要向公众公布计划内容，尤其要向当地居民说明计划内容。

其次，在补偿机制方面，日本有公害补偿机制，即政府筹集主要资金，当受害者通过其他救济方式无法弥补自身损害时，由基金予以补偿的机制。该机制以“污染者负担”为原则，以民事赔偿责任为基础，具有很强的辅助性与补充性。日本国家公园还规定了损失补偿制度，也就是对在国家公园的特别保护区、特别地区以及海中公园内，需经环境大臣或者都道府县知事许可方可进行的行为，当行为人因未得到许可而遭受损失时，经该当事人向环境大臣提出申请，可以得到国家给予的补偿。

最后，在利益分配方面，由于国家公园内的居民很难再如从前一样通过农、林业等方式获得收益，因此，要让当地居民能在不危及整体保护目标的情况下从国家公园的设立中得到收益和好处。合理的利益分配是促进国家公园良性发展的内在动力，是社区居民权利的根本保障。日本采取了适当开放保护区进行林产品采集和发展以可持续为原则的生态旅游方式。发展生态旅游，由国家公园与当地居民联合经营，公园管理者提供资金和技术支持，并通过签订劳动、销售合同使当地居民能够参与利益分配。

2. 新西兰

《保护法》和《国家公园法》等国家法律都明确了当地土著参与的要求。毛利人的有效参与能加强园内自然与历史遗产的保护，其传统文化认为大自然是非常神圣的，作为自然的守护者、管理者，应尊重自然，只进行必要的利用，尽量不打扰自然过程。根据《怀唐伊条约》义务，在涉及对毛利人具有重要精神、历史、文化意义的地方或资源时，应咨询他们的意见。并且在信息公开时，应同时公布所涉及对象的毛利语地名或物种名。普通民众可以被提名并任命于保护委员会及保护局的职位，可以对总体政策、保护管理策略、国家公园管理规划及有关国家公园的具体决策草案提意见，也可以参与公园实际管理（如管理员、修缮、筹款等）。针对开展公众参与的原因，进行公众咨询程序的时间，以及如何在公众切实参与的前提下做出决策等事项，保护部制定了指导性的咨询政策（consultation policy）和导则（consultation guidelines）。文件还规定了公众可以提出建议的环节、事项及方法等。此外，信息公开对公众参与的有效性至关重要。信息公开形式包括时事通讯、新闻、会议、活动、展览和媒体文章等。保护部的网站上可以找到正在进行的各类规划草案及其他信息，所有人均有权查阅，并可提出意见或建议。除法定的公众咨询程序外，保护部还可以决定其他重要的管理决策是否需要咨询公众，如果需要则依咨询政策和导则开展。

毛利人对园内自然资源进行传统利用的合法性可以根据《国家公园法》第 5 条部长批准或者第 49 条的特许授权两种方式取得，依利用的性质选择适用。传统利用必须符合法律、策略、规划的规定，且不能对园内物种产生严重的不利影响。此外，新西兰国家公园不遗余力地推动毛利文化的保存、继承与发扬，无论从形象定位还是产品设计，乃至公园的历史、价值构建等都力求突出毛利文化的因素。而涉及毛利人文化遗产的项目，法律均强制要求管理者引入毛利人的意见，与毛利人利益相关的决策文件会配有毛利文的版本。这些做法获得了当地毛利人社区的大力支持，减少了开发对社区带来的负面影响。

3. 美国

美国国家公园的原住居民包括美国印第安部落、夏威夷原住民、太平洋岛民和加勒比岛民。目前，美国国家公园管理局和原住居民建立了合作关系，不仅帮助原住居民保持其特有的文化，也加强了国家公园的生态保护。

1971 年颁布的《阿拉斯加原住民土地权属处理法》和 1981 年出台的《阿拉斯加土地保护法》使原住居民的资源传统利用权利在法律上得到了认可。阿拉斯加地区在国家公园内划定了原住居民的居住区，并且允许原住居民对鱼、野生动植物及其他可再生能源的传统利用（廖凌云等，2017）。

美国国家公园与原住居民合作关系不仅体现在资源的传统利用上，还体现在原住居民积极参与国家公园解说教育和旅游服务。部分原住居民可以通过手工艺品售卖和住宿接待等方式参与国家公园的特许经营。

值得注意的是，美国国家公园与原住居民的合作管理模式是建立在原住居民生计对国家公园自然资源和生态环境影响最小化的前提之下，原住居民居住区域的划定和被认可的传统利用方式需要进行严格的审查。

4. 德国

德国国家公园内常住居民非常少，因此，德国国家公园重视更为广泛的公众参与。在公众参与上，公众参与德国国家公园管理的个体性参与较少，多为相关的政府和非政府机构。德国设有“自愿生态年”，刚毕业的年轻人可在一些国家公园内担任志愿者，为将来从事环境保护工作积累经验（丰婷，2011）。欧洲公园联盟德国分部不仅负责自然保护区的审查、评定、规划以及人员培训和经验交流等事务，还与联邦政府共同组织专业会议、研讨、提出科研报告等。

5. 南非

南非高度重视原住居民权益保护制度的落实。一方面，以各种方式来缓解周边区域与公园之间原本紧张的关系，如允许周边居民在国家公园内获取茅草和肉类等自然资源，改善周边的基础设施和为居民提供就业机会等。国家公园的年度预算中划定一部分资金用于社区基础设施的建设，社区居民也可以参与国家公园的决策，从公园的保护发展活动中获益。国家公园及保护地管理机构经常为周边社区居民提供一定数量就业机会的指标。2015—2016 年度，南非国家公园管理局为周边 359 个社区的 23298 人提供就业机会，相当于 6364 个全职雇员（唐芳林，2017）。另一方面，新政府采取一系列倾斜政策来保障黑人收益权，例如，从国家公园中获得新的反歧视就业政策以支持黑人应聘空缺职位，确定黑人旅游经营者的比例，将产品与服务外包给以黑人为主的社区中小公司等。另外，国家公园还有教育科普的功能，公园内建有教育中心，每年都提供孩子们（尤其是公园周边贫困孩子）接受自然教育的机会，如桌山国家公园设置丰富的教育课程系统，每年发出约 25000 个教学许可，并邀请约 8000 名来自周边贫困社区的学生到国家公园接受自然教育（唐芳林，2017）。

6. 加拿大

加拿大大多数国家公园是在居民人口稀少、相对自然的区域发展起来的。最近这些年，加拿大才普遍地从公园迁走居民和人工建筑。但这一做法常引发加拿大国家公园管理局与国家公园内原住居民的矛盾。因此，加拿大国家公园管理机构力图构建与原住居民之间的合作关系，一般不采取强制迁移资源传统利用者并消除其传统利用方式的做法，更多的是通过与相关利益主体谈判以及共同管理的方式进行公园的管理和保护。此外，加拿大《国家公园行动计划》规定，必须为民众提供机会参与国家公园的决策、管理规划的制定过程，因而国家公园非常重视与研究机构、私营企业和原住居民的充分合作。

3.5　国家公园保护先进案例分析——日本尾濑国立公园

3.5.1　尾濑国立公园的发展

1. 尾濑国立公园的设立和演变

尾濑国立公园是日本著名的旅游胜地，名峰环绕的湿原风光是尾濑的一大魅力，是日本家喻户晓的自然保护运动的发祥地。尾濑地区横跨于福岛县、新潟县、群马县的山间高地中的盆地状高原，以尾濑原和尾濑沼为中心，是由活火山燧岳的喷发活动而形成的湿地，位于海拔 1400～1700 米的地区，全境域为 37200 公顷，是典型的高山湿地。因为地形和气候的影响，尾濑拥有不同大小的池塘沼泽，还富有湿地特有的珍贵植物群落，如水芭蕉、北萱草等。尾濑地区内散布着约 400 个浅池沼，是由燧岳喷发出的熔岩被只见川河截住后形成的。尾濑沼就是其中最大的一个，其最深处也只有 9 米（佚名，2007）。尾濑的出名是因为 1949 年在 NHK 播放的一首关于尾濑的歌曲《夏天的回忆》。歌词中提到“一到夏天就会想起，遥远的尾濑，高高的天，雾霭中温柔的影在浮动，野径上的水芭蕉在盛开，水边倒映着石楠花，黄昏的晚霞”。这首歌让夏季尾濑美景深入人心，引发日本国民对尾濑的憧憬和热爱，让尾濑成为全国闻名的旅游胜地。尾濑的游客主要集中在 5 月中旬到 10 月下旬，因季而异的繁花在园内竞相绽放，更有在绽放后稍纵即逝、极少有机会目睹的花朵，编织出绝美的自然风光，那段时期游客人数经常超过环境容量，也出现了因为游客超过环境承载量而引发的自然风景破坏的问题。尾濑最盛时期是 20 世纪 90 年代中期，1996 年创下最高纪录有 64 万人（佚名，2000），之后逐渐减少，现在保持在每年大约 30 万人。

1931 年的《国家公园法》发布后，1934 年日光国立公园作为第一批国立公园被指定，尾濑地区是日光国立公园中的一部分。实际上，尾濑虽然与日光地区相邻，但二者属于不同类型，日光地区主要依靠东照宫等文化影响力来吸引游客，而尾濑的价值在于其山地湿原形成的原生态自然景观，区域内植物种类、地形、开发利用的状况都与日光不尽相同。2005 年 6 月，尾濑地区的知事希望将日光国立公园改名为“日光・尾濑国立公园”，以此为引，同年 8 月环境省建议“与其改名，不如直接考虑将尾濑独立出来”，加快了尾濑单独化的进程。因为当时国外的生态旅游思想通过各种渠道传入日本，在此背景下希望能够接触自然、感受自然的游客开始不断增加，随着游客观光需求的变化，自然环境保护审议会对国家公园的利用方式进行了探讨，根据公园的性质，以新提案的形式提出了把“野外体验型”作为主要利用方式的方案。伴随着泡沫经济时代和 1992 年《生物多样性条约》的签署，国家公园的生物多样保护的功能得到重视，人们开始探讨如何在国家公园内开展生态旅游等问题。受此影响，环境省希望以尾濑为契机，能够重新审视国家公园的价值所在。

2007 年 3 月，发布尾濑国立公园的草案后，环境省开始考虑向新的国立公园中编入除了尾濑地区以外的新的地区。尾濑地区与会津驹岳、田代・帝释山地区不仅在传统文化等方面有很深的渊源，而且三地都有湿原，景观具有连续性，植物的成长环境也相似，环境的原始程度都很高，更适合将它们作为一个整体进行保护。因此，在尾濑独立出来时，将会津驹岳、田代・帝释山纳入国立公园区域中，成立一个新的国立公园——尾濑国立公园（佚名，2007）。公园实行一体化的管理体制，来实现对三个地区的风致景观的保护和合理地开发利用。

2007 年 8 月，尾濑国立公园诞生，是自钏路湿原国立公园被指定后，时隔 20 年指定的第 29 处国立公园，这也是日本第一次从已有的国立公园中分离出一个新的国立公园。

2. 尾濑国立公园的管理体制和制度

尾濑国立公园采取多方主体合作管理的模式，管理人员包括环境省、自然保护官事务所、土地所有者以及受委托的民间团体。环境省依据国立公园的规模而确定自然保护官的人数，如规模比较大的箱根自然环境事务所有 13 名自然保护官员，而尾濑只有 3 名自然保护官员。

日本国立公园主要由日本环境省管辖，在环境省中有专管自然保护事务的自然环境保护局，管理 30 处国立公园、79 所国家指定的鸟兽保护区，以及面临灭绝危险的 90 种稀有物种。尾濑的木道建设和机动车管理等事务，也由直属环境大臣管辖的关东地方环境事务所下属的自然保护官事务所管辖。自然保护官事务所主要负责尾濑当地的各种保护以及建设设施的批准情况，保持日常巡逻，有法律禁止权利，进行有关保护方面和当地政府居民协调工作。如果自然保护官认为建设可行，则向环境大臣进行申请手续。

在尾濑，东京电力持有公园 2/5 的土地，后来通过签订风景地保护协议，将部分的管理权委托给政府和民间团体，并可以节省约 2 亿日元的管理费（佚名，2011）。

尾濑国立公园的公园计划分为三个部分，一是保护分区计划，二是设施计划，三是生态恢复事业计划。尾濑的保护分区计划是根据《自然公园法》的规定，分为 4 类保护区：特别保护区，包括尾濑原、尾濑沼、燧岳山顶、会津驹岳山顶以及田代山的山顶。第 I 级特别区主要是特别保护区的周边地区，共同构成原生态的自然环境，包括了尾濑原的南部、会津驹岳的南部和东北部、田代 • 帝释山脉与燧岳的山脚。第 II 级特别区内有自然林，并且允许有车道和基础设施，包括会津驹岳的山脚以及田代山、帝释山的山脚。第III级特别区主要是人工林，包括物见山、燕巢山等地域。

尾濑的设施计划又分为保护设施计划、利用设施计划两大类。保护设施计划是指在因为过度开发和日本鹿的啃食而遭受破坏的尾濑原等代表性景观内，建设保护、恢复设施。尾濑核心地区生态系统脆弱，容易受到外来生物侵扰，日本鹿在野外大量繁殖和取食植被，造成生态系统严重失衡，因此尾濑实施了大型动物的危害管理措施，控制鹿的危害。利用设施计划是指因地制宜地建设旅馆、休憩所、野营场、停车场、排水设施、展览设施等，如在御池等入山口适合建设旅馆和停车场，尾濑沼则适合建设展览设施。

尾濑生态恢复事业计划主要针对日本鹿的数量增加和活动范围的扩大，对湿原植物造成损害的情形。该计划包括对日本鹿的防治和对植被的保护两部分，并通过监控设备等手段来调查日本鹿的生存情况。

3. 尾濑国立公园的利用与保护活动

尾濑的开发利用活动始于 1890 年，这年称为尾濑的“开山之年”。这一年尾濑建立了第一家“山小屋”旅馆，山小屋只提供热水，一律不用肥皂和牙膏，以免对尾濑原增加负担，伤害尾濑的生态。1922 年，关东水电（东京电力的前身）取得了尾濑的水利权（1996 年放弃）。1952 年，为了方便游客游览，开始铺设木道。1964 年，尾濑沼游客中心建成。尾濑现有 12 处休息所，提供简单的饮食。群马县和环境省分别设置了山鼻游客中心、尾濑游客中心，均由尾濑保护财团进行管理。在山鼻、见晴、尾濑沼东岸三处设有野营场，可以容纳约 148 张帐篷，需要提前预约，人均收费 800 日元（约 60 元人民币）。野营场内不设排水设施，所有的自炊用品没有清洗的地方，需要带回家清洗（谷光灿，2013）。1966 年，尾濑的道路建设完成，结束了用马驮运货物的历史。因为旅馆除污净化的成本高，现在尾濑内山小屋人均每晚费用为 8000～9000 日元（约人民币 600 元），该价格也在一定程度上限制了住宿量。2007 年前后尾濑的游客不断缩减，当地居民希望通过区域整合和尾濑的单独化来提高知名度。

尾濑的自然保护运动非常著名。1920 年，尾濑沼一带被指定为风致保护林。1930 年，尾濑的禁渔区获得指定。1934 年，被指定为日光国立公园的尾濑地区。1949 年，由学者和登山家发起、结成了“尾濑保存同盟”，开始尾濑的综合学术调查活动。1951 年，该同盟发展为“日本自然保护协会”，是日本为了解决各地的自然保护问题而进行相关活动的非政府组织。这也是尾濑被称为日本自然保护运动起点的最大原因。1953 年，尾濑被指定为特别保护区。1960 年，尾濑原被指定为国家天然纪念物。1971 年，日本成立了环境厅，中断了公园规划中的机动车道建设。

1972 年，尾濑地区内所有的垃圾箱都被撤走，这场“垃圾带回家运动”逐渐在日本国内扩展，不仅观光景点等公共场所的垃圾箱被拆除，街头巷尾也找不到垃圾桶，外出的日本人大多携带垃圾袋，这逐渐成为日本的国民习惯。1974 年，尾濑实行私家车进入限制，在缓冲区范围外设置第一个私家车限制关口，只允许公用性质的机动车入内。鸠待口是尾濑原的入口，也相当于第二道关口，只允许步行进入，没有任何机动车道，包括游览区内旅馆的物品运输都只能徒步。尾濑的自然保护运动相当于日本自然保护的源流，这里的一部分运动后来被其他地方所实践。1995 年，成立了尾濑保护财团，这是把尾濑的保护作为中心事业的非营利组织，主要进行游客引导、解说员培养、湿原恢复、游客中心以及厕所管理事业等。

目前，尾濑的自然保护管理和相应制度方面比较完善，包括对游客的科学引导、人流量限制、科学监护生态环境、尊重自然本身规律，以及对影响尾濑的各种行为进行限制等方面。但是，现在的尾濑仍面临着很多亟待解决的问题：一是尾濑地区崎岖的地势不适合分散设置垃圾箱进行垃圾回收，野生动物也会偷翻垃圾箱，弄得到处都是山野垃圾，尾濑原和尾濑沼 50 年前丢弃的垃圾一直未处理，福岛县附近堆积了大量的垃圾，而且田代·帝释山也有很多登山者随意丢弃的垃圾（佚名，2017）。二是登山口人口集中。尾濑国立公园内包含自行车在内任何车辆均禁止入内，乘坐交通工具仅可抵达 6 处登山口，从其中鸠待口进入尾濑原的游客占了 50%以上，从沼山口进入尾濑沼的游客占了约 30%，因为从这两处进入尾濑比较便利，可以当天返回，游客大半都集中在这里（佚名，2009）。三是食害问题。尾濑地区日本鹿繁殖很快，啃吃尾濑珍贵植物的问题严重。为此，尾濑设置了防护栏来限制日本鹿进入保护区域。

2017 年是尾濑国立公园诞生的 10 周年，8 月 30 日在片品村举办了“尾濑会议”。在会议上，尾濑保护财团的理事长大沢正明知事提到“尾濑是自然保护的起点，是日本国民的宝藏，保护尾濑并将它传承给下一代是我们的使命”。会议上环境省提出对尾濑的展望是“大家的尾濑，大家守护，大家一起享受”，并就尾濑目前所面临的食害问题、入山者集中问题、登山道荒废问题等进行商讨。

3.5.2　日本尾濑国立公园对我国国家公园建设的启示

50 年前日本正处于经济高速发展期，其开发建设的迫切与中国目前略有相似。如今优美朴实的尾濑在 50 年前也曾经垃圾堆积如山，奄奄一息，是自然保护和国家公园的体制建设将其从倚重旅游和开发利用的片面发展中拯救出来。因此尾濑的建设经验对我国建设国家公园体制具有很大的参考价值，其中，最根本的一条经验就是坚持“保护第一”的国家公园管理和保护的原则。

日本国家公园的管理以保护资源的完整性为原则，坚持“保护第一”的管理理念，维持生态环境自身的恢复能力，发展资源再生和生态恢复事业。日本国家公园的风景区大部分是具有典型自然景观、地质地貌、历史遗迹的地区，或像尾濑一样处于原始状态的特色景区。“保护第一”的理念要求尽可能保持这些地区的原始状态，实现公园内自然和文化遗产的永续利用。

反观我国的自然资源管理过程中存在着“重开发，轻保护”的思想。我国地大物博，珍贵、独特的自然景观和文化遗产众多，它们是我们从父祖先辈继承的，应当完好地传递给子孙万世的“绿水青山”和“金山银山”。但是，在遗产地、风景名胜区等资源管理中，由于受经济利益驱动，经常将自然资源当作商品进行商业化运作，而忽视了资源和环境保护的重要性，以至于引起资源过度开采、生态环境破坏等现象频发。

国家公园的建立与可持续发展的最终目的应当是“保护”。国家公园内的生态系统、景观、物种和基因层次都十分丰富，特别是保存至今还未被完全认识的基因资源，对未来非常重要。因此，“保护”仍然是国家公园的首要功能。我国在国家公园的建设中也应坚持“保护第一”的管理理念，这一理念不会因为国情、体制的差异而不适用，这是建设国家公园的使命所决定的，是日本国家公园带来的重要启示，也是中国国家公园建设向国际靠拢的根本出发点。尾濑的经验告诉我们，在生态环境承载力的范围内适度的开发，确保珍贵的资源得以为后代子孙永续利用，实现代际公平是国家公园自然保护地建设和保护的使命所在。

在日本，国家公园的概念和“保护第一”的理念早已深入人心，成为日本国民广泛认同的国家自然资源保护的核心价值。但是，我国的国家公园的发展体制尚不成熟，公众对于国家公园理念及内涵的认知不够明确，常与国家森林公园、风景名胜区等概念混淆。对此，未来应通过政府、媒体、网络等渠道向全社会推广国家公园的概念和“保护第一”的管理理念，提升民众的认知度。这一方面有助于彰显国家公园的真正价值，另一方面有助于在民众中自觉自发地形成对资源的保护意识，从社会和意识层面上保证国家公园资源和环境的可持续利用。

3.6　国家公园立法比较研究启示

综上所述，我们可以得到如下启示。

从国家公园和保护地立法体系来看，在自然保护地总括性立法上，南非和新西兰均出台了专门的自然保护地总括性立法，包括新西兰的《保护法》和南非的《国家环境管理：保护地法》。就国家公园在自然保护地体系中的地位而言，除美国以外的其他国家和地区，均把国家公园作为单一的自然保护地类别进行管理，且均将其放置在重要的保护地位。美国的情况有些特殊，其有两个话语含义即“国家公园体系”和“国家公园”，前者“国家公园体系”是一个自然保护地集合的概念，涵盖包括国家公园、自然风光保护区和历史遗迹类保护区在内的三类自然保护地，而“国家公园”则专指一个类别的自然保护地。

从国家公园核心立法渊源来看，上述国家和地区均以高位阶的立法形式对国家公园的建设和管理进行规制。日本、新西兰、美国、加拿大均制定了以“国家公园”命名的国家公园基本法。其中，日本是《自然公园法》，而德国和南非则以环境保护类法律对国家公园进行管控，如德国的《联邦自然与景观保护法》和南非的《国家环境管理：保护地方案》。此外，美国还专门出台了“一园一法”的授权性立法。

从国家公园和自然保护地管理体制来看，美国采用中央集权式管理体制，在中央层面设立国家公园管理局，对国家公园体系下的自然保护地进行管理，而其他国家和地区均采取了混合型管理体制，地方自治在管理体制中发挥着重要作用，如南非各省负责国家公园事务的部门不一，德国各州政府同样拥有国家公园管理事权。在国家公园主管部门上，各国家和地区略有不同，日本和南非是环境保护主管机关，而新西兰则有单一的自然资源保护部管理全国所有的自然保护地类别。

从国家公园具体法律制度来看，在土地权属制度上，不同法体系均存在不同所有权类型的土地，对于非公有的土地，采取征收或采取保留所有权的形式，但均强调了对国家公园内土地用途的管制，避免不当使用对国家公园造成生态破坏。在分区管理制度上，不同法体系均根据自己的实情，按土地利用型态或保护类型等划分了不同的功能区，并区分规定了各功能分区的管制措施。在特许经营制度上，除德国国家公园内不开展任何特许经营活动外，其他法体系均就游憩服务类设施和产品开展特许经营。在原住居民权益保护制度上，不同法体系均注重国家公园内原住居民参与国家公园建设的问题，并在加强国家公园内生态保护的前提下，对原住居民的特有文化和一些传统利用活动进行保护。

第 4 章　中国国家公园地方立法实践

2013 年 11 月，党的十八届三中全会将建立国家公园体制作为我国生态文明制度建设的重要内容，是一项重要的改革任务。为了建立符合我国国情的国家公园体制方案，2015 年年初，国家发展和改革委员会同中央编办、财政部、国土部、环保部、住建部、水利部、农业部、林业局、旅游局、文物局、海洋局、法制办等 13 个部门联合印发《建立国家公园体制试点方案》，并在当年 6 月，启动了为期三年的国家公园体制试点。试点工作期间，我国先后在国家公园体制试点区域建立了 10 个国家公园，即三江源国家公园、大熊猫国家公园、东北虎豹国家公园、云南香格里拉普达措国家公园、湖北神农架国家公园、浙江钱江源国家公园、湖南南山国家公园、福建武夷山国家公园、北京长城国家公园、祁连山国家公园。10 个国家公园试点区域所在的省份陆续出台了各自的国家公园试点实施方案，并以此指导试点实践。

2017 年 9 月，在总结试点经验的基础上，中共中央办公厅、国务院办公厅印发了《建立国家公园体制总体方案》，初步完成了我国国家公园体制的顶层设计。2017 年 10 月，党的十九大报告提出“构建国土空间开发保护制度，完善主体功能区配套政策，建立以国家公园为主体的自然保护地体系”，进一步明确了国家公园体制在我国生态文明体制改革中的重要地位。

与政策上“自上而下，中央驱动”的模式不同，在国家公园立法上，我国呈现出“一区一法、地方主导”的特点。2017 年 6 月 2 日，三江源国家公园率先出台《三江源国家公园条例（试行）》，这是我国首个国家公园体制试点的地方条例。2017 年 11 月 24 日，《武夷山国家公园条例（试行）》出台。2017 年 11 月 29 日，湖北省第十二届人民代表大会常务委员会第三十一次会议通过《神农架国家公园保护条例》。此外，《湖南南山国家公园条例》已经纳入湖南省人大常委会 2018 年立法计划（沙兆华，2018），其他几个国家公园的地方条例也在制定中。

4.1　国家公园体制试点规范性文件依据

4.1.1　《建立国家公园体制试点方案》

2015 年年初发布的《建立国家公园体制试点方案》，从总体要求、试点选择、试点内容和试点组织四个方面对国家公园体制试点工作提出了开拓性的指导性意见。方案的具体内容如下：

（1）明确了开展国家公园体制试点工作需遵循的原则，包括保护第一、永续利用，中央统筹、地方探索，政府主导、多方参与。具体来说，保护第一、永续利用要求在不干扰自然生态和文化自然遗产原真性、完整性的前提下，对国家公园进行适度利用。中央统筹、地方探索则指中央负责国家公园体制试点工作的顶层设计，地方则应在试点过程中积极探索多样化的保护和管理模式。政府主导、多方参与实质上强调的是政府加大资金投入，并且要注意国家公园所在地的社区发展问题。

（2）明确国家公园体制试点要实现的若干目标。首先，现有的各类保护地的交叉重叠、多头管理的碎片化问题得到基本解决；其次，要建立起国家公园统一规范的管理体制和资金保障机制；再次，明确国家公园自然资源资产产权归属；最后，要统筹国家公园保护和利用。

（3）具体说明了国家公园体制试点工作的内容。首先，突出生态保护。国家公园试点区域是在整合原有的保护地的基础上建立的，在整合的过程中，原有的核心保护区不能动、保护面积不能减。突出生态保护还要求编制试点区保护规划、合理划定功能区、严格用途管制。其次，统一规范管理。实现一个保护地一块牌子、一个管理机构，由省级政府垂直管理，探索跨行政区管理的有效途径，试点期间，各有关部门继续依法行使自然资源监管权。再次，明晰资源权属，结合全民所有自然资源资产管理体制改革，对国家公园试点区内的资源进行统一确权登记，并探索集体所有土地及附属资源参与国家公园体制试点的方式。最后，在国家公园经营管理上要体现公益属性，促进社区发展，建立合理的补偿机制。

4.1.2　《建立国家公园体制总体方案》

2017 年 9 月，中共中央办公厅、国务院办公厅印发的《建立国家公园体制总体方案》，初步完成了我国国家公园体制的制度框架设计，是目前关于国家公园建设最具权威性的规范性文件。相较于《建立国家公园体制试点方案》，《建立国家公园体制总体方案》对于国家公园的规定更加细致，尤其明确了国家公园概念、国家公园定位等基本认识。

（1）明确国家公园体制试点进程规划。到 2020 年，建立国家公园体制试点基本完成，整合设立一批国家公园，到 2030 年，国家公园体制更加健全。

（2）提出了国家公园概念和定位。国家公园是指由国家批准设立并主导管理，边界清晰，以保护具有国家代表性的大面积自然生态系统为主要目的，实现自然资源科学保护和合理利用的特定陆地或海洋区域。

关于国家公园定位。国家公园是我国自然保护地最重要类型之一，属于全国主体功能区划中的禁止开发区，受全国生态保护红线管控，实行最严格保护。要以国家公园建设为契机，逐步改革我国现有的按照资源类型分类设置自然保护地体系，研究科学的分类标准，建立新的明晰的自然保护地体系。此外，国家公园建立后，在相关区域内一律不再保留或设立其他自然保护地类型。

（3）关于国家公园管理体制。方案提出，在中央层面，由一个部门统一行使包括国家公园在内的自然保护地管理职能；在地方层面，地方政府要与各国家公园管理机构相互配合。方案要求各相关部门依法对国家公园行使监管权。国家公园所有权由中央政府和省级政府分级行使。

（4）关于资金保障制度。在资金来源渠道上，以财政投入为主，在确保国家公园生态保护和公益属性的前提下，接受社会捐赠资金；在资金使用管理上，建立财务公开制度，加强监管。

（5）关于自然生态保护制度。健全国家公园严格保护管理制度，并且，根据自然资源特征和管理目标，实行差别化保护管理方式，对于园区内的生态破坏行为，完善责任追究制度。

（6）关于社区协调发展制度。主要通过构建三个机制来实现，即建立社区共管机制、健全生态保护补偿制度和完善社会参与机制。

4.1.3　其他规范性文件

2017 年 10 月 18 日，党的十九大报告中指出国家公园体制试点积极推进是生态文明建设一大成效，同时明确指出“构建国土空间开发保护制度，完善主体功能区配套政策，建立以国家公园为主体的自然保护地体系”，这是继《建立国家公园体制总体方案》之后又一重要文件，进一步明确了国家公园的定位和作用，标志着我国的国家公园建设进入实质推进阶段。

2018 年 3 月 17 日，第十三届全国人民代表大会第一次会议批准了国务院机构改革方案。改革方案中提出组建自然资源部，统一行使全民所有自然资源资产所有者职责、国土空间用途管制和生态保护修复职责，在自然资源部下设国家林业和草原局，负责统一管理各部门设立的自然保护地，并且国家林业和草原局加挂国家公园管理局的牌子。改革方案的出台意味着我国在中央层面上建立国家公园管理机构，对于国家公园管理体制的完善具有重要意义。

4.1.4　各国家公园试点区实施方案

各国家公园体制试点区在 2016 年陆续出台了试点实施方案，各试点实施方案在结构上大体保持一致，包括试点区选择、管理体制构建方案、运行机制构建方案、试点实施保障和年度工作计划。纵观各试点实施方案，各国家公园体制试点区域内均存在其他类型的自然保护地，因此，整合现有的自然保护地管理体制，构建专门的各国家公园管理局是试点实施方案中重要规定的内容。各国家公园试点实施方案均明确了国家公园管理局的职责，包括国家公园自然资源管理、生态保护、规划建设管控、特许经营、社会参与和宣传推广等工作。在功能分区上，各国家公园试点区也大体相似，划分严格保护区、生态保育区、游憩展示区和传统利用区。严格保护区是国家公园最为核心的区域，采取最严格的保护方式，除科学研究需要外，禁止任何人进入。生态保育区采取必要的生物措施进行保护。游憩展示区承担着游憩、科普等功能。传统利用区是生产和生活的区域，允许对自然资源进行可持续利用。在自然资源权属上，各国家公园体制试点区域针对自己的实际情况，对权属争议的确定和集体所有土地的处置、相关补偿等进行重点规定。此外，各国家公园试点实施方案还对包括原住居民在内的公众权益的保护进行了规定。首先，是平衡生态保护和开展游憩活动之间的关系；其次，是建立完善的社区发展机制，包括特许经营机制；最后，是要构建社会参与机制，包括社会捐赠机制、志愿者机制、合作管理机制和社会监督机制等。

4.1.5　国家公园地方立法成果

前述国家公园体制改革试点方案和正式方案的规范性文件和政策对国家公园省级地方立法发挥了直接的指导性作用。国家公园省级地方立法以“一园一法”模式稳步进行，截至目前已经先后发布《三江源国家公园条例（试行)》《武夷山国家公园条例（试行)》《神农架国家公园保护条例》。

4.2　三江源国家公园地方立法

4.2.1　三江源国家公园设立的背景

2013 年 11 月，党的十八届三中全会通过的《中共中央关于全面深化改革若干重大问题的决定》首次明确提出：“坚定不移实施主体功能区制度，建立国土空间开发保护制度，严格按照主体功能区定位推动发展，建立国家公园体制。”这是国家首次在中央层面提出建立国家公园制度，将国家公园制度与主体功能区制度、国土空间保护联系在一起，是为加快推进生态文明制度改革，建设美丽中国而构建的美好蓝图（何跃君，2016）。2015 年 1 月，国家发改委等 13 部委联合通过了《建立国家公园体制试点方案》，《方案》确定了北京、吉林、黑龙江、浙江、福建、湖北、湖南、云南、青海共 9 个国家公园体制试点省（市），提出包括突出生态保护、统一规范管理、明晰资源归属、创新经营管理和促进社区发展的五项内容。

2015 年 12 月 9 日，由习近平总书记领导的中央全面深化改革领导小组第十九次会议上审议通过了《三江源国家公园体制试点方案》，《试点方案》强调要以实现三江源地区重要自然资源国家所有、全民共享、世代传承，促进自然资源的持久保育和永续利用为目标，要坚持保护优先、自然修复为主，突出保护修复生态，创新生态保护管理体制机制，同时明确了三江源国家公园由黄河源园区、长江源园区和澜沧江源园区组成，从此，青海三江源国家公园成为我国首个国家公园并成为了我国国家公园体制探索的真正开端。

4.2.2　三江源国家公园的试点建设

1. 试点区选择

三江源国家公园的范围是基于自然生态系统的代表性、生态景观独特性和生态服务功能重要性，最大限度保护自然生态的完整性和系统性，具备满足科研、教育、游憩功能的交通可达性、生物多样性三方面的考虑而确立。三江源国家公园总面积为 12.31 万平方千米，占三江源面积的 31.16%，可简要概括为“一园三区”：“一园”即三江源国家公园，“三区”为长江源（可可西里）、黄河源、澜沧江源 3 个园区。其中，黄河源园区位于果洛藏族自治州玛多县境内，包括三江源国家级自然保护区的扎陵湖—鄂陵湖和星星海 2 个保护分区，面积 1.91 万平方千米。长江源（可可西里）园区位于玉树藏族自治州治多、曲麻莱两县，包括可可西里国家级自然保护区、三江源国家级自然保护区索加—曲麻河把平湖分区，面积是 9.03 万平方千米。澜沧江园区位于玉树藏族自治州杂多县，包括三江源国家级自然保护区果宗木查、昂赛 2 个保护分区，面积 1.37 万平方千米（佚名，2016）。

通过国家公园体制试点把三江源国家公园建成青藏高原生态保护修复示范区，三江源共建共享、人与自然和谐共生的先行区，青藏高原大自然保护展示和生态文化传承区。

2. 管理体制建设

三江源国家公园积极创新生态保护管理体制，在不调整行政区划，整合优化、统一规范的基础上组建三江源国家公园管理局（以下简称管理局），统一行使三江源国家公园范围内国有自然资源资产所有者职责，内设自然资源管理、生态保护、执法监督、规划建设、宣教培训、综合管理等职能处室，履行管理职能。按“一园三区”布局，分别整合治多县、曲麻莱县和玛多县、杂多县政府涉及自然资源和生态保护相关部门职责，设立长江源、黄河源、澜沧江源国家公园管理委员会。长江源管委会下设治多、曲麻莱和可可西里三个管理处。试点期间，管委会（管理处）受管理局和所在州政府双重领导，以管理局管理为主，分别整合四县林业站、草原工作站、水土保持站、湿地保护站等涉及自然资源和生态保护的单位，设立生态保护站，为管委会下设机构，承担园区内外生态管护工作；国家公园范围内 12 个乡镇政府挂保护管理站牌子，增加国家公园相关管理职责。根据生态保护实际需要，适当布点设置新的保护管理站。

最终，三江源国家公园将实行集中统一垂直管理，建立以三江源国家公园管理局为主体、管理委员会为支撑、保护管理站为基点、辐射到村的管理体系。

3. 运行机制建设

三江源国家公园管理局通过综合规划、综合管理、综合执法确立了自然资源确权登记制度、承包经营权制度、特许经营制度、生态管护制度、综合执法制度、社区发展制度、社会参与等多项制度。

在自然资源确权登记方面，以土地调查数据为依据，先期完成草地、森林、湿地、水资源和野生动物等五大自然资源以及荒漠化沙化土地的分布、数量、等级和状况本底调查，建立国家公园国土空间基础信息平台和自然资源信息服务平台，向社会公开并提供相关数据服务；推动建立健全科学规范的自然资源统计调查评价制度，逐步建立自然资源资产负债表制度；以三江源国家公园体制试点范围为登记单元，开展自然资源确权登记试点，从法规层面明确国家所有的自然资源资产权益，由管理局和相关部门共同发布自然资源本底和状况评估成果。

在承包经营权制度方面，创新草原经营利用方式，坚持草原国家所有，实行所有权、承包权、经营权三权分置，探索建立与国家公园体制相适应的草原承包经营权流转形式。发展生态畜牧业，促使畜牧业适度规模经营发展与草原生态环境保护相适应，促进草原生态保护与畜牧业发展良性互动。加强草原流转用途管制，坚持草原保护制度，切实保护基本草原。严禁借草原流转违规搞与生态保护相悖的设施建设，严禁破坏、污染草原及损毁草原基础设施，坚决制止破坏草原生态行为。

在特许经营制度方面，遵循保护第一、合理开发、永续利用的原则，建立与国家公园功能目标定位相符合的特许经营清单，面向社会公开招标，探索建立“政府主导、管经分离、多方参与”的特许经营机制，调动企业和社会各界，特别是广大牧民群众参与的积极性，实行多种方式的特许经营。

在生态管护方面，按照完整保护、系统修复、一体化管理的原则，制定了组织化管理、网格化巡查的生态管护制度，形成了乡镇管护站、村级管护队和管护小分队三级组织，以村为基本单元，就近划分覆盖辖区的若干网格，每个网格均落实责任人和管护队，负责对各自辖区内湿地、水源、林地、草地和野生动物进行日常巡护，构建了“点成线，网成面”的管护体系。整合草原、湿地、林地管护员制度，制定出台了生态管护公益岗位设置的相关政策，建立了管护岗位生态保护业绩与收入挂钩机制，并将公益岗位落实与“精准脱贫”相结合。

在综合执法制度方面，三江源国家公园管理局负责管辖范围内国有自然资源刑事司法和行政执法工作，省公安、国土资源、林业、环保、农牧、水利等部门，依据职责依法进行监督指导。三江源国家公园设立资源环境综合执法机构，履行资源环境综合执法职责，承担县域园区内外林业、国土、环境、草原监理、渔政、水资源、水土保持、河道管理等执法工作，实现辖区生态环境国土空间管制和自然资源的统一执法。

在社会发展方面，关注人的发展设置生态管护公益岗位，完善园区基础设施，基于合作社发展生态畜牧业，减轻草原压力提高牧民收入，同时通过参与公园共建，通过社会服务公益岗位和参与特许经营，实现牧民转产转业，坚决打赢脱贫攻坚战，促进园区内人民生活水平提高，让人民群众更多地享受国家公园建设发展带来的成果，共建和谐美丽新家园。

在社会参与方面，建立完善的志愿者服务制度，规范志愿者招募、教育培训、协助管理等活动，鼓励社会组织和个人参与生态保护、社区共建、特许经营、授权管理、宣传教育、科学研究等领域合作。坚持开放建园，建立国内外“友好公园”关系，加强国际交流和合作。加强流域合作，促进建立流域生态保护共建共享机制。

4.2.3 《三江源国家公园条例（试行）》的制定

2016 年 10 月 18 日，青海省委要求省政府法制办、三江源国家公园管理局抓紧《三江源国家公园条例》的起草工作。11 月 14 日，条例形成初稿并征求意见。12 月 16 日，条例形成征求意见稿并报送国家发改委，由国家发改委牵头，征求建立国家公园体制试点领导小组之成员 13 个国家部委的意见。12 月 30 日，青海省政协就条例征求意见稿专门召开立法协商座谈会，省直相关部门负责人、民主党派省委负责人、省政协立法协商智库专家、宗教界人士提出了修改意见建议。起草小组进一步修改后，最终形成条例送审稿。2017 年 6 月 2 日，青海省人大常委会审议通过了《三江源国家公园条例（试行）》（以下简称《条例（试行）》），于 8 月 1 日起施行。《条例（试行）》的颁布实施，对于实现三江源国家公园保护、建设和管理的法治化、规范化和制度化具有重大意义。条例从规划建设、资源保护、利用管理、社会参与等方面对三江源国家公园的试点工作进行了规定。

国家公园体制试点的核心是体制机制创新，包括管理体制创新、生态保护模式创新、人与自然和谐发展模式创新，《条例（试行）》在以下方面体现了地方性法规在国家公园管理体制上的创新性。

第一，管理体制的创新。在管理体制的制度设计上，为重点解决“九龙治水”，执法监管“碎片化”问题，克服政出多门、各自为政、分散管理的弊端，探索实现国家公园范围内自然资源资产管理和国土空间用途管制“两个统一行使”，组建相应机构，对三江源国家公园实行集中统一垂直管理。建立以三江源国家公园管理局为主体、管理委员会为支撑、保护管理站为基点、辐射到村的管理体系。管理局下设长江源（可可西里）、黄河源、澜沧江源园区国家公园管理委员会，管理委员会下设保护管理站。管理局统一履行自然资源资产管理和国土空间用途管制职责，由管委会统一实行生态资源环境综合执法，从而实现完整意义上的“两个统一行使”。

第二，生态保护模式的创新。生态保护模式的创新主要体现在功能分区上。在园区内各类保护地功能区划的基础上，遵循各类保护地的管控要求，按照生态系统功能、保护目标将各园区划分为核心保育区、生态保育修复区、传统利用区，与传统自然保护区的分区不一样，这种功能分区实行差别化管控策略，实现生态、生产、生活空间的科学合理布局和可持续利用，保护自然生态系统和自然文化遗产的原真性、完整性。

第三，人与自然和谐发展模式的创新。《条例（试行）》一方面注重生态保护，按照三江源生态系统的整体性、系统性及自然现状，将冰川雪山、草原草甸、森林灌丛、河流湿地、野生动物等作为一个整体，进行整体保护、系统修复，以实现对三江源重要生态系统的保护和永续利用，实现三江源重要自然资源国家所有、全民共享、世代传承。另一方面也注重人的发展，注重改善民生。在制度设计上，《条例（试行）》从以下方面体现生态保护促进民生保障：一是科学合理设置生态管护公益岗位，使牧民由草原利用者逐步转变为生态保护者，建立牧民生态保护业绩与收入挂钩的机制。二是鼓励引导当地牧民参与国家公园建设，扶持他们从事公园生态监测、生态体验、环境教育服务、生态保护工程劳务等工作，使牧民在参与生态保护、公园管理中获得稳定收益。三是稳定草原承包经营权不变，兼顾草原科学合理利用，创新牧民生产经营模式，完善生态畜牧业合作经营机制，提升发展生态畜牧业能力。四是积极组织和引导园区内居民发展乡村旅游服务业、民族传统手工业等特色产业，开发具有当地特色的绿色产品，实现居民收入持续增长（孙海玲，2017）。

4.3　武夷山国家公园地方立法

4.3.1　武夷山国家公园体制试点改革进程

我国历史文化名山——武夷山，位于福建省的西北部，闽赣两省的交界地带，享有“碧水丹山”“奇秀甲东南”的美誉。1979 年 4 月，正式成立福建省武夷山自然保护区；1979 年 7 月，武夷山自然保护区被列为国家重点自然保护区。1987 年，联合国教科文组织将武夷山自然保护区列入世界生物圈保护区的范围；1992 年，武夷山自然保护区被确认为有全球保护意义的 A 级保护区；1999 年，武夷山申报世界自然和文化遗产获得成功，武夷山自然保护区成为我国仅有的一个是世界生物圈保护区同时也是世界双遗产保留地的保护区。党的十八大以来，武夷山自然保护地加强生态文明建设；在 2013 年，党的十八届三中全会提出建立国家公园体制的改革任务，2015 年建立国家公园体制试点方案出台以后，2016 年武夷山成为全国首批九个国家公园体制试点区之一。2016 年 6 月，国家发改委正式批复《武夷山国家公园体制试点区试点实施方案》（以下简称试点方案），标志着武夷山国家公园体制试点工作正式启动（高建进，2017）。目前，武夷山国家公园体制改革主要解决以下问题：保护地管理系统复杂，存在重叠交叉问题，管理体制不顺的问题；保护地利用冲突问题；资金投入不足问题；专业人才匮乏问题等。武夷山国家公园体制改革的目标是建立“统一、规范、高效”的国家公园管理体制、增强全民公益性（陈松声等，2017）。具体改革试点内容如下。

1. 试点区选择

武夷山国家公园位于福建省北部，周边分别与福建省武夷山市西北部、建阳市和邵武市北部、光泽县东南部、江西省铅山县南部接壤，包括武夷山国家级自然保护区、武夷山国家级风景名胜区和九曲溪上游保护地带，共 982.59 平方千米。依据试点区保护对象的敏感度、濒危度、分布特征和遗产展示的必要性，生态保护及开发现状、结合居民生产、生活与社会发展的需要实行分区保护，试点功能区划分为特别保护区、严格控制区、生态修复区和传统利用区。

2. 管理体制构建

武夷山国家公园的管理体制构建方案涵盖四方面的内容：管理体制、资源管理体制、资金机制以及规范规划。

在管理体制方面，坚持整合优化、统一规范，不做行政区划调整，组建管理主体，行使主体管理职能。设立由省政府垂直管理的武夷山国家公园管理局（以下简称管理局），管理局下设若干职能部门。管理局受委托负责保护、管理和运营试点区内的自然资源，行使试点区内自然资源管理和国土空间用途管制职责，依法实行更严格的保护。各部门继续依法行使自然资源监管权。地方政府行使辖区内（包括国家公园试点区）经济社会发展综合协调、公共服务、社会管理和市场监管等职责。成立武夷山国家公园试点工作联席会议，协调推进试点工作。

在资源管理体制方面，试点区功能区划分为特别保护区、严格控制区、生态修复区和传统利用区实行差异化的保护。明确试点区自然资源权属目标，确定自然资源的产权流转方式和具体安排，并实行经济补偿方案。

在资金机制方面，预测运行成本包括人员经费、公用经费、生态补偿经费、资源保护工程建设经费、生态修复区设施建设经费、科普宣教体系建设经费、科学研究经费、社区发展支持经费等，资金来源以财政投入为主，社会投入为辅，并通过建立资金台账制度、完善资金使用制度、严格资金报账制度、做好资金审计和监督工作进行资金管理。

在规范规划方面，主要工作是衔接现有相关法规规章等规范性文件，拟定武夷山国家公园保护管理所需的各类规范性文件，并制定相关规划。一方面，要构建国家公园规范体系，在法规层面，制定《武夷山国家公园管理条例》；制定如《武夷山国家公园建设规范》《武夷山国家公园遗产资源保护与利用规范》等一系列技术规范；管理标准由管理办法和评价标准等方面内容构成，管理办法包括《武夷山国家公园特许经营管理办法》《武夷山国家公园游客投诉管理制度》《武夷山国家公园社区发展引导办法》等，管理评价标准包括制定自然生态保护管理、科研监测。旅游管理等。另一方面，以现有的《全国主体功能区规划》《福建省主体功能区规划》为指导，综合考虑《武夷山国家级自然保护区总体规划》《武夷山国家级风景名胜区总体规划》《武夷山世界遗产地总体规划》等现有规划，制定武夷山国家公园总体规划，并在总体规划的框架下，针对保护、科研、教育、游憩和社区发展编制专项规划，同时结合武夷山国家公园的特点，针对核心资源的保护与利用，编制更具体的专项规划。

3. 运行机制构建

武夷山国家公园运行机制主要从日常管理机制、社区发展机制、推行特许经营、社会参与四个方面进行构建。

在日常管理机制方面，通过建立依法保护、行政保护、经济保护和社会参与保护构建全面的资源保护机制。同时，通过游客量控制、旅游行为引导、门票价格与预约制度、解说教育推广建立其旅游游憩管理机制。另外，日常管理机制还包括明确文化资源传承方式、建立科研监测体系及落实环境资源总量控制、安排旅游基础设施与专门设施等方面的内容。

在社区发展机制方面，一是要进行居民点调控，二是要建立社区居民参与机制。试点区居民包括武夷山国家级自然保护区、武夷山国家级风景名胜区和九曲溪上游保护地带和周边社区居民，共 22969 人。在居民点调控上，通过编制武夷山国家公园总体规划，衔接试点区内村镇规划，实施社区发展项目，协调居民生产生活和资源保护的关系。主要的调控设施包括：控制生产建设用地、彰显社区居民特色、实施生态移民过程、引导社区发展转型和建立社区奖惩机制。在社区居民参与机制上，建设完善的国家公园特许经营参与机制，实行同等条件下社区居民优先，同一社区生态移民优先；同时，通过建立自然资源管理制度、成立社区共管委员会和建立国家公园利益共享机制构建参与资源保护管理机制；以建立社区居民就业培训服务中心、聘请专家培训、开展国家公园相关知识培训等形式建立起就业培训机制，促进国家公园内的居民就业。

在推行特许经营方面，主要规定了特许经营项目、组织方式和资金管理机制等内容。首先，对现有特许经营的项目范围进行调整，明确医疗、保安等公共服务类项目不纳入特许经营；而将九曲溪竹筏游览、环保观光车等营利性项目纳入特许经营范围。其次，在特许经营的组织方式上，特许经营授权方依据特许经营合同考核和评估特许经营活动，并收取特许经营费用，特许经营者则应接受管理局的经营监管。在国家公园特许经营的具体管理中，由管理局实行合同管理，特许经营者需制订运营计划，管理局对其运营计划予以评估，并通过监管计划的执行，确定是否在执行期间中止特许经营合同。合同到期后，由管理局根据其合同期内的表现和未来的计划的整体情况，确定是否续约。特许经营的合同年限一般为 5 年，最长不超过 10 年。特许经营的授予采取公开招标的方式，在同等条件下，当地企业和居民有获准特许经营的优先权。最后，在特许经营的资金管理机制上，采取收支两条线管理，主要用于试点区自然生态系统保护管理，支持保护利用设施建设和运营管理。资金管理坚持公开、公平、公正的原则，资金使用信息公开透明。制定公众参与监督制度，由公众监管特许经营资金收支全流程。

在社会参与机制方面，主要包括以下五个机制：社会捐赠、志愿者服务、合作管理、保护合作以及社会监督。第一，在社会捐赠机制上，建立武夷山国家公园基金会，制定捐赠激励机制，构建起多元化的武夷山国家公园捐赠渠道。第二，在志愿者服务机制上，开展志愿者招募工作，并对其进行教育与培训，同时构建奖励机制。第三，在合作管理机制上，建立了国家公园合作伙伴制度、意见反馈机制以及重大项目社会公众参与决策制度。第四，在保护合作机制上，建立科学研究合作机制、决策咨询合作机制，决策咨询科研院校专家库，教育培训合作机制。第五，通过建立社会监督员制度、信息公开机制、举报监督机制构建完善的社会监督机制。

4.3.2　试点进展情况

目前，在试点期间，根据试点方案要求，武夷山国家公园体制改革主要围绕以下工作任务展开：一是机构组建。整合了试点区内原有武夷山国家级自然保护区管理局、武夷山风景名胜区管委会有关自然资源管理、生态保护、规划建设管控等方面职责的基础上，设立由福建省政府垂直管理的管理局。二是自然资源资产确权登记工作。2018 年 2 月试点区自然资源统一确权工作完成。试点区分为 3 个登记单位，由上一级登记机构进行登记，解决了跨行政区域登记的难题；并在对林权登记和集体土地所有权确权登记的成果核实确认后，基本划清国有土地和集体所有土地及其承载的自然资源的边界范围。另外，对国家所有的自然资源确权登记造册，明确管理局是试点区内的国有自然资源的行使代表，行使试点区内自然资源管理和国土空间用途管制职责（陈家红，2018）。三是资金管理工作。主要是编制资金预算、建立资金台账、制订资金管理制度。四是立法工作。2017 年 11 月 24 日，福建省第十二届人民代表大会常务委员会第三十二次会议通过《武夷山国家公园条例（试行）》（闽常〔2017〕46 号）。五是制定资源保护、监测与科研机制、旅游管理机制。已正式发布了《武夷山国家公园资源保护管理机制》《武夷山国家公园旅游管理机制》《武夷山国家公园科研监测机制》的征求意见稿，广泛征求意见。六是社会参与机制建设工作。拟正式发布《武夷山国家公园社会捐赠机制》《武夷山国家公园志愿者机制》《武夷山国家公园合作管理机制》《武夷山国家公园社会监督机制》。七是明确资金筹措渠道，制定资金筹措办法。已发布了《武夷山国家公园社会资金筹措办法》的征求意见稿，广泛征求意见。

4.3.3 《武夷山国家公园条例（试行）》概述

1. 进程

2016 年 6 月，国家发改委正式批复福建省《武夷山国家公园体制试点区试点实施方案》。2017 年，福建省人大常委会将《武夷山国家公园管理条例》列入 2017 年重点立法项目；2017 年 3 月，福建省人大常委会开展武夷山国家公园立法工作前期调研；2017 年 7 月 20 日，福建省人大常委会审议《武夷山国家公园管理条例（草案）》；2017 年 11 月 24 日，福建省第十二届人民代表大会常务委员会第三十二次会议通过《武夷山国家公园条例（试行）》（以下简称试行条例）。

2. 《武夷山国家公园条例（试行）》的主要内容

试行条例遵循《武夷山国家公园体制试点实施方案》，共八章七十一条，主要内容包括总则、管理体制、规划建设、资源保护、利用管理、社会参与、法律责任、附则。

第一章总则，共八条，分别阐述本条例的立法目的与依据、适用范围、实施范围、基本原则、资金保障、考核机制、科研科普等基本问题（第一条到第八条）。

第二章规定管理体制，共十条。试点前，试点区的管理部门包括武夷山国家级自然保护区管理局、武夷山风景名胜区管委会、地方政府以及林业、住房和城乡建设、旅游等多个主管部门，试点区被划分为不同的管理区域，导致出现保护经费分散、机构重复建设、保护效率低等一系列问题（陈松声等，2017）。针对上述问题，试行条例规定由省政府建立武夷山国家公园保护、建设和管理工作协调机制（第九条）；武夷山国家公园实行集中统一管理，建立武夷山国家公园管理机构为主体，所在地设区的市、县（市、区）、乡（镇）政府协同管理，村（居）民委员协助参与的管理机制（第十条、第十一条）；武夷山国家公园所在地设区的市、县（市、区）人民政府负责履行国家公园范围内经济社会发展综合协调、公共服务、社会管理、市场监管、旅游服务等有关职责，配合国家公园管理机构做好生态保护等工作（第十二条）；省与武夷山国家公园所在地社区的市、县（市、区）人民政府各相关部门和机构，应当按照各自职责做好国家公园保护、建设和管理的工作（第十三条）；武夷山国家公园管理机构应当与所在地县（市、区）政府及其有关部门、乡（镇）政府、街道办事处、村（居）民委员会，建立联合保护机制（第十四条）；武夷山国家公园管理机构实行相对集中行使行政处罚权，履行国家公园范围内资源环境综合执法职责（第十五条）；此外还规定了特许经营制度（第十六条）、国家公园管理机构与居民签订合作保护协议以及建立管护组织（第十七条、第十八条）。

第三章规定规划建设，共十二条。为了解决之前国家公园内保护地类型多样，管理目标混乱，保护地空间交错等问题。试行条例规定武夷山国家公园规划分为总体规划和专项规划（第十九条）。编制国际公园规定应当与现有其他空间规划相衔接，并应当征求相关部门、专家和社会公众的意见并听证（第二十条、第二十一条），相关部门应当加强对规划编制和实施的指导协调（第二十二条）。按照生态功能、保护目标和利用价值将武夷山国家公园划分为特别保护区、严格控制区、生态修复区和传统利用区，实行差异化保护管理，对区域内建设开发利用活动做出禁止性规定（第二十三条、第二十四条、第二十五条）。应当制定相关的技术规范和标准（第二十六条）。国家公园内的建设项目应当征得国家公园管理机构同意（第二十七条）。应加强信息化基础设施建设和相关人才培养，建成智慧国家公园（第三十条）。

第四章规定资源保护，共十四条。武夷山国家公园资源禀赋优越，土地资源丰富，国有土地面积 282.36 平方千米。生物资源多样，区域内发育着多种多样的植被类型，野生动物种类繁多，珍稀动物种类丰富，是世界闻名的动物模式标本产地，并有丰富的水生生物资源。文化和旅游资源价值高。因此，试行条例规定国家公园对资源整体实行整体系统保护与分区分类保护相结合的机制（第三十一条）。具体方式有：建立国家公园的本底数据库，明确国家公园的保护对象，规定各功能分区的活动形式，提高国有自然资源的比例，建立健全生态环境监测评价体系，建立信息资源共享和会商分析机制，加强生物多样性保护，加强动植物检疫、有害生物的监测工作，采取措施防止外来物种的入侵，加强森林防火工作，完善生态补偿机制，保护文物和非物质文化遗产，对出入国家公园的车辆、人员和动植物及其产品等进行检查、检疫，并规定国家公园内禁止性活动（第三十二条至第四十四条）。

第五章规定利用管理，共十三条。为了合理、可持续地利用国家公园内的资源，试行条例规定应当合理开发利用国家公园内的自然资源，挖掘、继承和弘扬武夷山历史传统和文化精华（第四十五条）。对于营利性服务项目应当实行特许经营制度，并且在国家公园内从事经营活动的，应当符合国家公园规划以及世界文化和自然遗产保护的要求，服从国家公园管理机构的统一管理（第四十六条、第四十七条）。支持土地承包经营人依法、自愿、有偿地进行土地承包经营权流转（第四十八条）。严格控制区域内人口内迁，因保护需要迁出居民的，依法补偿或安置，鼓励居民自愿迁出（第四十九条）。通过以下方式实行对国家公园内资源的利用管理：国家公园内的茶园面积实行总量控制（第五十条）；国家公园内林地、耕地的利用，应当符合保护生态环境和国家公园规划要求，创新生产经营模式，提升发展生态产业能力，发展旅游服务业和茶产业等特色产业（第五十一条）；通过多种方式对国家公园的人文景观和文化资源进行宣传和展示（第五十二条）；加强基础设施和公共服务设施的建设与管理（第五十三条）。建立如下机制以保障资源的合理和可持续地利用：垃圾分类制度，安全保障制度，突发事件应急机制，投诉、举报制度（第五十四条至第五十七条）。

第六章规定社会参与，共五条。为了拓宽公众参与国家公园的建设与保护工作的渠道，该章规定了公众参与国家公园保护与建设的各种方式：认捐公园设施、认养树木或者救助野生动物、授权管理和领办生态保护项目等方式；捐赠、支持武夷山国家公园基金会等多种形式；志愿者服务形式；建立高等院校和科研机构参与合作机制和专家咨询制度；设立网站等意见平台征求公众意见（第五十八条至第六十二条）。

第七章规定法律责任，共七条。分别规定了违反禁止性行为规定的法律责任（第六十三至第六十八条）以及国家工作人员的法律责任（第六十九条）。

第八章是附则，共两条，规定了与现行条例产生冲突的适用以及本条例施行的时间（第七十条、第七十一条）。

4.4 神农架国家公园地方立法

4.4.1 神农架国家公园试点改革进程

国家公园体制是党的十八届三中全会确定的重要改革事项，旨在牢固树立尊重自然、顺应自然、保护自然的生态文明理念，坚定不移实施主体功能区制度，保障国家生态安全，实现重要自然生态资源国家所有、全民共享、世代传承。2016 年 5 月 14 日，国家发改委正式批复《神农架国家公园体制试点实施方案》（发改社会〔2016〕1042 号）（以下简称试点方案）。围绕国家发改委批复的试点方案和湖北省政府、省发改委提出的具体要求，神农架国家公园体制改革的主要任务集中在解决各类保护地交叉重叠、多头管理，缺乏系统规划等一些基本问题，改革的目标在于建立统一、规范、高效的管理体制和资金保障机制，并积累和总结体制试点经验，最终形成可复制和可推广的模式（郭习松，2016）。在试点过程中，重点是解决“实现分级、分区的科学保护，实现一体化的管理，促进经济社会发展和自然管护政事分开”三个方面的问题，具体试点改革内容如下。

1. 试点区选择

神农架国家公园在整合现有神农架“国字头”保护地的基础上组建，共 1170 平方千米。以山系水系、资源情况、社区发展分布和保护程度的需求为依据，试点区分为严格保护区、生态保育区、游憩展示区和传统利用区四类功能分区，并针对各功能分区的特点实行差异化管理，制定不同的保护和发展战略，提出了创建国家公园的远景目标（周官正，2017）。

2. 管理体制构建

组建神农架国家公园管理局，整合试点区内的保护机构、人员和职能等，探索构建统一、规范、高效的管理体制，在试点期间，实行省政府垂直管理、委托神农架林区党委和政府代管的管理模式（周官正，2017）。同时，实行分区管理和网格化管理以满足工作和管理政策的需要（向平洋等，2017）。在规范建设方面，《神农架国家公园管理条例（草案）》已编制完成，通过了湖北省人大 2017 年立法计划建议项目论证，并正式列入了湖北省人大 2017 年立法计划。同时，根据神农架国家公园体制试点的需要，已拟定了综合管理、机关运行和业务管理三大类，共 55 项管理制度，现已完成《神农架国家公园管理局管理手册》的编制工作。在规划编制方面，《神农架国家公园总体规划（草案）》《分区管理规划（草案）》《专项保护规划（草案）》已编制完成，省联席会议成员单位已对上述规划进行了审查，并通过了专家评审。待上述规划进一步修改完善后报省政府审定。

3. 运行机制构建

确定了神农架国家公园体制试点期间的日常管理机制、社会发展机制、特许经营机制和社会参与机制。在日常管理机制方面，将自然资源、人文资源和游憩资源作为试点区资源保护对象，强化核心资源保护，开展专项保护行动，实施重大保护工程。坚持规划为龙头，突出规划在国家公园用途管制、共建管控、资源保护、旅游利用等方面的主导作用，并协调神农架国家公园试点区管理与相关城乡规划关系。加强对核心资源的监测，开展环境指标监测，并落实人为活动干扰检测。同时开展智库建设工作（王文华，2017）。另外，已整合组建了科学研究院，拟定了重点研究课题，并与有关院校和科研单位签订了科研合作协议。建成了湖北省金丝猴保护研究中心、国家林业局神农架金丝猴研究基地、神农架金丝猴保育生物学湖北省重点实验室三大特色综合科研平台，为科研项目的争取和申报，人才的引进和培养、科研的交流与合作创造了基础。在辖区内的大九湖、官门山、大龙潭、千家坪、下谷坪等处建立了 16 处基础研究平台，广泛开展科研实验、科学研究、生态监测、科普宣传、教学实习等工作。

在社会发展机制方面，依据总体规划对开发建设活动进行监管，关停影响环境的部分企业，开展产业结构转型和优化工程，引导发展生态旅游、生态林业、绿色农业。同时，重点推进生态移民工程，国家公园范围内共有原居民 4500 多户，拟对生态脆弱区域内的部分原居民实施生态移民。采用自主经营、引导参与和公司联营的模式引导居民社区参与特许经营和管理，通过政府、企业和相关扶贫项目扶持，对社区居民进行技能培训。另外，在神农架国家公园体制改革试点过程中，神农架国家公园管理局将与林区乡镇建立社区共管委员会，针对不同乡镇的资源优势、发展现状和政策导向，通过政策及资金支持，引导社区产业发展，增加当地百姓收入。

在特许经营机制方面，拟制定《神农架国家公园特许经营管理办法》，按照批复的办法规范国家公园内特许经营和旅游活动。特许经营项目主要包括在试点区内向游客提供的旅游设施、活动和服务，还包括其他商业活动以及必要的设施建设等。旅游项目特许经营的范围仅限于提供不属于基本公益服务并与消耗性利用核心资源无关的后勤服务及旅游纪念品。

在社会参与机制方面，依法设立专门的神农架国家公园基金会，开展募捐活动，接受公众捐赠，并通过门户网站或设立专门的志愿服务站招募志愿者。同时，积极与国内外科研院所、大专院校、国际组织等合作，提供技术和科研支持，协助制定高水平规划与管理决策，实现对试点区资源管理的科学保护及利用。

4.4.2 试点进展情况

在目前试点期间，根据试点方案要求，神农架国家公园体制改革主要围绕着 13 项具体任务展开工作：一是机构组建。组建神农架国家公园管理局，为正县级事业单位，由湖北省人民政府垂直管理，委托神农架林区人民政府代管，并于 2016 年 11 月 17 日正式挂牌成立。截至目前，神农架国家公园管理局整合了原神农架国家级自然保护区管理局、大九湖湿地公园管理局、神农架国家地质公园、神农架林区林业管理局（木鱼林场、徐家庄林场、下谷林站、九湖林站、庙坪林站、三堆河检查站、千家坪检查站、九冲检查站）、国家森林公园等机构，人员达到 350 人，其中，原神农架国家级自然保护区 206 人，林业管理局 85 人，湿地局 59 人。神农架国家公园管理局共设有 14 个内设科室、3 个直属单位、4 个派出机构、18 个网格管护中心、14 个哨卡及 4 个检查站，实行定岗定责定员（向平洋，2017）。二是立法工作。《神农架国家公园条例》，通过了湖北省人大 2017 年立法计划建议项目论证，并正式列入了湖北省人大 2017 年立法计划，2017 年 11 月正式通过《神农架国家公园保护条例》。三是编制规划。已编制完成了《神农架国家公园总体规划（草案）》《分区管理规划（草案）》《专项保护规划（草案）》，省联席会议成员单位已对上述规划进行了审查，并通过了专家评审。待上述规划进一步修改完善后报省政府审定。四是管理制度建设。根据神农架国家公园体制试点的需要，已拟定了综合管理、机关运行和业务管理三大类共 55 项管理制度，已完成《神农架国家公园管理局管理手册》的编制工作。五是管理能力建设。按照国家公园管理的相关要求，神农架国家公园管理局分期分批对全体干部职工进行了岗前培训和业务培训，拟定了提升管理能力的工作方案。六是政策平台建设工作。2017 年 1 月，根据省政府关于研究支持神农架林区绿色发展及国家公园体制试点工作的纪要的要求，省联席会议办公室印发了《关于推进神农架国家公园体制试点工作的若干意见》。七是智库建设工作。聘任国内规划、林业、地质、环保、生态等方面的专家和学者，组建神农架国家公园专家智库（王文华，2017）。八是重大科研平台建设工作。已整合组建了科学研究院，拟定了重点研究课题，并与有关院校和科研单位签订了科研合作协议。建成了湖北省金丝猴保护研究中心、国家林业局神农架金丝猴研究基地、神农架金丝猴保育生物学湖北省重点实验室三大特色综合科研平台，为科研项目、课题的争取和申报，人才的引进和培养，科研的交流与合作创造了基础。在辖区内的大九湖、官门山、大龙潭、千家坪、下谷坪等处建立了 16 处基础研究平台，建设、配套经费达 6600 余万元，建筑面积达 18480 平方米，广泛开展科研实验、科学研究、生态监测、科普宣传、教学实习等工作。九是自然资源确权登记工作。已完成原国家级自然保护区、湿地公园管理局和神农架林区林业管理局移交的山林、土地等资源的确权勘界工作。在《神农架国家公园总体规划》获批后，将进行国家公园土地勘界、立碑等工作。十是稀缺资源保护工作。对稀缺资源进行分类，明确动植物、森林和湿地生态系统和生物多样性保护的难点与重点工作，并提出相关的保护、修复和综合治理等方案（向平洋，2017）。神农架地区共有维管束植物 210 科 1186 属 3684 种，其中蕨类植物 27 科 75 属 309 种；种子植物 183 科 1111 属 3375 种，占湖北省种子植物科总数的 91.50%，约占全国种子植物科总数的 66.67%。国家重点保护野生植物 25 种，其中一级保护植物 5 种，二级保护植物 20 种。神农架地区特有植物 117 种，如洪平杏、神农香菊、神农架铁线莲等。神农架地区共有无脊椎动物 4358 种，隶属 4 门 9 纲 33 目 355 科和 2157 属，已知昆虫中有 2 种中国特有珍稀濒危种类（中华虎凤蝶和三尾褐凤蝶）。神农架地区共有兽类、鸟类、爬行类和两栖类动物 544 种，其中国家Ⅰ级重点保护野生动物 10 种，国家Ⅱ级重点保护野生动物 74 种，国家Ⅰ级重点保护野生兽类 5 种：川金丝猴、云豹、豹、林麝、华南虎；国家Ⅱ级重点保护兽类有 11 种。正在制定稀缺资源保护规划，探索建立稀缺资源长效保护机制。十一是生态移民工作。国家公园范围内共有原居民 4500 多户，拟对生态脆弱区域内的原居民实施生态移民。目前，已完成大九湖整体生态移民搬迁计划 457 户中的 410 户。另有 500 多户 2100 多人已纳入下一步生态移民搬迁计划，正在制定生态移民搬迁规划。十二是特许经营与旅游活动规范工作。正在制定《神农架国家公园特许经营管理办法》，按照批复的总体规划规范国家公园内特许经营和旅游活动。十三是开发活动控制工作。依据总体规划对开发建设活动进行监管，关停影响环境的部分企业，开展产业结构转型和优化工程，引导发展生态旅游、生态林业、绿色农业。同时，强化神农架国家公园舆论宣传。

4.4.3　神农架国家公园试点建设重要问题及其对策的法律分析

为了深入了解国家公园体制试点改革的实际状况，2017 年 5 月，课题组选取了湖北省神农架国家公园改革试点区域作为调研对象，走访了多家单位，对国家公园体制试点改革相关问题进行详细考察。本节基于实际调查分析神农架国家公园改革试点区域内的管理体制、社区共管、资源保护、科研科普等多方面的发展现状、主要问题和经验，并对其做出初步的法律评价。本节调研分析报告对以下两项工作提供决策支持：（1）为《湖北省神农架国家公园管理条例（草案）》的立法审议工作提供参考；（2）为国家层面的国家公园立法提供实践素材。

1. 神农架国家公园管理体制

2016 年 11 月 17 日，神农架国家公园管理局正式挂牌成立，为正县级事业单位。从纵向管理角度看，已形成由湖北省人民政府垂直管理，神农架林区人民政府代管的稳定格局。在横向管理上，神农架国家公园管理局对原有的机构进行整合，被整合的机构包括：原神农架国家级自然保护区管理局、神农架国家地质公园、大九湖湿地公园管理局、神农架林区林业管理局（木鱼林场、徐家庄林场、下谷林站、九湖林站、庙坪林站；三堆河检查站、千家坪检查站、九冲检查站）、国家森林公园等机构。

神农架国家公园管理体制存在以下主要问题：

（1）神农架国家公园管理局与神农架林区政府之间的事权划分不明晰。

目前关于二者的职责权限划分规定主要是参照《湖北神农架国家公园管理条例（草案）》（即条例一审稿，以下简称草案）第 9～11 条，尽管该草案还在广泛征求意见之中，但在实际调研中，备受各职能部门关注。主要是围绕草案提出的“省人民政府垂管，林区人民政府代管”问题进行讨论，归纳为如下几个要点：（a）神农架国家公园管理局通过地方立法授权拥有该区域内资源环境的综合执法权暂无争议。（b）神农架国家公园管理局是否应具备行政许可权、行政处罚权等其他行政管理职能存在较大争议。多数部门认为上述这些权限不能授权给国家公园管理局行使，原因如下：一是国家公园管理局不具备专业事项的执法能力。例如，国土资源局的卫片执法检查权，是通过卫星遥感技术实时监测，若将此权限直接授权给国家公园管理局，不具有现实可行性。二是阻碍了事后问责考核责任机制的落实。例如，将国家公园范围内基本的林业管理事项授权给国家公园管理局，但上级林业主管部门或同级人民政府仍会对林区林业主管部门进行事后问责考核，此时如何明晰责任成为较大的难题。三是可能会造成与法律相冲突的困境。例如，《森林法》（2009）明确规定一些林业管理事项是由县级以上林业主管部门实施管理，若将林业主管部门的基本管理事项授权给国家公园管理局，存在与上位法形成冲突之嫌。四是打破了既有稳定的行政管理秩序。例如，林业站本应是林业主管部门的派出单位，而根据现有国家公园体制改革收编纳入国家公园管理局，这打乱了既有稳定的行政管理秩序。甚至被质疑为这种改革是否存在政府政绩利益的驱动。（c）神农架国家公园管理局与林区人民政府事权划分的重点应该从如何有效地监督林区人民政府的作为，尤其是免受地方经济利益胁迫的角度来考虑。综上，在现有改革体制下，我们认为授权神农架国家公园管理局资源环境综合执法权较为合理，而其他社会事务基本管理应仍由林区人民政府各职能部门承担。但关键是双方要形成良好的监督制约机制，例如，对于神农架国家公园内各类建设项目的行政审批，审批机关除了要事先征求神农架国家公园管理局的意见外，还应形成一种有效的监督回应机制，审批机关若做出与国家公园管理局意见相反的行政决策，必须充分说明理由并予以书面答复，国家公园管理局若仍认为所作出的审批决策不妥当，可以向省人民政府提交申请，由省人民政府相关主管部门裁决。

（2）神农架国家公园管理局自身体制建设存在的纰漏。

首先，神农架国家公园管理局目前性质是事业单位，可否将其改编为行政单位性质存在争议。调研中有关部门提出神农架国家公园管理体制改革可否参照武当山特区的改革经验，对神农架国家公园体制实施改革。2003 年 6 月湖北省委、省政府在武当山召开现场会议指出，在保持行政区划不变——属于丹江口市的前提下，赋予武当山旅游经济特区独立行使一定的管理职能和权限，并成立武当山特区工委和特区管委会，为十堰市派出机构，与湖北武当山风景区管理局合署办公。对于上述问题，我们认为目前暂不宜将神农架国家公园管理局的单位性质从事业单位调整为行政单位。理由如下：一是目前事业单位的性质界定能够完全满足神农架国家公园范围内资源环境保护工作的实际需求。一审稿草案第 11 条计划通过立法授权的方式将资源环境的综合执法权力授予神农架国家公园管理局，完全可以满足神农架国家公园范围内资源环境保护工作的实际需求。但草案不足的是，还需将综合执法权力进一步细化，否则在日后实际执法过程中，因立法授权范围的局限将给实际执法工作带来困扰。根据行政法基本原理，还可以选择行政委托的方式弥补此缺陷，但必须注意，在我国只有行政处罚权可以委托给依法成立的管理公共事务的事业组织，而行政许可权只可委托给行政机关，行政强制权不得委托，后两者方式实际是不可采用的。二是若将神农架国家公园管理局直接升格为行政单位性质，实际可能会在神农架林区有“大小政府”并存之嫌，干扰了当地正常稳定的行政管理秩序，不利于形成互相牵制与制衡的实际管控效果。

其次，神农架国家公园管理体制建设上下关系不对口。神农架国家公园目前只是规定由省人民政府垂直管理，但在省级层面并未设立专门的管理机构，在国家层面已归由国家林草局兼挂国家公园管理局牌子进行管理。这种现象会导致在实际执法过程中会面临一些无法操作的难题，如行政相对人不服神农架国家公园管理局做出的行政决定，复议机关应该具体如何选择？又该如何具体确定诉讼管辖法院？我们认为，省级人民政府也应该做出相应的机构调整，在省级层面设立国家公园管理局，可以直接隶属省级人民政府，成立省级国家公园管理局。综合而言，国家公园体制改革必须形成自上而下完整的管理体制，不能只停留在地方层面，这将不利于国家公园日常管理工作的开展。

（3）国家公园的设置标准问题。

首先，国家公园的设立有无必要限制准入门槛。结合实际调研看，现在试点改革方案及其相关配套政策中均缺乏国家公园设立的标准。在很大程度上，因国家公园的设立会给地方经济带来有利的发展机遇，因此，全国保护地类型较为集中的区域对国家公园试点改革保持较高的期待，因此，采用何种标准来衡量国家公园的准入问题显得尤为重要。若设立标准不明确，很可能会把一些不够资格的区域划入国家公园的管理范围，而忽略一些真正需要通过国家公园体制建设开展资源环境保护的区域。因此，国家公园的建设做到重质量、轻数量，且突出公益性，其前提是要明确国家公园的设立标准。此外，还面临的新问题是，即使已经建立国家公园体制的区域，对那些未划入国家公园保护范围，仍属于原保护地类型划定的保护区域，应该进行何种方式的管理？目前暂时的做法是各类保护地仍然存在，但是机构已经合并，因此新成立的国家公园管理机构仍然对未纳入国家公园的原有保护地行使管理权。那么，在国家公园正式推行以后，按照管理范围应当与边界一致的原则，未被纳入国家公园的原有保护地是恢复为一般地域划归属地的政府进行管理吗？如此，也会产生因国家公园体制建设而导致其他保护区域的保护程度降低的问题，必须得到应有的重视。而神农架国家公园体制改革目前已经完成对原保护地的整合工作，被纳入的保护地类型有原有的国家级自然保护区、国家森林公园、国家地质公园、国家湿地公园、省级风景名胜区、大九湖省级自然保护区（郭习松，2016）。

调研中有关部门建议应当设置国家公园的设立标准，其必须符合以下两个条件：一是至少是省级以上的各类型保护地的整合；二是至少有 2 个“国家级”的牌子存在。根据国家试点方案，国家公园设立标准首先要遵循“核心保护区不能动、保护面积不能减”的基本思路，但是“核心保护区”具体所指是什么并不明确。多数观点认为，具体标准有待试点期结束后中央层面在总结各地经验基础上予以统一和明确。

其次，国家公园实行分级保护的思路是否妥善。有无必要在国家公园体制建设中实现分级保护目标，和原有的各类型保护地相同，设立国家级国家公园、省级国家公园和市县级国家公园，实现分级有序的保护。从调研实践来看，并未得到实际工作者的积极响应，仍需继续探索。

（4）神农架国家公园的财政资金管理。

神农架国家公园建设资金投入机制较为单一，主要以林区政府财政资金投入为主，民间团体、企业、个人等社会主体参与性难以体现。调研中有些部门建议应该重新理顺神农架国家公园管理体制与机制，而且神农架国家公园管理局要实现真正意义上的由省级人民政府垂直管理，则应当由省财政直接予以资金支持；神农架国家公园范围内所有的门票等经营性收入也应统一上缴省财政，由省财政统一作出资金管理的安排，以此避免地方人民政府过度地开发和利用神农架国家公园范围内的自然资源，为地方经济利益所俘获。

（5）神农架国家公园的特许经营管理问题。

目前，神农架国家公园内的特许经营管理制度尚未完全落实，仍然存在所有权、管理权和特许经营权交织现象。从调研实践看，神农架国家公园内的特许经营事宜较大部分由湖北神农旅游投资集团有限公司（简称神旅集团）所承揽。该集团由湖北神农架国家级自然保护区管理局全资注册组建，是林区党委、政府授权统一管理、经营神农架旅游资源的市场主体。这样一来，就出现了所有权、管理权和特许经营权交织的状态，与国家发改委印发的《建立国家公园体制试点方案》（2015）中要求的“积极探索管理权和经营权分立，经营项目要实施特许经营，进行公开招标竞价”不一致。由是观之，如何打破这种单一市场主体垄断局面，形成竞争有序的自由市场机制成为神农架国家公园中特许经营管理制度具体落实的关键。课题组认为，应该加大特许经营项目的招商引资力度，坚决打破地方经济贸易壁垒，搭建公平的市场化竞争平台，吸引更多的外来企业投入到特许项目的经营中来，同时要做好有效的市场监管，建立完善的准入退出机制。

（6）神农架国家公园内人员管理出现的“同工不同酬”现象。

现有的神农架国家公园管理局是由原来的神农架国家级自然保护区管理局、湖北神农架国家地质公园管理局、神农架省级风景名胜区管委会、神农架国家级森林公园管理局、神农架大九湖国家湿地公园管理局、神农架大九湖省级自然保护区管理局整编而成。这些原有单位人员编制中，有公务员编制，也有事业编制，在整合成神农架国家公园管理局后出现了“同工不同酬”现象。课题组认为，应该适当提高低收入工作人员的工资补贴标准，减少“同工不同酬”现象的发生。

（7）神农架国家公园内现有的功能分区管理问题。

目前，神农架国家公园划分为严格保护区、生态保育区、游憩展示区和传统利用区，实行功能分区管理。那么这种功能分区管理与原有的各类型保护地中的分区管理有何关系？相当的差异且当如何理顺？我们认为，主要存在两种做法：一是结合原有各类型保护地中的分区管理，实现国家公园的分区管理。例如，结合神农架大九湖省级自然保护区已划定的核心区、缓冲区和实验区的范围，直接将核心区和缓冲区纳入新设立的国家公园严格保护区范围内。但可能存在原有保护地降级保护之嫌，且未划入国家公园保护范围内的保护区域，后期应该如何进行有效管理也成为重要的问题。二是根据神农架国家公园的不同生态功能，重新“洗牌”划区。

（8）神农架国家公园范围内的小水电建设项目的拆除问题。

自 2012 年起，神农架林区人民政府已经停止审批小水电建设项目，并对现有的 89 座小水电项目，尤其是位于国家公园范围内的 34 座小水电项目进行有序拆除。目前，已经完整拆除了 8 座小水电项目。其中存在的问题包括以下方面：（a）优先列入拆除计划的小水电站的科学评估问题。在调研中，有单位质疑目前已经拆除的 8 家小水电站，只是一些本身处在经营危机的小水电站，对一些实际对生态造成重大影响的小水电站根本未有触及，应该严格从生态保护的角度出发，针对现有的给生态系统造成实际较大破坏的小水电站应当优先列入拆除计划，建立科学的生态评估机制，实现国家公园范围内的小水电站有序关停。（b）小水电项目的拆除补偿问题。据预算统计，逐步关停小水电站每年需要 10 亿元的资金支持，这些资金是地方政府财政无力承担的，其不仅会被用于经济补偿，还会被用于生态修复、职工安置（已拆除的小水电站职工大多数被安排在国家电网岗位）等。另外，这些小水电站因属于清洁能源项目，曾经一度也是国家鼓励发展的建设项目，由水利部小水电管理司推动发展，那么现在并非因其手续审批不合法，而是在具有合法审批手续的前提下，因生态保护和国家公园建设之需而被叫停，所以关停小水电站必须采取谨慎的态度，并要做好充分的安置补偿工作，必须要有上级的政策扶持和资金支持，方可使得小水电站拆除工作得到有序开展。

2. 神农架国家公园的社会管理机制

神农架国家公园的社会管理体制存在以下问题：试点建设工作重视到社会管理机制的重要性，只有调动全社会参与国家公园建设，才能构建和谐的社会治理体制。

为了加强国家公园建设与社区之间的互动性问题，试点建设工作重视社会管理体制的重要性，只有调动全社会参与国家公园建设，才能构建和谐的社会管理体制，已经建立以下制度：

（1）创新社区参与国家公园体制建设的方式。社区共管是神农架国家公园体制试点改革方案中的重要内容，也是对当地居民限制开发生态资源后解决其生存发展问题的重要方式。调研发现，当前神农架国家公园正在组建大九湖云间生态产业公司，对社区居民的家庭旅馆采取参股经营，以床位数入股，根据各家的入股床位数分配经营收入。木鱼镇政府则正在建立社区共建委员会。神农架国家公园管理局也在其内部设立社区工作科，具体管理社区共管的相关具体事务。另外，国家公园管理局也正在统筹资金，目前每年设立 200 万元支持居民集体经济发展的项目，且资金的支持力度还会不断地加大。

（2）专门设立生态管护员岗位。走访调研的木鱼镇，全镇包括 3 个社区，8 个自然村，共有 10034 人，其中 8 个自然村约有 6000 余人。原有的生态护林员最早仅有 18 个人，现在发展至 100 余人。一般而言，乡镇派出的护林员每年可以享受 4000 元补贴，而村级护林员每年可以享受 1200 元补贴。目前，神农架国家公园管理局正在改革生态管护员岗位建设，力争每户出丁一人设管护岗位，每人可以享受每月 1800 元的补贴，以实现全民参与生态保护事业的目标。而这种做法早已在三江源国家公园范围内推广使用。相应地，为了能够严格落实生态管护员的具体管护责任，还应当建立严格的责任考核制度，每家每户都签署管护责任书，并由领导干部分包到户进行监督管理。

（3）逐步鼓励村民改变原有不合理的生活方式。木鱼镇开展的具体措施有：（a）逐步改变砍柴取火取暖的传统生存方式。原居村民的日常生活方式主要是砍柴取火取暖（成本较低），若直接设置禁限措施完全禁止，可能会直接影响原居民的正常基本生活。木鱼镇政府主要通过对冬天不砍柴而改用电能取暖的用户，支付每户 3000 元的财政补贴，予以引导。政府也可以引导推广清洁能源的使用，落实基础设施建设，如沼气等。但木鱼镇因为地表温度不高，无法采用此种方式。（b）逐步改变传统的祭祀方式，实现文明祭祀。木鱼镇现存约有 5000 多座坟墓。每逢清明或春节，群众祭祀不仅会使用塑料制品吊唁，破坏林区的生态环境，而且还会燃放鞭炮，给森林火灾造成巨大隐患。为了改变这种传统的祭祀方式，木鱼镇政府出资印制冥币并向村民免费发放，鼓励村民采用果盘祭祖，不仅保护了林区生态环境，而且也为林区内野生动物提供了补食。实施的“禁鞭令”，已经取得了良好的社会效果。（c）提倡使用环保餐具，减少“白色污染”。由镇政府以免费租借方式为村民提供红白事宜的环保餐具，减少塑料制品的使用数量。环保餐具循环使用，只要村民向政府部门申请登记即可整套免费租用。

政府积极鼓励村民改善自身居住环境，实现经济发展转型。引导村民打造“房在林中、伸手摘果、门前种花”的优美居住环境，改善神农架优美的自然环境。因地制宜地实现退耕还林，发展茶园经济。并成立专门的野生动物保护协会，督查电网捕杀野生动物的行为。

3. 神农架国家公园内的资源保护

（1）加强外来物种引进管理。外来物种的监督管理部门主要参照《种子法》（2015）和《野生动物保护法》（2016）及相关管理规范进行监督管理。在神农架林区主要是由林业主管部门负责设置资源检查站开展日常监督检查。

（2）生物多样性影响评价制度、环境影响评价制度与环境风险评估制度的关系。在国家公园内开展基础设施、旅游设施等建设必须严格执行生物多样性影响评价制度和环境影响评价制度。在实践中，生物多样性影响评价主要是由林业主管部门作出，环境影响评价主要是由环保主管部门作出，但两者在内容上存在交叉重合，同时，两者与环境风险评估制度之间的关系也尚不明确。

（3）古村落保存与非物质文化遗产资源的保护。在神农架林区范围内，老君山原始村落的保存应逐渐受到重视。同时，镇政府和村委会也开始重视到非物质文化遗产的重要性，开始宣传和组织传统工艺的传承工作，延续神农架地区的工匠精神。

（4）大力推行生态移民措施保护自然资源。在神农架国家公园区域内，主要采取具有征收性质的生态移民措施实现自然资源的严格保护。在大九湖管理区，很多位于原省级自然保护区缓冲区或是实验区的常住居民统一被搬迁至距离原址 20 余千米处的坪阡镇，目前搬迁工作已经接近尾声。被迁往坪阡镇的原住居民多数开始经营家庭旅馆业，并配套经营小型餐饮业，经营模式单一，季节性经营较为明显，地方特色并不突出，商业配套经营尚为粗放，搬迁居民收入并未能达到之前水平。这种单纯采取行政征收性质的生态移民措施暴露出经济成本高和社会参与程度低等弊端，应该对这种单一的管制方式进行创新，探索通过流转、出租、协议等方式实现自然资源的有效监管和保护。同时，还应关注从山里迁出的智障、老弱病残人群的基本社会保障问题。

（5）充分发挥森林保险制度的作用，切实保护森林资源。应在森林资源保护中充分发挥保险制度的作用，主要是将病虫害、自然灾害等造成的经济损失社会化，森林保险制度的设计应以既有的林权证为基础，保险费用主要由政府出资，同时由国家鼓励加大对保险公司设置森林保险项目的扶持力度，充分发挥好森林保险制度的实际效用。

4. 神农架国家公园内的科研科普

以官门山景区、大龙潭金丝猴基地、大九湖湿地公园考察为例进行说明。

一是官门山景区。在科研活动方面，首先，珍稀物种培育成果显著。官门山珍稀植物繁育基地建于 2011 年，迄今为止已采用播种、扦插、嫁接、组培等繁育技术成功培育出珙桐、红豆杉、钟萼木、秦岭冷杉、连香树、水青树、鹅掌楸、厚朴、香果树等 9 种 200 余株珍稀濒危植物，巴山冷杉、华山松等 7 种 2 万余株绿化树种以及七叶一枝花、头顶一颗珠等 3 种 500 余株药用植物。该基地的建立不仅保护了神农架独有的珍稀植物，还成为全区植被生态恢复、乡镇绿化的重要供应基地，实现了科研活动与产业发展协同一致。其次，积极开展大熊猫科研活动。神农架自然保护区和四川卧龙大熊猫自然保护区达成借展大熊猫的合意，并签署意向协议，建立熊猫馆，开展大熊猫适应性饲养实验，进行熊猫的科研工作（钱忠军，2016）。建立的大熊猫馆充分结合了神农架当地的民俗文化，采用了仿土家族吊脚楼的形式。官门山景区对大熊猫进行实时监测，并做好数据分析工作，积极开展大熊猫科研工作。

在科普活动方面，科普展示内容丰富、形式多样。官门山景区内设立了多个主题展览馆，全方面展示神农架的特殊性和重要性。自然展览馆以立体模型的方式对神农架地质地貌进行高度还原；地质馆以岩石标本展示和视频解说的方式对神农架地区独特的地质景观进行了展示；植物馆、动物馆以标本方式对神农架林区珍稀特有的植物和动物进行展览；书画馆以题词、书法作品和绘画作品展览的方式表现神农架的珍贵性和独特性。官门山景区采取模型和标本以及简单的文字说明展板的方式对神农架独特的动物、植物、地质状况进行展示，专业的科普展示和解说系统则有待建立和完善。

二是大龙潭金丝猴基地。该基地形成了多元的体系化的科研平台：（1）建成了综合科研平台。大龙潭金丝猴科研基地建成了湖北省金丝猴保护研究中心、国家林业局神农架金丝猴研究基地、神农架金丝猴保育生物学湖北省重点实验室三大特色综合科研平台，为科研项目、课题的争取和申报，人才的引进和培养，科研的交流与合作创造了基础，并积极与高校和科研机构合作，成果显著。神农架金丝猴基地相继开展课题研究，课题项目主题为“神农架金丝猴的数量、分布及种群结构、栖息地需求”，且这些研究成果也能服务于实践，为金丝猴栖息地保护与管理提供依据，使金丝猴的保护工作更有效率地开展（杨敬元等，2018）。（2）搭建金丝猴生境与行为监测平台。该平台可进行科研监测功能，同时还可用于资源的管护、入区人员的管理、森林的防火等（王志先，2017）。在独特的科普教育形式方面，与其他景区开展科普教育的方式不同，大龙潭金丝猴基地开展了多种形式的科普教育活动，例如：在保留生态系统完整性的基础上，建立了专门的金丝猴观赏廊道，游客们可在观景台开展观赏活动；采用“唤引”方式（基地工作人员模仿金丝猴叫声并利用食物将金丝猴引导至游客身边）使游客与金丝猴亲密接触；深入社区进行科普教育。大龙潭金丝猴科研基地的工作人员通过向社区居民发放宣传资料的形式普及资源保护以及护林防火等相关知识，使群众普遍知晓（王志先，2017）；设立金丝猴展馆，金丝猴展馆从神农架金丝猴数量、结构、行为活动、语言等方面对金丝猴做了详细的介绍，让游客能全面了解金丝猴。但存在的主要问题是配套管理措施不到位，大龙潭金丝猴基地在游客行为引导、配套讲解等方面未能充分发挥作用。

在游客行为引导方面，并未制止游客大声喧哗、频频拍照的行为，导致金丝猴容易受到惊吓。在配套讲解方面，基地工作人员未能充分说明神农架及金丝猴的珍贵性和特殊性。

三是大九湖湿地公园。首先，湿地科研活动缺乏。大九湖国家湿地公园自建成以来，工作重点多放在湿地保护与恢复、基础设施、旅游开发、生态移民搬迁等一系列活动中，并未将重点转移到维护湿地生物多样性、湿地生态系统结构功能完整性为重点的资源保护工作上来。大九湖湿地公园随之引入了“北斗巡护系统”（该系统装配了我国自主研发的“北斗卫星导航系统”，实现遥感技术、卫星定位技术、地理信息系统技术三种方式有机结合的森林防火视频监控与人员巡护监测的管理模式），但该系统重在森林防火，未强调科研监测，在大九湖湿地资源管护工作的作用有限，湿地资源保护与湿地科研能力还有待提升。其次，科普活动比较完整丰富。大九湖湿地公园的科普活动分为室内和室外两个部分。室内部分，主要是建立了大九湖湿地馆，其被分为四个篇章：传奇大九湖——印象篇、魅力大九湖——揭秘篇、积蕴大九湖——人文篇、变迁大九湖——发展篇（余宽宏，2016）。传奇大九湖——印象篇以图片、视频和植物标本的方式对大九湖进行了简单的介绍，并穿插介绍了保护湿地的重要性及湿地保护面临的问题。魅力大九湖——揭秘篇介绍了大九湖的“水从天上来，水从地下走”的形成特征，以玻璃圆柱的方式将大九湖独特的亚高山泥炭藓进行了展示，并进行了华中古气候演变的介绍。积蕴大九湖——人文篇对大九湖湿地公园内的“薛刚反唐”的故事进行了介绍，并对大九湖原住民的生产方式、生产工具、生活方式和习俗采用原件展示和模型展览的方式进行了介绍。变迁大九湖——发展篇以图片和文字的方式着重介绍了大九湖开展的湿地保护生态移民工作，并以模型的方式对移民安置区——坪阡古镇的布局和土地利用进行了展示。湿地馆科普教育自然与人文兼顾，既有对大九湖湿地生态系统的介绍，又有对大九湖原住民生产生活的介绍；展览方式多样，采用实物模型、声、光、电、视频等方式使游客有了更为新奇的体验，提高了游客参与科普活动的热情；配套讲解生动全面，游客能身临其境。室外展区主要是通过建立游览步道的方式，让游客能够欣赏到湿地中的各种动物和植物，更能深刻地认识和了解湿地。

神农架国家公园科研科普工作是保障国家公园功能完备的重要方面。在地方立法中亦重视到这一问题。在《神农架国家公园管理条例（草案）》专家审议阶段，针对科研科普是否有必要单独成章问题产生了较大分歧。有观点认为，科研科普虽然很重要，但没必要设置专章，而应该将科研科普贯穿在草案各章中予以体现；另有观点认为，应该单独设章对国家公园内的科研科普活动予以规制。我们较为赞同后者观点，有必要在国家公园立法中专章设立科研科普，构建良好的科研力量平台，重视科研团队建设，形成制度化、常态化的法律保障机制。尤其应重视多样科普教育形式的开展。科普展示在以标本展示和文字说明为主的基础上，还可增加生动和真实的生境展示。大九湖湿地公园在展示方面较为成熟，除了地质和野生动植物资源标本的展示，还有地方人文生活方式的体验，在展示手段上既有专业人员讲解，又有现代数码宣传设备，游客的感受体验效果较好。应该不断丰富国家公园内的各类科普教育形式，使游客达到多感体验的自然教育的效果。

4.4.4　《神农架国家公园保护条例》制定

1. 一审稿的制定

2016 年 5 月，国家发改委正式批复湖北省神农架国家公园试点方案之后，神农架林区政府迅速启动立法准备工作，着手编制《湖北神农架国家公园管理条例（草案）》。6 月至 8 月中旬，组织部分人大代表和有关专家深入实际进行立法调研、座谈，起草条例草案稿。8 月下旬，完成了草案稿起草工作。9 月上旬，对草案稿进行了修改。9 月中下旬，在神农架林区召开神农架林区相关部门和单位征求意见会，征求对条例草案稿的修改意见，并据此进一步修改完善。10 月，林区人大常委会向省人大常委会申报 2017 年度立法计划项目。11 月下旬，参加了省人大常委会立项论证评估会，并列入了省人大常委会 2017 年度立法计划项目。2016 年 12 月，神农架国家公园管理局组织专班再次进行了审查，形成了征求意见稿。2017 年 1 月召开的湖北省“两会”上，神农架林区 11 名人大代表，将《关于加快制定〈湖北神农架国家公园管理条例〉的议案》（第 1 号）提交到了省“两会”，正式列入了省人大 2017 年立法计划。2017 年 1 月书面征求了区内 13 部门意见，并进行了修改和完善。2017 年 2 月 27 日通过了林区政府常务会议，并再次进了修改完善。2017 年 3 月，省政府法制办对神农架国家公园试点情况进行了专题调研，为了加快推进立法，省政府法制办尽早介入，先行征求省直部门意见；4 月省政府常务会议审议通过，并作为条例草案的一审稿提交省人大审议。

草案一审稿的名称为《湖北省神农架国家公园管理条例》，其章节结构如下：第一章总则。总则一般是对法律法规的立法目的、依据、适用范围、基本概念、基本原则、基本权利与义务、管理体制、指示方针等内容进行规定，所包含的条款主要为原则性的条款。本章共包括七条，分别阐述本条例的立法目的与依据、实施范围、基本原则、资金保障、科研科普、考核机制等基本问题。第二章管理体制，对神农架国家公园管理体制包含的管理机构、职责、与政府之间关系、相关管理制度等问题分别进行规定。本章包括六条，分别阐述了神农架国家公园管理局与省、林区政府之间的关系；神农架国家公园的管理机构与职责；神农架林区人民政府职责；神农架国家公园管理局资源环境的执法权；生态管护公益岗位制度；特许经营制度等。第三章规划与功能分区，对神农架国家公园建设、管理和运行赖以实施的主要依据——神农架国家公园规划文件体系进行规定。规划文件有不同的类型，具有不同的职能，需遵循不同的审批程序，而规划的核心思想是实行主体功能分区管理。不同的主体功能分区实行不同的保护和管理政策，对工程建设项目也需实行一套严格的管理程序。本章包括七条，分别规定了规划编制要求；规划体系，包括规划文件的类型及其编制程序；规划的风险评估；规划的变更调整程序；主体功能分区划分；各类功能分区的管理政策；功能分区的技术规范和标准制定等。第四章资源保护，对神农架国家公园自然生态资源保护的对象、保护管理制度、主要措施、单位和个人的禁止行为等进行规定。本章共有九条，分别为：神农架国家公园的资源保护对象，自然资源产权登记制度，自然资源产权管理制度，自然资源监测和预警制度，生态补偿制度，建设项目许可制度，自然资源网格化管理体系，国家公园专项保护工程和应急预案制度，游客容量控制制度，游憩展示区和传统利用区的禁限措施等。第五章科研科普，对神农架国家公园的科研科普活动进行专章规定。共十条，分别是：科研机构的设立，科研机构的职责，科学研究与学术交流，进入严格保护区从事科研的程序要求，进入生态保育区从事科研的程序要求，进入游憩展示区和传统利用区从事科研的程序要求，网络信息平台建设，科普教育基地建设等。第六章法律责任，对违反本条例相关规定的法律责任进行规定，共七条，分别规定了与法律、法规的法律责任之间的关系，国家工作人员的法律责任，违反禁止性行为规定的法律责任。第七章附则，规定了本条例生效的时间。

草案一审稿的主要内容如下：关于管理体制。《湖北省编委关于设立神农架国家公园管理局的批复》（鄂编文〔2016〕15 号）明确指出，“神农架国家公园管理局由省政府垂直管理，委托神农架林区政府代管。”据此，草案规定神农架国家公园管理局由省人民政府垂直管理，委托神农架林区人民政府代管。神农架国家公园管理局行使自然资源保护和管理等职责（第九条）；神农架林区人民政府履行国家公园内协调经济社会发展、公共服务和市场监管等职责，协调推进国家公园内的保护、建设和管理工作（第十条）。鉴于神农架国家公园内资源保护执法的重要性，为避免多头执法、交叉执法，草案规定神农架国家公园管理局实行资源环境的综合执法（第十一条）。为处理好保护和利用的关系，草案规定神农架国家公园管理局对神农架国家公园内的经营项目实行特许经营

（第十三条）。关于规划与功能分区，草案遵循“保护第一、永续利用”的原则，规定编制神农架国家公园规划应当遵循生态保护规律，严守生态保护红线，注重神农架生态系统特点，与土地利用规划和城乡规划等空间规划相衔接（第十四条）。为实现分区标界和有效管理的目标，草案规定神农架国家公园实行功能分区，划分为严格保护区、生态保育区、游憩展示区和传统利用区，并且针对各功能区的不同特点，对区域内的建设开发利用活动做出禁止性规定（第十八条、第十九条）。关于资源保护，草案根据神农架国家公园资源保护的特点，设立了系统性的保护机制：明确了神农架国家公园保护资源的类型（第二十一条）；建立了资源保护制度，草案规定建立自然资源产权登记制度、自然资源监测预警制度、生态补偿制度、自然资源网格化管理体系、专项保护工程、限额管理和提前预约制度（第二十二条、第二十四条、第二十五条、第二十七至二十九条）；在不增设行政许可的前提下，许可机关在许可神农架国家公园内各类建设项目前，应当事先征求神农架国家公园管理局的意见（第二十六条）。关于科研与科普，借鉴国家公园开展科研与科普的经验，按照科研与科普支撑保护的要求，同时为彰显国家公园的社会公益性，草案设立了科研与科普的工作机制：神农架国家公园设立专门的科研机构，负责开展相关的科研活动（第三十一条、第三十二条）；对进入严格保护区、生态保育区、游憩展示区和传统利用区开展科研工作和开展科研国际合作，进行规范化管理（第三十四至第三十七条）；神农架国家公园应当提供相关信息服务，完善科普基础设施建设，义务开展科普活动（第三十九条、第四十条）。

2. 草案二审稿的制定

《湖北神农架国家公园管理条例（草案）》由湖北省人民政府法制办提出议案，经湖北省人大常委会财经委审议后提交给湖北省人大常委会委员会议进行一审。2017 年 5 月 23 日，湖北省十二届人大常委会第二十八次会议对《湖北神农架国家公园管理条例（草案）》（以下简称条例草案）进行了审议。常委会认为，为了规范神农架国家公园保护与管理，探索国家公园管理体制创新，落实中央关于全面深化改革、推动生态文明建设的要求，制定本条例很有必要，建议作进一步研究修改后，提请下次常委会会议审议。之后，条例草案在省人大网站全文公布，征求社会各界意见。2017 年 6 月下旬，省人大法规工作室根据常委会组成人员的审议意见和有关方面的意见，课题组核心成员受邀参加了对条例草案的研究修改和集中审稿工作会议。2017 年 7 月 11 日，省人大二审稿制定工作组召开会议，对二审稿草案进行审议，省人大财政经济委员会有关负责人、省政府法制办有关人员列席会议。

条例草案二审稿修改如下：

（1）关于条例的定位和名称。有的委员、财政经济委员会、地方各界和专家提出，应当将保护生态系统的原真性、完整性作为国家公园立法的根本出发点；要彰显国家公园的社会公益性，将国家公园定位为国民和人类的宝贵财富；应当打破现有保护地藩篱，明确国家公园管理基本遵循。据此，二审稿修改工作组建议：一是考虑到神农架国家公园由国家设立，整合多个国家级保护地而成，且条例既调整国家公园管理活动，也包含保护、服务、利用等其他制度安排，故将条例名称修改为"神农架国家公园保护条例"。二是明确条例立法目的为规范神农架国家公园管理和服务活动，保护神农架自然生态系统的原真性和完整性，保障国家生态安全，促进生态文明建设。三是规定神农架国家公园坚持全民共有、世代传承，发挥科研、教育、游憩等功能，体现公益性（草案二审稿第一条至第三条）。

（2）关于条例的体例结构。根据委员和各方提出的应当对国家公园内的资源利用加强管理，加强共建共享，凸显社会参与的意见，二审稿将"科研与科普"一章修改为"服务与监管"，将科研相关规定调整到"资源保护"中，同时充实生态体验、门票管理、特许经营、科普教育等规定；增加"社会参与"作为第六章，明确社区共建、社会监督等规定。调整后，章节依次为总则、管理体制、规划与分区、资源保护、服务与监管、社会参与、法律责任、附则。

（3）关于国家公园管理体制。委员和各方提出了要明确国家公园管理的体制机制，建立高效运转、权责明确、监管有力的管理体制，加大保护力度，科学划分省、林区、管理机构权责，统筹推进国家公园保护和林区经济社会发展，设立综合执法机构，避免多头执法等意见。同时，《建立国家公园体制总体方案》也明确提出，要建立统一管理机构，"履行国家公园范围内的自然资源资产管理、生态保护、特许经营、社会参与和宣传推介等职责"；"国家公园所在的地方政府行使辖区（包括国家公园）经济社会发展综合协调、公共服务、社会管理和市场监管等职责"。据此，二审稿修改建议：一是规定省人民政府代表国家行使神农架国家公园自然资源资产管理权，并成立国家公园管理委员会，统筹协调国家公园管理重大事项，研究解决重大问题。国家公园管理委员会由省政府主要负责人担任主任，省有关部门、林区人民政府、神农架国家公园管理机构参加，具体工作由省发展改革部门负责。二是明确省人民政府设立神农架国家公园管理机构，统一行使国家公园内涉及自然资源资产管理、生态保护的行政管理职责；神农架国家公园管理机构设立综合执法机构，开展资源环境和生态保护综合执法工作。三是规定林区人民政府履行神农架国家公园内经济社会发展综合协调、公共服务、社会管理等职责，协调推进神农架国家公园保护和管理的相关工作。四是省人民政府设立专家咨询委员会，为神农架国家公园的保护和管理提供专业咨询和决策支持（草案二审稿第九条至第十四条）。

（4）关于规划与保护。有些委员和专家提出，应当科学编制神农架国家公园总体规划，强化保护措施，避免因保护地撤销而影响保护效果；严格保护区内禁止进行开发建设；要制定有效的生态保护补偿制度。据此，二审稿修改工作组建议：一是规定国家公园规划应当包含总体布局、功能区划、资源保护、科研监测、科普教育、游憩展示、社区发展、公众参与、管理体系等方面内容，由省发展改革部门组织编制，报批前需经省政府常务会议或省人大常委会会议审议通过。二是在不降低原保护地保护标准的基础上，明确严格保护区、生态保育区、游憩展示区和传统利用区等四类功能区内的禁止性行为。三是规定国家公园内建设项目许可前应当征求国家公园管理机构的意见，不得新建、改建、扩建矿产资源开发、小水电等项目；现有建设项目不符合神农架国家公园规划的，应当按照规划要求限期进行关闭、退出、改造、拆除。四是规定省人民政府应当建立国家公园生态补偿机制，明确对森林、湿地等重点领域以及生态移民等事项予以生态补偿；受益地区通过转移支付、对口协作等方式，支持神农架林区生态保护、产业优化和民生改善（草案二审稿第十六条、第十九条、第三十五条至第三十八条）。

（5）关于服务与监管。有些委员和专家提出，要加强资源利用管理，抑制对国家公园的过度开发建设；国家公园应当全民共享，体现公益性；要从严管理特许经营，避免国家公园泛商业化；要充分发挥国家公园的科普教育功能。据此，二审稿修改工作组建议：一是规定应当合理利用国家公园的自然生态和人文景观，服务于科研科普、环境教育和生态体验等目标，不得破坏国家公园的生态环境、自然资源和人文资源。二是规定国家公园内建设多元化的教育展示体系和解说系统，建立宣教中心和野外宣教基地，通过开展科普和环境教育的形式向公众传播国家公园的资源和价值，培育公众的守护意识。三是规定国家公园门票实行政府定价，由国家公园管理机构管理。四是规定特许经营的经营项目和经营期限，具体办法由省人民政府制定；国家公园管理机构应依法监督管理特许经营的规模、经营质量和价格水平等；发生可能损害生态环境、自然资源和人文资源的情形，应当终止特许经营合同（草案二审稿第五章）。

（6）关于社会参与。有些委员和部门提出，要确立当地居民对国家公园的共建共享原则，要鼓励社会资金参与国家公园建设，加强国际合作。二审稿修改工作组建议：一是规定建立社区共管共建机制，经由国家公园管理机构与园区居民签订管护协议、居民联户参与等形式，协助保护自然资源；国家公园管理机构应提供就业机会、委托管理、转移产业以及扶持集体经济发展项目等，以支持社区的发展。二是规定鼓励公众以社会投资、社会捐赠、信贷支持等方式参与国家公园保护，并支持国家公园生态保护基金会的设立，接受社会资金的捐赠。三是规定建立决策咨询合作机制，国家公园管理机构应当与公益组织、教育科研机构、企事业单位等建立合作伙伴关系（草案二审稿第六章）。

（7）关于法律责任。有些委员和各方意见提出，应当增加对国家公园管理机构及其工作人员未依法履职的法律责任，要避免以罚代管，增加生态修复等规定。据此，二审稿修改工作组建议：一是明确国家机关及其工作人员未按照规定编制规划、审批建设项目或者监督管理特许经营活动的，应当依法承担法律责任。二是规定违法行为造成国家公园资源环境损害的，行为人应当停止违法行为、恢复原状或者采取其他生态修复措施。同时，根据保护力度不低于原保护地法律、行政法规标准的原则，建议适当调整国家公园内各类违法行为的处罚幅度（草案二审稿第七章）。

此外，根据常委会组成人员和有关方面的意见，对条例草案的其他一些条款进行补充完善、删减合并。按照上述修改建议，提出了《神农架国家公园条例（表决稿）》，建议提请二十九次常委会会议审议。

3.《神农架国家公园保护条例》通过

2017 年 11 月 29 日，湖北省十二届人大常委会第三十一次会议以 53 票赞成表决通过《神农架国家公园保护条例》（以下简称《条例》），《条例》自 2018 年 5 月 1 日起正式施行。

在条例名称上，与《三江源国家公园条例（试行）》和《武夷山国家公园条例（试行）》不同，《条例》使用了“保护”一词，同时未使用“试用”一词。

在条例内容上，《条例》做了如下详细的规定。

在管理体制上，《条例》着重理清三组关系：省政府与神农架林区人民政府、神农架林区人民政府与国家公园管理机构、国家公园管理机构与其他自然保护地管理机构。一是省人民政府建立国家公园管理联席会议制度，负责研究制定国家公园管理制度和措施，统筹协调国家公园重大事项，研究解决国家公园管理和保护中的重大问题，其日常工作由省发改委承担。二是设立神农架国家公园管理机构，履行神农架国家公园行政管理职责和资源环境综合执法职责。神农架林区人民政府履行园区内经济社会发展综合协调、公共服务、社会管理、市场监管等职责。三是神农架国家公园管理机构统一履行园内现有各类自然保护地的管理职责。

在规划和分区上，《条例》体现了“科学规划、分区合理”的特点。一是明确编制神农架国家公园规划应当符合生态功能区划、主体功能区划和资源环境生态红线。二是按照生态功能和保护目标，将神农架国家公园划分为严格保护区、生态保育区、游憩展示区和传统利用区。三是严格管控国家公园内的建设活动，包括禁止除不损害生态系统的生产生活设施改造和自然观光、科研、教育、旅游外的开发建设活动等。

在资源保护上，专设一章，对神农架国家公园内的自然资源、人文资源和其他需要保护的资源进行相应的规定，包括建立资源调查制度、做好自然资源资产的确权登记工作、建立巡护制度和监测预警制度、加强生物多样性保护和文化遗产保护等工作、建立健全国家公园科研机制等。

在服务和监管上，在不违背国家公园的生态保护目的的前提下，规定了国家公园可以开展的一些服务活动，包括建设科普教育展示体系及解说系统、游憩展示区内的经营项目实行特许经营、科学合理设置生态体验区域和路线以及建设垃圾分类收集和无害化处理设施等。

在社会参与上，除公众参与制度、信息公开制度等传统的社会参与方式外，鼓励国家公园管理机构与当地乡镇人民政府和村（居）民委员会建立社区共管共建机制，并设置生态管护公益岗位，优先聘请当地园内居民。此外，第五十四条还规定建立决策咨询合作机制，第五十五条规定建立国家公园社会监督机制等。

在法律责任的规定上，《神农架国家公园保护条例》对国家机关及其工作人员未按照规定进行审批事项、发现违法行为不查处等事项规定了行政处分和刑事责任的处罚。此外，对于造成国家公园资源环境损害的违法行为，规定了停止违法行为、限期恢复原状等法律责任。

4.5 国家公园地方立法经验总结

在上一章国家公园立法比较分析中，我们已经分析了部分国家的自然保护地和国家公园的重要法律制度，包括监督管理体制、土地权属制度、分区管理制度、特许经营制度和原住居民权益保护制度。而以不同法体系的国家公园立法为参照，我国现有的几个地方性国家公园条例，尚存在着一些地方性条例囿于立法层级不高、权限不足而不能解决的问题，具体分析如下。

4.5.1　管理体制

《建立国家公园体制总体方案》（2017）提出到 2020 年，分级统一的管理体制应基本建立。目前，我国国家公园的垂直管理体制已经初见规模。中央层面，国家公园试点工作建立了以国家发展改革委为牵头单位的国家公园体制试点领导小组，领导小组下多部门并存，这反映了国家公园体制试点尚未完全克服原有自然保护地管理体制，而且也面临着一些实际操作问题。例如，行政相对人不服三江源国家公园管理机构做出的行政决定，需要进行行政复议，行政复议机关如何选择，行政诉讼管辖法院如何确定等。因此，2018 年 3 月 17 日，第十三届全国人民代表大会第一次会议通过关于国务院机构改革方案的决定，组建国家公园林业和草原局，加挂国家公园管理局的牌子，由自然资源部进行管理，这标志着我国中央层面的统一的国家公园管理机构的建立。

在省级层面，云南省开展早期非国家试点的“国家公园”建设工作时，是将省级林业主管部门确立为国家公园省级管理部门。在开展国家公园体制试点期间，云南省是通过省发展改革委与其他部门共同召开联席会议的方式来决定国家公园体制建设试点的重大问题。地方性法规基本都采取了联席会议或协调机制等模式。《神农架国家公园保护条例》（2017）第七条规定，在省级建立国家公园管理联席会议制度，研究制定国家公园管理制度和措施，统筹协调国家公园规划、特许经营等重大事项，研究解决国家公园管理和保护中的重大问题。《武夷山国家公园条例（试行）》（2017）也规定了在省级人民政府成立武夷山国家公园保护、建设和管理工作协调机制，以协调解决保护、建设和管理中的重大问题。值得注意的是，《神农架国家公园体制试点区试点实施方案》规定，神农架国家公园管理局由省人民政府委托神农架林区人民政府代管。这就提出了一个表决的问题，国家公园代管制度的权限，即这种委托是否仍属于垂直管理？

在各试点区域的国家公园建设中，各国家公园均已设立国家公园管理局。其中，《三江源国家公园条例（试行）》（2017）规定，三江源国家公园管理局下设长江源、黄河源、澜沧江源园区国家公园管理委员会，管理委员会下设保护管理站。三江源国家公园管理局统一履行自然资源资产管理和国土空间用途管制职责。园区国家公园管理委员会具体负责本区域内国土空间用途管制，承担自然资源管理、生态保护、特许经营、社会参与和宣传推介等职责。保护管理站承担有关生态管护工作职责。武夷山国家公园建立以国家公园管理机构为主体，所在地政府协同管理、村（居）民委员会协助参与的管理机制。

考察已出台的地方性法规的规定，国家公园管理机构的职责有两个层次：一是行政管理权，即统一履行国家公园内生态保护、自然资源资产管理、特许经营管理、社会参与管理、宣传推介等行政管理职责；二是行政执法权，即在国家公园范围内履行资源环境综合执法职责，依法集中行使行政处罚权。《神农架国家公园保护条例》第八条、《武夷山国家公园条例（试行）》（2017）第十五条、《三江源国家公园条例（试行）》第十九条均做了类似的规定。当前，我国正在进行自然资源资产管理体制改革和国土空间用途管制，这在国家公园管理机构权限设置上也得到了充分的体现。国家公园管理机构行使园区内统一自然资源管理职责，即国家公园内全民所有的自然资源资产统一委托国家公园管理局负责保护、管理和运营。国家公园管理机构也统一行使园区内国土空间用途管制职责。此外，此前由各部门负责的自然资源监管权依旧由各部门行使，在国家公园管理机构与地方人民政府的职责区分上，国家公园地方性法规也做了规定，即国家公园内的经济社会发展综合协调、公共服务、社会管理和市场监管等职责则交由地方人民政府来履行。

4.5.2　土地权属制度

国家公园土地所有制类型有两种：全民所有和集体所有，其中武夷山国家公园和钱江源国家公园的集体所有土地比例都超过了 70%。因为国家公园是在已有的自然保护地的基础上建立的，因此原有自然保护地的土地权属争议问题也承继给了国家公园。在土地权属争议上，现有的国家公园建设存在三类情形：第一类出现在三江源国家公园，以保护区为主，且地广人稀，产权归属相对明确，土地确权产生的矛盾和纠纷较少。第二类出现于神农架、武夷山、钱江源、南山等国家公园，主要以集体林地为主，且所属区域人多地少，土地权属问题突出。第三类出现于黑龙江、吉林两省的东北虎豹国家公园和横跨四川、陕西和甘肃三省的大熊猫国家公园，区域内拥有大量的国有林场，土地确权产生的矛盾和纠纷相对较少。无论何种情形，做好确权工作，对国家公园来说至关重要。

针对集体所有土地占比偏高的情况，国家公园管理机构对集体所有土地的权属处置问题一直备受关注。各国家公园试点实施方案中都对集体所有土地的处置问题进行了规定。《武夷山国家公园体制试点区试点实施方案》要求，除部分区域（特别保护区和九曲溪上游）的商品林地通过征收逐步实现国家所有外，其余区域的集体所有土地仍旧保留所有权，但国家公园管理机构通过两种方式实施产权流转和土地用途管制：一是通过租赁获得集体土地的经营权；二是与集体土地所有者、承包者或经营者签订地役权合同。征收补偿的方式有两种：一种是货币补偿，另一种是非货币补偿，包括就业补偿、创业辅导、土地置换。《钱江源国家公园体制试点区试点实施方案》要求对试点区集体所有土地及附属资源，应通过协议、股份合作等方式实现使用权流转，明确用途管制。其中核心保护区内的所有土地要实现国有权属。《南山国家公园体制试点区试点实施方案》规定，试点区内集体土地主要采取与所有者签订协议，明确村民保护与合理利用的义务，并给予村民相应的补偿的措施，实现国家公园试点区各类自然资源的保护与游憩发展等目标。

《建立国家公园体制总体方案》对国家公园内的集体所有土地规定了两种处置方式。一是重点保护区域内的集体土地在充分征求其所有权人、承包权人意见基础上，优先通过租赁、置换等方式规范流转，由国家公园管理机构统一管理。二是其他区域内的集体土地可通过合作协议等方式实现统一有效管理。地方性法规对于国家公园涉集体所有的土地问题基本都是原则性、概括性的规定。《云南省国家公园管理条例》（2015）第十一条规定："需要将非国有的资源纳入国家公园范围的，应征得所有权人、使用权人同意，并签订相关协议，确需征收的应依法办理。"《云南省迪庆藏族自治州香格里拉普达措国家公园保护管理条例》（2013）也在第十二条对非国家所有的土地等的征收、补偿做了原则性规定。《神农架国家公园保护条例》（2017）对集体或个人所有的自然资源资产规定了租赁、置换、合作协议等处置方式。《武夷山国家公园条例（试行）》（2017）也做了类似的规定。综合分析来看，国家公园内集体所有土地处置方式大概可以分为三种：一是通过征收的方式将集体所有土地变为国有土地，这种模式多发生在国家公园保护程度要求较高的区域。二是不改变土地所有权关系，但通过租赁、设定地役权等方式来实现产权流转。三是集体所有土地权属关系不变，但通过签订协议的方式使土地使用受到国家公园规划限制（郭冬艳等，2015）。

4.5.3　分区管理制度

我国于 2011 年 6 月正式公开发布了中国第一部国土空间开发规划——《全国主体功能区规划》，按照开发方式将国土空间划分为优化开发区、重点开发区、限制开发区域和禁止开发区域。在保护最为严格的禁止开发区域中就包括了国家公园保护地类型。

在探讨我国国家公园分区时，需明确国家公园规划受主体功能区和生态保护红线的指导。国家公园属于全国主体功能区划中的禁止开发区域，纳入全国生态保护红线区域管控范围。在功能分区上，试点各国家公园的方法略有不同，《神农架国家公园保护条例》（2017）与《建设国家公园体制总体方案》规定一致，将神农架国家公园按照生态功能和保护目标，划分为严格保护区、生态保育区、游憩展示区和传统利用区。其中，严格保护区是神农架国家公园内自然生态系统最完整、核心资源集中分布以及自然环境脆弱的区域，采取封禁和自然恢复的方式保护，除科学研究需要外，禁止任何人进入。生态保育区是神农架国家公园内维持较大面积的原生生态系统以及已遭到一定程度破坏而需要修复的区域，采取必要的生物措施予以保护。游憩展示区是集中承担国家公园游憩、展示、科普、教育等功能的区域。传统利用区是生产和生活的区域，允许对自然资源进行可持续性利用。《武夷山国家公园条例（试行）》（2017）第二十三条规定，武夷山国家公园按照生态系统功能、保护目标和利用价值划分为特别保护区、严格控制区、生态修复区和传统利用区，其中，生态修复区承担着游憩展示的功能。《三江源国家公园条例（试行）》则将三江源国家公园按照生态系统功能、保护目标和利用价值划分为核心保育区、生态保育修复区、传统利用区等不同功能区。在实际划分过程中，我国多采用同心圆的方式。这种大圈类的划分方法略显粗糙刻板，分区受到的约束较大，对地块特征的体系和尊重不够充分。

4.5.4 特许经营制度

特许经营问题作为国家公园游憩功能的一大体现，各试点区域的试点方案均对特许经营机制做了规定。在特许经营项目的选择上，主要是游憩类等营利性项目，公共服务类项目不纳入特许经营范围，从而保证国家公园的公益性。在特许经营主体的选择上，均强调要采用公开招投标的方式进行。其中，《钱江源国家公园试点区域试点实施方案》中规定“禁止出现资源‘整体转让、垄断经营’及‘上市’等与国家公园性质相违背的经营性质”。

特许经营也受到地方性法规的重视。《云南省国家公园管理条例》（2015）对国家公园内特许经营做了十分详细的规定，从特许经营项目的确定、特许经营项目形式的开展、特许经营项目转让的规制及特许经营收入用途都进行了法律规制。《神农架国家公园保护条例》（2017）规定国家公园游憩展示区内生态体验、交通、住宿、餐饮、商店及文化产业等经营项目实行特许经营，不得进行整体转让、垄断经营。国家公园管理机构对园区内的特许经营行使监督管理权。《武夷山国家公园条例（试行）》（2017）规定武夷山国家公园内的九曲溪竹筏游览、环保观光车、漂流等营利性服务项目实行特许经营制度。禁止以特许经营名义将公益性项目和经营项目整体转让、垄断经营。《三江源国家公园条例（试行）》（2017）也做了类似的规定。

但看似完整的特许经营制度在实践中也面临着重要问题：特许经营权与垄断经营权划分不明。尽管地方性法规要求在特许经营公司的确定上采取招投标方式，“禁止垄断经营”，但当前我国国家公园内的特许经营事务大都交由一家国有股份有限公司，国家法律也未对这种单一市场主体垄断局面进行规定。地方政府为了发展区域经济、增加旅游收入，往往将旅游资源（风景资源等）以各种方式——包括特许经营的方式，安排给国有控股的旅游公司垄断经营。这种垄断经营不利于通过市场竞争提高服务质量和服务设施品质，也不利于社区民生的改善，形成国富民不富甚至民亏（游客带来物价指数的上涨）的结果。这种垄断的、整体承包的方式，给特许经营公司创造了最大的盈利空间，忽视了对自然资源的保护和社区发展等实现特许经营最本质和最原始的目标，不符合国家公园资源的公共性、公益性和非营利性的性质。而且国有企业如普达措国家公园内的普达措旅业分公司和神农架国家公园内的神农架旅游发展有限公司，长期持有经营权，对于经营项目开发及其运营方式均有接近完全的自主权，国家公园管理机构对之的监督监管力度相对薄弱。

4.5.5　原住居民权益保护制度

《建立国家公园体制总体方案》（2017）规定国家公园内重点保护区域内的居民要逐步实施生态移民搬迁，其他区域内的居民根据实际情况，实施生态移民搬迁或实行相对集中聚居。移民搬迁如何进行原有居民权益保障成为民生关切的重要议题。对此，在各国家公园地方性法规中，均对园区内原有居民的权益保障措施做了规定。《神农架国家公园保护条例》（2017）规定，鼓励国家公园管理机构建立社区共管共建机制，国家公园管理机构通过提供国家公园服务就业岗位、委托管理、产业转移、扶持集体经济发展项目等形式支持社区发展。《武夷山国家公园条例（试行）》（2017）规定国家公园所在地县级以上地方人民政府应当采取定向援助、产业转移、社区共建等方式，鼓励和引导当地社区居民参与国家公园的保护和管理。《三江源国家公园条例（试行）》（2017）规定国家公园管理机构应当会同所在地人民政府组织和引导园区内居民发展乡村旅游服务业、民族传统手工业等特色产业，开发具有当地特色的绿色产品，实现居民收入持续增长。此外，三部地方性法规均做出了优先聘请社区居民担任生态管护员的规定。

立法实践也已初见成效。三江源国家公园在充分尊重牧民意愿的基础上，通过发展生态畜牧业合作社，尝试将草场承包经营逐步转向特许经营，提高产品的生态附加值。普达措国家公园通过定向援助、产业转移、社区共管、优先就业等方式将原住民纳入国家公园的整体规划；同时，根据每 5 年一定的国家公园社区利益补偿合同，从旅游收入中拿出一部分资金，专项用于公园社区的直接经济补偿。武夷山国家公园通过共享旅游发展收益，有效解决了当地村民的就业增收问题；针对试点区内茶山面积大、分布广，茶产业是区内村民主要产业这一特征，推进茶产业向专业化、标准化、规模化、品牌化发展，通过“公司+基地+农户”形式，与农户建立利益联结机制，促使茶农持续稳定增收。

尽管在国家公园原住居民权益保障上规定了多种方式，但整体搬迁仍然是众多国家公园建设的首要选择。但这种整体性搬迁带来了新的问题：这种单纯以具有征收性质的生态移民措施暴露出经济成本高和社会参与程度低等弊端。三江源国家公园内的原住民基本都是藏族牧民，搬迁后，他们的传统生存技能——如放牧、畜养等无法实施，政府出台的相关就业政策收效甚微，很多牧民由于无法适应搬迁后的生活，只能重返原地放牧。

4.6　从地方立法和管理需求展望国家公园国家立法要义

国家公园是最典型、最重要、最精华的具有国家或国际意义的生态系统所在的区域，其旨在实现重要自然生态资源国家所有、全民共享和世代传承的目标，突出保持自然生态系统的原真性和完整性，坚定不移实施主体功能区和生态红线管控制度，以建立统一规范高效的管理体制、完善中国保护地体系和保障国家重要生态屏障安全为最终目的。在建设和发挥国家公园应具备的保护、科研、教育、游憩、社区发展五大功能的同时，国家公园应同时完善严格保护措施，不应完全摒弃自然保护区的管理措施和计划，并致力于探索国家公园回归社会公益性的产权治理体系。

国家公园试点管理经验，为国家公园国家立法提供如下启示。

4.6.1　理顺国家公园与其他自然保护地的关系

国家公园体系应与改革完善后的其他自然保护地体系有机组合，形成完整的中国自然保护地体系。这里需要明确的是，国家公园的建立并非彻底统领原有各类保护地，而是要使国家公园与其他各类保护地处于并列地位。但经整合的国家公园在原有各类保护地体系中处于龙头和核心地位，由国家公园统领其他保护地，其他保护地的规范和标准应服从于国家公园的保护和管理。享有国际性称号的保护地按国际标准进行保护、管理。

4.6.2 统一分级管理体系

从神农架国家公园体制试点改革调研结果看，神农架国家公园管理体制还存在着上下级不对口问题，目前只是规定由省人民政府垂直管理，但在省级层面并未设立专门的管理机构，在国家层面也未明确具体的管理部门，这种现象会导致在实际执法过程中将会面临一系列无法操作的难题，如行政相对人不服神农架国家公园管理局做出的行政决定，应该如何选择复议机关？又该如何具体确定诉讼管辖法院？因此，应当尽快形成自下而上的统一分级管理体系。我们建议在中央层面成立直属国务院的部级综合保护管理机构，下设国家公园管理局，对全国各地的国家公园实行中央垂直管理，合理界定国家公园事、人、财、物的管理权责。同时，在地方省级层面应当成立国家公园管理机构，可以统一为正厅级行政管理机构，由中央直管，实行统一管理、统一规格、统一标准，减少管理层级，彰显生态保护优先和社会公益性。至于类似神农架国家公园管理局与神农架林区政府之间的事权划分不明晰等地方性突出问题，应当通过地方立法进一步明确不同机构的职责权限，但不宜破坏既有稳定的行政管理秩序。

4.6.3 建立统一的国家公园准入标准和程序

结合神农架国家公园调研结果看，现在各地试点改革方案及其相关配套政策中均缺乏国家公园设立的标准。在很大程度上，因为国家公园的设立会给地方经济带来巨大的发展机遇，因此，全国各类自然保护地较为集中的区域对国家公园试点改革还是产生了较高的期待。但关键的问题是，我们应该采用何种标准来衡量国家公园的准入问题。若设立标准不明确，我们很有可能会把一些不够资格的区域划入国家公园的管理范围，而忽略一些真正需要通过国家公园体制建设开展资源环境保护的区域。因此，明确国家公园的概念、制定国家公园的准入标准相当重要。我们建议立足中国实际，借鉴国际经验，建立国家公园代表性、价值性、完整性以及适宜性四个方面的标准规范，包括资源分类与评价、环境影响评价、发展规划、分区管理、容量控制、游客服务等方面的标准与规范，严格控制国家公园数量。另外，还可以从计划整合的各自然保护地级别上做出合理限制，例如，至少是省级以上的各类保护地的整合，或是至少有两个“国家级”的牌子存在，具体标准仍待斟酌。

4.6.4　明确国家公园财政资金保障机制

从神农架国家公园大九湖体制试点改革地方经验看，该试点区域内的资金投入机制较为单一，主要以地方财政资金投入为主，民间团体、企业、个人等社会主体参与的积极性并不是很高。因此，我们建议应在国家公园统一分级管理体系下，将国家公园明确为中央事权，建立以中央财政保障为主体，省级财政适度配套、社会及公众资金参与的财政保障机制。同时，自然生态和人文资源保护、科学研究、科普教育等纯公益性事务应由省级以上人民政府财政统筹各类资金渠道予以保障。另外，游憩展示、社区发展等准公益性事务可探索政府与社会资本合作等方式，吸收社会资本参与，实行市场化运作。

4.6.5　强调国家公园社区发展和权益保护

从神农架国家公园内大九湖管理区的实地考察看，该区域按照总体规划确定的主体功能分区实行居民点调控，将很多位于原省级自然保护区缓冲区甚或是实验区的原住居民统一搬迁至距离原址 20 余千米处的坪阡镇。被迁往坪阡镇的原住居民多数已开始经营家庭旅馆业，并配套经营小型餐饮业，经营模式单一，季节性经营较为明显，地方特色并不突出，商业配套经营较为落后，原住居民收入并未达到之前水平。这种单纯具有征收性质的生态移民措施暴露出经济成本高和社会参与程度低等弊端，应该对这种单一的管制方式进行创新，探索通过流转、出租、协议等方式实现自然资源的有效监管和保护。同时，应当引导居民多渠道投资，多方向就业，将国家公园保护管理和异地移民搬迁、精准扶贫等相结合，让原住民在保护中受益，共享保护成果。

4.6.6　规范国家公园科研科普活动

在《神农架国家公园管理条例（草案）》专家审议阶段，针对科研科普是否有必要单独成章问题产生了较大分歧。有观点认为，科研科普虽然很重要，但没必要设置专章，而应该将科研科普贯穿在草案各章中予以体现；另有观点认为，应该单独设章对国家公园内的科研科普活动予以规制，最终草案对科研科普专门设章，我们认为是较为妥当的。在国家公园立法中，也应当有必要专章设立科研科普，构建良好的科研力量平台，重视科研团队建设，形成制度化、常态化的法律保障机制。

第 5 章　国家公园的国家专门立法纲要

本章进而讨论国家公园国家统一专门立法的立法纲要，为后文的《中华人民共和国国家公园法（专家建议稿）》提供理论支持。

5.1　国家公园的法律属性

国家公园的基本法律属性，是国家公园国家统一专门立法的法理依据和逻辑主线，通过基础性规范表达，内容包括国家公园的定义和基本特征、功能价值和立法保护的基本法益。

5.1.1　定义

如前文所讨论，国家公园可以定义为，其是具有中国国家代表性和典型性、生态完整性的自然客体和自然过程，以保护为本位目的，由国家实行整体保护、统一管理，并提供国民科研、教育、适度游憩等公共服务的特定区域。由于定义往往具有抽象性，理解国家公园这一特殊保护地类型还应当从其本客体特征来把握。

5.1.2　本体和客体特征

国家公园的基本特征，通常理解为三个层面的指征，即国家代表性、自然生态系统原真性和完整性、全民公益性，而这些特征可以从本体和客体特征去理解。

首先，国家公园的本体特征更为突出的是国家代表性、重要性、典型性和全民公益性。

（1）国家代表性和重要性。国家公园作为自然保护地体系中的一个重要类别，冠有“国家”之名，这正是因为其承载的资源具有能代表国家形象和特点的品质，从而也具备了对于国家乃至世界的重要性。“重要性”也广泛出现在其他国家和地区关于“国家公园”的定义和标准中。重要性是指国家公园能够作为体现人与自然和谐相处的良好载体，充分体现生态环境和自然资源在国家乃至世界层面上的重要意义。(2) 典型性。自然典型性是指入选国家公园的地区的资源、自然景观等与同类型的自然景观区或者同一地理位置区相比，具有突出性、代表性或唯一性等特征。如神农架国家公园是世界同纬度地区的一块独特的森林绿地。自然典型性反映国家公园的环境和资源的本质属性，能够通过突出特征来反映入选国家公园的某一自然区域对于环境和资源保护的特殊价值。(3) 全民公益性。公众对国家公园享有自然惠益和合理利用的权利，国家公园是为国家和人民的利益而设的，公众对国家公园拥有进入、合理利用和欣赏娱乐的天然权利。

其次，国家公园具有比较独特的客体特征。客体特征是指国家公园的自然客体属性和特征，也是法律保护的客体对象，主要有如下特征。

一是自然生态系统原真性和完整性。原真性（authenticity）和完整性（integrity）是世界遗产保护领域中的两个重要概念，出现在《保护世界文化和自然遗产公约》(1972)中，其要求各国适度利用世界遗产。在国家公园中，原真性也可以称为原始状态，要求在国家公园建设中要顺其自然，尊重自然原貌，使地质地貌、动植物等能够得到充分保护。完整性则指在利用国家公园的过程中不能因为改变原样而对自然造成伤害。总体来说，原真性和完整性不仅是对国家公园资源当下的保护，更多的是为了达到资源可持续发展的目的。

二是适宜性。主要是客体的适宜性，指满足国家公园本征意义和功能价值的需要并发挥其生态空间一致的环境容量。适宜性与国家公园的面积和规模息息相关，世界自然保护联盟（IUCN）也把面积作为衡量国家公园的一大标准。适宜性蕴含的并不仅仅是国家公园外在物质空间的大小，还包含着深刻的自然保护思想。

三是可行性。它是指国家公园保护地的现状、前景和能力，包括现有状态或保持原始状态或遭受一定程度破坏后恢复的能力，国家公园管理机构对于生态修复和补偿机制的重视度、公众支持和参与程度等状况。

5.1.3　功能价值

国家公园功能是指国家公园能够依靠其具有的特征及相关品质来满足自然演变和人类利用的需求，是国家公园本征意义的直接反映。国家公园功能价值则是人类基于自我意识和国家公园的相关特征而进行的价值判断。因此，功能价值是我们建设和发展国家公园的重要依据。

伴随着可持续发展观、生态文明观、公共信托和公众公用物理论、代际利益共享理论的建立，自然资源价值已经不仅仅是指传统的效用价值，而是具有自然生态价值，而国家公园作为特殊意义和国家代表性的自然保护地，更是具有以自然保护为优位的“生态价值”“科研价值”“文化价值”“游憩价值”协同共生价值。

一是生态价值。国家公园采用最严格保护制度，在很大程度上保留着最原始的自然特征，包括地质地貌特征、丰富的生物多样性、变化多样的水文特征等。其包含的生态价值有两个层次，一是自然生态系统内部之间及自然系统的整体功能，二是自然生态系统与人之间的生态环境关系。生态价值与经济价值或资源价值不同，是人类生存和可持续发展的重要基础。

二是科研价值。国家公园凭借其突出的自然特征为科研工作者提供了第一手的研究素材，也为国民开展科普活动提供场所。简单来说，科研价值是指国家公园的科学研究和科学知识普及的价值。

三是文化价值。自然界是人类生存和发展的物质基础，人类在开发利用自然的过程中留下了珍贵的文化资源。国家公园内蕴含着大量可传承和保护的文化资源，这也使得国家公园具有了文化价值。文化价值指的是国家公园区域内的能反映区域发展过程的人文类资源，具备可保护和可传承的价值，这也与国家公园建设要求中的世代传承一脉相承。

四是游憩价值。国家公园意在使人们均能享受国家公园生态系统及相关资源带来的审美享受，因此，游憩价值是国家公园功能价值中不可或缺的一点。游憩价值并不仅仅指国家公园该不该收门票的问题，更多的是指在游憩过程中，人们对于景观的审美判断和对游憩服务的评价。游憩价值的开发方式和强度是有别于生产性或经营性利用的旅游利用方式，如何让游憩价值的开发和实现区别于旅游利用，是国家公园管理必须面对的课题。

就国家公园的功能而言，上述四个价值的顺次性也是国家公园保护价值的权重性，生态保护第一是国家公园保护最重要的一项基本原则。

5.1.4　基本法益

自然保护、科研、教育和游憩利用是国家公园公认的四个方面的立法目的，对应着国家公园的四个功能价值，明确国家公园的基本法益能解决价值冲突中的优位问题。

当自然保护和资源利用之间存在不可调和的冲突时，保护应当是具有本征意义的第一法益，应赋予更大的权重。促进经济发展不是设立国家公园的本意和宗旨，但是“繁荣社区经济和促进社会福利”应当可以作为一项重要的国家和社会责任引入管理体系，平衡保护与改善民生的利益。

5.2 国家公园保护、利用和管理的基本原则

前文（第 2 章）已经提出国家立法应当明确国家公园保护、利用和管理的基本原则，主要是：自然最好原则，生态保护第一原则，目标管理原则，国家所有、集权管控为主原则，自然遗产全民共享福祉原则，社区均衡发展原则和毗邻区域和相关利益主体分配正义原则。

5.3 国家公园管理体系

5.3.1 建立中央集权且部门统一的管理体系

国家公园管理模式是一种职权高度集中到政府，政府处于主导地位，各部门广泛开展协作的管理体制。它要求各级人民政府之间及各部门之间的权责关系清晰，为国家公园的建设管理提供制度保证。建立我国国家公园管理体系的建议如下：

一是建立国务院国家公园统一管理机构。具体来说，在中央政府层面，成立国家公园专属管理部门，专门负责全国范围内的国家公园建设、发展和管理工作。这种统一集权的管理体制能够有效避免现有的自然保护地由各部门分头管控、多重管理的现象。就管理层次来看，中央层面的管理机构是国家公园最高行政管理机构，是第一层次。国家级的国家公园直属该管理机构管理。这就要求将现在分属于国家林业局、环保部、住建部等部门管理的有关类别自然保护地，在整合建设为国家公园时，将其转向由中央政府直属的一个专门机构统一管理。理由有三：其一，国家公园是公共性、全民性的自然资源，国家公园具有国家意义和代表性，属于国家事务并应当纳入中央财政；其二，中央政府专门机构统一垂直管理，能够保障国家公园各项管理目标的实现，尤其能够平衡地

方经济发展、旅游产业发展与国家公园游憩服务之间的矛盾；其三，国家公园的保护、利用与管理是非常专业的事务，应当建立全国统一的准入、规划、功能分区、用途管制等技术规范标准，由统一的部门开展独立监管以提高监督管理的实效和效率；其四，参照国外模式。国外有两种模式，一种是专门设立国家公园管理局或国家公园管理处，包括韩国、澳大利亚、德国、美国等，这些管理局和管理处分属不同部门，韩国是环境部、美国是内政部、澳大利亚是保护部；另一种是直接由环境保护部门管理，如日本的国家环境署就是日本的国家公园管理机构。因此，中国借鉴各国经验，已经成立中央层面的国家公园管理局。

二是建立指定区域的国家公园管理机构。这是国家公园管理组织体系的第二层次，负责国家公园的保护、开发利用和管理工作，直属国务院国家公园统一管理机构，按照中央管理机构的要求设置内设机构，联络和协调国家公园属地行政管理实务。

三是省级地方人民政府负责属地管理事务。这是国家公园管理的第三层次，由省级人民政府负责国家公园所在区域一般治安、民生和社会、经济、文化发展事务，协助国家公园管理机构推进落实国家公园保护、开发利用和管理等各项职能，但不得随意干预国家公园管理机构的工作。

5.3.2　国家公园的行政管理权、资产管理权的权限

国家公园管理权能主要包括国家公园的行政管理和经营管理权限。概括而言，国务院国家公园统一管理机构及其所属指定区域的国家公园的管理机构享有以下两类管理权：第一类，对国家公园排他的资源开发、利用和环境、生态保护的综合行政管理权，包括对国家公园内的自然资源资产经营的监督管理权。也就是要将国家公园内的资源开发、利用和环境保护的综合行政管理权，从属地行政管理权中剥离出来，统一集中到国家公园统一管理机构和具体的管理机构，由其行使行政许可、行政处罚和行政强制等职权。此类管理权的实现主要依据立法、建规、定标准、设流程、依法行政等来实现。第二类，对国家公园投资和国有固定资产的行政管理权。

5.4　国家公园规划、功能分区和分级

5.4.1　国家公园规划

国家公园规划是管理国家公园环境和自然资源的纲要性、指导性文件。规划中设定的目标是否准确、规划中规定的需采取的行动和措施是否合理、规划整体是否具有前瞻性和可操作性，都直接影响国家公园的保护目标的实现（罗金华，2013）。

国家公园规划分为两级，即国家层面的“国家公园国家发展总体规划”和省级层面的“特定国家公园的总体规划”；两类是指总体规划和专项规划。国家公园总体规划的编制，应当报省级以上国家公园专家委员会审查和国家公园统一管理机构审批。国家公园总体规划应当符合全国主体功能区划和全国生态功能区划。属地的城乡建设规划、土地利用规划应当与国家公园总体规划不冲突。

5.4.2　功能分类、分区

根据保护地实际、资源特点以及存在的不同问题，各个国家在自然保护地分类和分区模式上并不一致，尚无统一的标准。而在长期实践过程中，自然保护地分类体系逐渐由以自然生态系统为基础转向管理目标和资源可持续利用目标相结合。这种转变集中体现在世界自然保护联盟（IUCN）的自然保护地分类体系中。IUCN 根据保护地主要管理目标的不同，将自然保护地分为六类，分别是：Ⅰa 严格的自然保护区；Ⅰb 荒野地；Ⅱ国家公园；Ⅲ自然遗迹或特征；Ⅳ栖息地或物种管理地；Ⅴ受保护的陆地景观或海洋景观；Ⅵ可持续利用自然保护地。

如何建立我国自然保护地分类体系，以及如何定类我国国家公园体系？我们认为，我国应当以自然保护地主要管理目标为导向，结合各自然保护地的自然和文化资源的特点、保护现状以及人类干扰程度等诸多因素，参照 IUCN 的分类系统，制定出符合我国国情的自然保护地分类体系。此外，还应当编制国家公园的分类技术标准，为国家公园分类管理奠定基础。

5.4.3　分级和审批程序

在自然保护地分级问题上，专家学者提出了很多有价值的意见。有学者认为，我国自然保护地可以根据资源的重要性和相关特征分为两类，一类是国家和世界级，这类自然保护地因为具有国家和世界意义，应当由中央政府集中管理；另一类是省级和地市级，这类自然保护地具有区域意义，应当由对应级别的政府部门管理，中央政府的相关部门履行协调监管职责（杨锐，2003）。实践部门和其他学者则认为"国家公园"就只能有国家级，在"国家公园"保护地类别中不应当设立地方级。我们同意后者意见。

国家公园建立的过程也是履行审批程序的过程。审批程序包括：达到认定标准的国家公园自行准备申报材料，向相应的管理部门进行申报；获批后，应当建立国家公园管理机构，并对管理机构的职能和管理流程做好相应安排；对于建设和发展国家公园中出现的问题，应当积极协调解决，对国家公园的管理实施有效监管，以实现国家公园的功能目标。

5.4.4　国家公园设立的准入标准、建设和评价指标体系

国家应当建立国家公园设立的准入门槛、建设和评价指标体系。中国目前尚未建立国家公园设立的指标体系，现有的各自然保护地类（如自然保护区、风景名胜区和森林公园）的相关准入评审标准可以作为参照。《自然保护区条例》（2017 年修订）规定了自然保护区的准入条件，包括典型性、珍稀和濒危程度、特殊保护价值、科学文化价值等。《国家级自然保护区评审标准》（1999）规定了自然属性、可保护属性和保护管理基础等三个部分的评审指标及其 12 个评价因子。《风景名胜区规划规范》（2000）对风景名胜资源进行评价，将其分为特级、一级、二级、三级、四级五个级别。《森林公园风景资源质量等级评定标准》（GB/T 17775—2003）等也对各类自然保护地建设提出相应的评价标准。当前学者对于自然保护地具体设置标准的关注度不高。

2009 年 11 月，云南省在开展省级"国家公园"建设时，制定了四项国家公园地方标准，包括《国家公园基本条件》《国家公园资源调查与评价技术规范》《国家公园总体规划技术规程》《国家公园建设规范》。这四项标准虽然与我国当前开展的国家公园建设有一定的不适配性，但也代表着我国立法实践在这个方面的新进展。

以此为基础，我国应当建立国家公园设置的国家统一标准和规范，就国家公园的定义、功能、目标、设置条件、总体规划、资源评价和建设规范等进行规定。

5.5　国家公园的资源环境保护和监督管理

自然环境不仅是国家公园的生态保护对象，也是人类适度开发利用的对象。自然环境的特性和状态影响着国家公园建设发展的质与量，包括资源开发利用的程度、游憩活动开展的范围和游憩的审美感受等，同时进一步影响着国家公园功能分区、游憩活动开展的规模和配套设施的建设、自然生态保护等管理体制和机制。因此保护国家公园的自然资源和自然环境条件并维持既定的水平是国家公园管理机构的重要职责，具体表现为：

第一，维护国家公园环境质量，达到国家标准最优水平。环境质量是评价国家公园内自然保护工作开展好坏的重要指标。环境质量好说明国家公园内自然资源得到有效保护、生物多样性得到有效保持、国家公园可持续发展水平稳定等，这也为公众开展游憩和科普活动提供了基础性条件。具体来说，国家公园的环境质量目标应参照空气质量、地面水环境质量、土壤环境质量、噪声质量等规范的一类或一级标准制定。

第二，对国家公园基础设施建设的生态监管，维护基础设施工程施工条件不受损害。"工程施工条件"是决定国家公园建设的基础性条件，是决定国家公园内的地质地貌、水文特征、生物条件等是否符合开展游憩、科研、科普等活动以及配套基础工程取材、用材（采石、开山辟路、临时取水和占用林地等）的程度（罗金华，2013）。维护良好的工程条件实质上也是自然保护的要求，对防止外来物种入侵、保护生物多样性、防止大面积施工破坏生态环境、防止地方人文特色被湮没等有着有利作用。

第三，对矿产、水电、游憩资源开发、经营活动的生态监管。国家公园内应当逐步退出不符合保护自然原真性和完整性的自然资源开发活动，对极少数允许存在的此类资源开发和经营活动，国家公园管理机构要严格开展生态监管。应当建立专门的监理队伍，依据现有的环境保护执法的相关法规和标准，采取巡视、巡查、检查等多种公开方式，及时处理违规行为，开展常态化的保育和环境监管；落实相关企业在生态保护与恢复中的责任，执行环境责任追问制；大力推广绿色环保的能源和设施；监督资源与环境保育各项措施的落实。

5.6　国家公园的自然资源权属、资产管理

5.6.1　国家公园的自然资源权属

土地所有权是国家公园管理的首要问题，也是产生利益矛盾和冲突的重要原因。以法律规范形式调整国家公园内土地所有权、使用权和经营权问题至关重要。国家公园内的土地利用类型是否适宜于自然资源保护和合理利用，是否存在土地等资源权属的争议、是否具备合理的权属结构、是否建立完备的土地流转机制，都是决定国家公园能否有效保护、永续利用的关键性因素。

目前我国自然保护区、风景名胜区的土地所有权结构都不是全部为国有，都存在集体所有的情形。目前国家公园建设过程中，已经出现是否要将国家公园内的土地权属都转化为国家所有的讨论，实践中也存在着“国家公园土地国家所有”的固有思维。对这个问题，我们认为，整齐划一的土地国家所有结构固然能够为国家公园的管理提供有效率的制度基础，但是从自然资源目标管理上看，国家公园等自然保护地类别的设立主要以实现自然资源保护目标和目标管理为目的，而实现国家公园的资源管理目标并不排斥国家公园土地所有权的集体经济性质。正如 IUCN 在保护地分类体系使用指南中所首先提醒的，保护地是自然资源管理的模式，首先要避免国家以此或由此导致的“征收”“原住民失去土地或丧失传统土地利用方式”等管理现象的发生。

5.6.2　国家公园的国有资产管理

在国家公园重要自然资源国家所有的前提下，由谁行使国家公园自然资源和国有资产的管理人职责呢？我们认为，根据宪法规定，应当是国务院，在国务院设立国家公园统一管理机构的前提下，则由国务院国家公园管理局或国务院指定的机构来行使国家公园资产管理人的职责。由于国家公园作为人类环境福利公共产品，不以盈利为目标，因此，国务院国家公园管理局或指定的机构担任“国家公园资产管理人的角色”，与“环境资源行政管理人的角色”不存在利益上的冲突，不构成“既当裁判员又当运动员”的监管失灵怪圈。

国家公园的资产管理，主要针对两大内容。首先，对国家和社会投资于国家公园建

设的资金进行管理。国家公园的资财既包括国家公园各项资金的用途安排，也包括各类资产和资源的认定和权属管理等。建设国家公园的原则要求尽可能地将国家公园各类资产和资源纳入国有范围，而在委托行使国家所有权的过程中，又极易因为代理链过长而造成国有资产的流失。因此，建议在国务院国家公园管理机构下设“国家公园资产管理委员会”，并建立完备的监管制度。国务院国家公园管理机构应当定期掌握国有资产的动态，并进行相关审计和核查。同时，国务院国家公园管理机构还应对社会筹集资金进行管理。国家公园除国家注入专项资金外，还可以依靠社会捐赠和自身经营来获取更多的国家公园发展资金，这些资金同样需要特定部门的管控。除计划内的资金外，资金用于其他用途时必须通过相关机构的批准。遇到紧急情况时，国家公园也需要提供使用原因、使用数额、使用用途等证据。

其次，对国家公园基础设施等固定资产的管理。基础设施是国家公园运营管理和提供公共服务的必要物质依托，其完善和便利程度直接影响着国家公园功能的发挥和管理目标的实现。交通和通信设施是现代经济社会发展不可或缺的条件，对具有荒野性质的国家公园来说更是根本性的、必需的服务设施。能力匹配的交通和通信设施是国家公园自然保护工作必备的能力建设内容。能源供应和污水垃圾处理是维护国家公园正常运行所必需的。建设和运行高水平的环境保护设施、具有先进供排基础设施是国家公园游客和居民聚集地区所必备的条件。无论是作为自然保存的保护地还是作为游憩服务区域，国家公园应当配备能够满足功能目标需要的设施和条件，包括咨询服务、演示服务、出版物等服务设施。对基础设施的规划和建设往往反映了国家公园的发展倾向，在这点上，务必要求基础设施的规划建设必须遵行自然最好、保护第一的基本原则。

5.7　国家公园的服务和特许经营

早在“第四届世界国家公园和保护区大会”上，游憩就作为国家公园的一种功能价值被广泛接受和认可。为了使国家公园的公众游憩需求能够得到满足，国家公园管理机构应当提供必要的服务设施。当然，服务设施在保证便利舒适的同时，也要遵循不与自然保护目标相违背的原则。所提供的服务设施包括建立游客中心、必要的住宿饮食设施、提供解说咨询服务、志愿服务等。经营此类服务设施还能获得一定的经济收入，用于公园的管理和维护，或者增加服务机会，为周边社区提供就业机会。

应当借鉴国外经验，采取特许经营的方式开展商业性的游客服务项目，并对特许经营项目的种类、范围，项目和设施的布局，设施设备的功能和要求，服务品质等制定规范和规章，并开展经营活动的监管。

国家公园的利用和经营管理要避免两种错误的发展取向。首先，要避免“开发利用压倒保护”的本末倒置的发展方式。当前，我国自然遗产资源在保护与利用问题上矛盾突出，国家公园的情形也很类似。在国家公园试点初期，地方政府申报国家公园都抱着提升申报保护地的旅游产业或最大化资源价值增量的资源管理战略目标而来，把国家公园纳入“生态旅游”的产业开发的布局。这种战略性错位在于将拉动经济增长的重任错误地放置在具有不可逆性的国家公园这一自然遗产资源身上，忽视了自然遗产资源的唯一性，一旦破坏难以再现以及不可复制的特性。

其次，要避免将游憩资源利用和服务的特许经营权发展为垄断经营权。地方政府为了发展区域经济、增加旅游收入，往往将旅游资源（风景资源等）以各种方式——包括特许经营的方式，安排给国有控股的旅游公司垄断经营。这种垄断经营不利于通过市场竞争提高服务质量和服务设施品质，也不利于社区民生的改善，形成国富民不富甚至民亏（游客带来物价指数的上涨）的结果。

5.8　国家公园科技支撑体系

应当建立科研、教育和文化事务专家辅助决策和专业咨询委员会。在国务院和省级人民政府设立相应的“全国国家公园专家辅助决策和专业咨询委员会”或“特定国家公园专家辅助决策和专业咨询委员会”，对国家公园的科研、教育和文化事务开展决策辅助和专业咨询活动。

同时，国家公园体系内部还应加强科学技术保障和支持体系的建设。主要措施有：一是建立国家公园专家库和专业技术人员队伍，为国家公园科学研究的开展、国家公园生态环境的维护、国家公园基础设施建设以及公众的游憩需求提供专业和技术支持。二是构建国家公园科技合作网络，负责解决国家公园发展的技术难题，同时建立跨区域跨部门的技术互动交流机制，为国家公园提供稳定有效的技术支持。三是推广环境友好型、绿色型能源、技术和标准，以达到保护国家公园自然生态系统原真性和完整性的目的。

5.9　国家公园利益平衡机制

5.9.1　建立国家公园利益相关者协调机制

国家公园内利益群体众多，包括国家公园管理机构、政府相关部门、国家公园所在地社区、国家公园访客等，各利益主体在资源利用、利益分配等方面存在利益冲突，这些利益冲突往往是国家公园的自然生态破坏的社会驱动因素。国家公园内的资源和环境的有效保护，必须不能排斥国家公园所在地社区居民的参与。由于历史和地理分布上的原因，中国自然保护地社区的成分复杂、利益链条盘根错节，只有和社区发展和谐共存，自然保护价值才能得以再生和派生。应当以强调社区发展为契机、建立起国家公园利益相关者协调机制，在各主体利益表达、获得和分配方面提供制度保证，明确各方的权、责、利，平衡各方利益，合理化解各方矛盾。

5.9.2　建立国家公园信息透明和交流机制

有效的国家公园管理势必是能使国家公园发展建设过程中各利益主体的需求得到适当满足。而理性的利益主体在获取有效信息的条件下是能够做出明智的利益决策，使个体与群体之间的需求得到均衡。因此，社会群体利益冲突的相当原因是信息不对称。因此，应当建立信息透明和沟通机制，主要通过以下制度的构建来实现：一是建立国家公园信息公开制度。各国家公园管理机构应当定期通过媒体公开国家公园建设和发展的信息和动态。中央层面的国家公园管理机构和有关部门应当对公开的信息进行定期检查，以确保信息的真实有效性。二是建立国家公园财务信息公开制度。国家公园管理机构应委派审计机构对国家公园财务状况进行检查并将检查结果公开，财政拨款和社会捐赠都是国家公园资金的重要来源，通过财务信息公开，各有关主体的知情权、监督权等权益得到了维护。

5.10　国家公园保护、利用和管理的法律责任

应当健全国家公园保护、利用和管理的行政、民事和刑事法律责任体系，完善国家公园生态损害责任追究制度和司法追责制度，实行领导干部国家公园生态资本绿色审计与国有资产离任审计制度和责任追究制度。

第6章 《中华人民共和国国家公园法》专家建议稿及说明

在独立研究和参与国家公园地方立法的基础上，我们提出《中华人民共和国国家公园法》专家建议稿。由于国家公园在中国是一个发展中的新鲜事物，这个专家建议稿也将不断调整和完善。

6.1 《国家公园法（专家建议稿）》框架说明

法律法规的章目划分有着约定俗成的安排，第一章为总则，最后两章分别为法律责任（或称罚则）和附则。国家公园作为一种新的保护地类型，虽然与自然保护区、风景名胜区等保护地有区别，但法律规制思路具有一致性，故参考中华人民共和国《自然保护区条例》《风景名胜区条例》等行政法规，建立以生态保护为第一要义的国家公园法律规范体系，其框架布局为总则；管理体制；规划与保护；利用与服务；科研、科普与社会参与；法律责任；附则。各部分内容如下。

第一章　总则。第一章总则一般为对法律法规的立法目的、依据、适用范围、基本概念、基本原则、基本权利与义务、管理体制、指示方针等内容进行规定，所包含的条款主要为原则性的条款。本章共包括九条，分别是：（1）立法目的；（2）适用范围；（3）基本方针；（4）基本原则；（5）纳入国民经济计划；（6）责任制；（7）宣传教育；（8）奖惩制度；（9）国家公园日。

第二章　管理体制。第二章对管理机构、职责、与政府之间关系、内设下设机构、社区共管等国家公园管理体制问题分别进行规定，详细阐述国家公园从设立，到成立管理机构、实施管理的体制机制。本章包括八条，分别为：（10）统一管理；（11）国家公园咨询制度；（12）国家公园管理机构；（13）综合执法；（14）地方政府职责；（15）网格化管理；（16）协调机制；（17）共建共管。

第三章 规划与保护。国家公园是一种新的保护地类型，保护地的核心内容在于对自然生态系统和自然资源的保护，第三章对规划和保护进行规定。本章分为十四条，分别是：（18）技术规范；（19）规划要求；（20）规划内容；（21）规划编制程序；（22）国家公园分区；（23）设立界标；（24）严格保护区和生态保育区禁限措施；（25）游憩展示区和传统利用区禁限措施；（26）自然资源产权登记；（27）集体土地的管理；（28）重点专项保护工程；（29）监测预警制度；（30）应急预案制度；（31）生态补偿制度。

第四章 利用与服务。国家公园重在保护，但利用与服务也是重要的一方面，第四章对国家公园区域内的利用与服务行为进行规制和管理。本章分为十一条，分别是：（32）特许经营；（33）特许经营企业的规制；（34）建设项目许可审批；（35）游客限额管理；（36）服务保障；（37）村镇管理；（38）经营项目管理；（39）水利等设施的管理与关停；（40）民间活动规制与引导；（41）生态管护；（42）保险制度。

第五章 科研、科普与社会参与。除了科研，其他生产经营性活动在国家公园区域内都是被禁止或严格管束的，本章主要强调国家公园的科研价值和社会参与，共十条，分别是：（43）科研机构；（44）综合信息平台；（45）科研合作机制；（46）科研活动要求；（47）对外交流；（48）成果提交；（49）多方参与；（50）保护基金；（51）志愿服务制度；（52）公益诉讼。

第六章 法律责任。本章对违反本条例相关规定的法律责任进行规定，包括七条，分别为：（53）未经批准擅自变更或者调整国家公园规划的；（54）擅自移动、破坏界标、公共服务和安全警示标志等设施设备的；（55）违反禁止性行为的处罚；（56）未经国家公园管理机构批准擅自在国家公园内开展相关活动；（57）特许经营企业的处罚；（58）国家机关工作人员处罚；（59）其他法律责任。

第七章 附则。本章为附则，共有两条，分别是：（60）术语解释；（61）实施时间。

6.2 《国家公园法（专家建议稿）》条文及条文说明

第一章 总 则

第一条 为了保护国家重要自然生态系统和生态过程的原真性和完整性，实现国家重要自然资源的永续利用，保障国家生态安全，满足国民享受、游憩自然的需要，推进生态文明建设，制定本法。

【条文说明】：党的十八大报告提出大力推进生态文明建设，加快实施主体功能区战略，推动各地区严格按照主体功能定位发展，构建科学合理的城市化格局、农业发展格局、生态安全格局。国家公园就是生态安全格局的一部分。《中共中央关于全面深化改革若干重大问题的决定》中在提出继续坚定不移实施主体功能区制度的同时明确提出建立国土空间开发保护制度，严格按照主体功能区定位推动发展，建立国家公园体制。《关于加快推进生态文明建设的意见》中规定建立国家公园体制，实行分级、统一管理，保护自然生态和自然文化遗产原真性、完整性。《生态文明体制改革总体方案》中提出加强对重要生态系统的保护和永续利用，改革各部门分头设置自然保护区、风景名胜区、文化自然遗产、地质公园、森林公园等的体制，对上述保护地进行功能重组，合理界定国家公园范围。国家公园实行更严格保护，除不损害生态系统的原住民生活生产设施改造和自然观光科研教育旅游外，禁止其他开发建设，保护自然生态和自然文化遗产原真性、完整性。构建保护珍稀野生动植物的长效机制。国家发改委等 13 部委《关于印发建立国家公园体制试点方案的通知》（发改社会〔2015〕171 号）明确建立国家公园体制试点的主要目标是整合国家级自然保护区、国家级风景名胜区等保护地，基本解决交叉重叠、多头管理的碎片化问题，形成统一、规范、高效的管理体制。《国民经济和社会发展第十三个五年规划纲要》与《"十三五"生态环境保护规划》也提出建立国家公园体制，整合设立一批国家公园。后者更是进一步强调应该加强对国家公园试点的指导，在试点基础上研究制定建立国家公园体制总体方案。合理界定国家公园范围，整合完善分类科学、保护有力的自然保护地体系，更好地保护自然生态和自然文化遗产原真性、完整性。加强风景名胜区、自然文化遗产、森林公园、沙漠公园、地质公园等各类保护地规划、建设和管理的统筹协调，提高保护管理效能。

第二条　中华人民共和国领域内的国家公园保护、利用和管理等活动，适用本条例。

【条文说明】：根据第一条说明所列政策文件，国家公园的核心价值和目的是保护，这里的利用也主要是为了保护的目的，而管理是现实国家公园得以有效保护的必要方式，故本法主要适用于我国境内所有的国家公园保护、利用和管理等活动。

第三条　国家公园的保护、利用和管理实行重要自然资源国家所有、全民共享和世代传承的基本方针。

【条文说明】：《中共中央关于全面深化改革若干重大问题的决定》规定健全自然资源资产产权制度和用途管制制度，对水流、森林、山岭、草原、荒地、滩涂等自然生态空间进行统一确权登记，形成归属清晰、权责明确、监管有效的自然资源资产产权制度。

《生态文明体制改革总体方案》则提出要加强对重要生态系统的保护和永续利用。中央政府主要对石油天然气、贵重稀有矿产资源、重点国有林区、大江大河大湖和跨境河流、生态功能重要的湿地草原、海域滩涂、珍稀野生动植物种和部分国家公园等直接行使所有权。参考《三江源国家公园条例（试行）》（2017）第四条，《环境保护法》（2014）第四条。

第四条　国家公园保护、利用和管理，遵循保护优先、科学规划、社会参与和永续利用的原则，采取政府主导、多方参与、分级分类的管理方式。

【条文说明】：对于国家公园这一新设的保护地类型，为妥善设定和平衡规划、保护、利用、发展等之间的关系，设定管理的基本原则，可为国家公园管理的具体运行提供方向性的指引。参考《三江源国家公园条例（试行）》（2017）第五条，《云南省国家公园管理条例》（2015）第四条。

第五条　国家应当将国家公园保护工作纳入国民经济和社会发展规划。建立以财政投入为主、社会共同参与的资金保障机制，鼓励各方面社会力量参与国家公园保护和管理。

国家支持国家公园相关的科学技术研究、开发和应用。

【条文说明】：该条主要强调国家公园建设的宏观要求，纳入国民经济和社会发展规划就得到了国家财政、政策的保障，建立各方参与的保障机制，既为国家公园建设筹集了资金，也体现了公众参与，并且通过国家倡导和支持国家公园相关的科学研究。参考《三江源国家公园条例（试行）》（2017）第七条，《云南省国家公园管理条例》（2015）第五条。

第六条　建立健全国家公园生态保护绩效考核制度，通过监测与评估，考核生态保护工作成效。具体办法由国务院制定。

国家公园实行领导干部自然资源资产离任审计和生态环境损害责任追究制度。

【条文说明】：有“权”必有“责”，“权”“责”相统一。只有严格的考核和责任追究制度才能保证国家公园管理体制的良好运转。党的十八大报告提出要把资源消耗、环境损害、生态效益纳入经济社会发展评价体系，建立体现生态文明要求的目标体系、考核办法、奖惩机制。加强环境监管，健全生态环境保护责任追究制度和环境损害赔偿制度。《中共中央关于全面深化改革若干重大问题的决定》中规定探索编制自然资源资产负债表，对领导干部实行自然资源资产离任审计，建立生态环境损害责任终身追究制。参考《三江源国家公园条例（试行）》（2017）第八条。

第七条　各级人民政府应当加强国家公园的宣传教育工作，鼓励社会组织积极开展国家公园保护相关法律法规的宣传普及，营造保护自然环境的良好社会氛围。

新闻媒体应当开展对国家公园保护、建设和管理的宣传报道，并加强舆论引导。

【条文说明】：国家公园在我国是一个新生事物，宣传教育和国家公园法律法规的普及是国家公园建设的软实力，只有宣传教育、社会监督做好了，国家公园的建设才会更顺利。参考《三江源国家公园条例（试行）》（2017）第九条。

第八条　任何单位和个人都有保护国家公园的生态环境和自然、历史和文化资源义务，有权依法获得国家公园的资源环境信息，有权对破坏国家公园的行为进行检举。

对在国家公园保护工作中做出显著成绩的单位和个人，国家公园管理机构给予表彰奖励。

【条文说明】：本条是一个原则性的规定条款，任何单位、个人应对国家公园范围内保护工作享有知情权。本条的起草参考了相关法律、法规的条文规定。参考《土地管理法》（2004）第六条，《自然保护区条例》（2011）第七条，《三江源国家公园条例（试行）》（2017）第十条。

第九条　每年××月××日为国家公园日。

【条文说明】：现在有环境保护日、世界地球日等，其重在彰显环保的重要性。设立国家公园日，不仅体现了国家公园的重要性，也有利于加强人们对国家公园的重视，并借此时机宣传国家公园相关信息。

第二章　管理体制

第十条　国家公园实行集中统一的垂直管理。国务院设立国家公园管理机构，统一负责国家公园的综合管理工作。省级人民政府可以根据国务院委托，依法对辖区内的国家公园进行管理。

省级以上人民政府的发展改革、财政、经济和信息化、环保、林业、国土、农业、科技、住建、交通、水利、商务、教育、旅游、民政等主管部门应当按照职责分工配合国家公园管理机构做好相关工作。

【条文说明】：本条意在强调国家公园的垂直管理体制，即主要由国务院设置国家层面的国家公园管理机构统一管理，省级政府根据国务院的委托管理部分本辖区内的国家公园。理由：一是《建立国家公园体制试点方案》（2015）、《建立国家公园体制总体方案》中均提出国家公园要实行统一管理，并且在神农架、武夷山、东北虎豹、北京长城、南山、钱江源等六个国家公园试点方案中都提出国家公园实行垂直管理。二是当前我国的自然保护区、风景名胜区、森林公园、地质公园、湿地公园等自然保护相互重叠，并且分别属于不同的部门管理，自然保护地管理体制比较混乱。国家公园建立的目的就是要解决现有自然保护地交叉重叠、多头管理的问题，形成统一、规范、高效的自然保护地管理体系，所以重构自然保护地管理体制势在必行。三是由于长期以来唯“GDP”论理念的深刻影响，地方各级政府都在千方百计发展经济，自然保护地就成了发展地方经济的“香饽饽”和自然资源产地，各种自然保护地实际上已成了“圈钱”的机器。要摆脱地方经济利益的控制，国家公园最好实行中央或省一级的垂直管理，进而减少地方政府的干预。参考《三江源国家公园条例（试行）》第十一条。

第十一条　建立国家公园专家咨询委员会，由植物、动物、生态、环境保护、地理、湿地、地质、法律、规划、建设、生态旅游等领域的专家组成，对国家公园的设立、规划、建设、保护、利用和评估工作提供技术及决策咨询。

【条文说明】：国家公园涉及很多专业技术知识，仅仅依靠主管部门管理团队的知识和经验是不够的，在国家公园的划定、设定、规划、建设、评估等方面设立专家咨询制度，可以更好弥补这一不足。《武夷山国家公园体制试点区试点实施方案》也提出了建立国家公园专家委员会咨询与监督制度。国家发改委为进一步提高生态保护与建设的科技支撑，成立全国生态保护与建设专家咨询委员会，并建立了专家咨询委员会工作机制。参考《长城保护条例》（2007）第六条，《云南省国家公园管理条例》（2015）第八条。

第十二条　省级以上人民政府设立国家公园管理机构，统一行使自然资源资产管理职权，履行以下职责：

（一）贯彻执行有关法律、法规和政策；

（二）组织编制国家公园规划，建立健全管理制度；

（三）保护国家公园的自然资源和人文资源，完善保护设施；

（四）开展国家公园的资源调查、巡护监测、科学研究、科普教育、游憩展示等工作，引导社区居民合理利用自然资源；

（五）监督管理国家公园内的特许经营活动；

（六）法律法规赋予的其他职责。

【条文说明】：国家公园管理体制的重要任务之一就是设置国家公园管理机构，职责的明确不仅赋予了国家公园管理机构的具体管理职权，也为行政追责提供了依据，还与所在地人民政府职权进行了划分，减少管理权限纠纷。《建立国家公园体制总体方案》中规定国家公园管理机构行使国家公园范围内的自然资源资产管理、生态保护、特许经营、社会参与和宣传推介等职责。参考《云南省国家公园管理条例》（2015）第六条，《三江源国家公园条例（试行）》第十三条。

第十三条　设立国家公园资源环境综合执法机构，行使国家公园内的资源环境和生态保护综合执法，负责园区内林业、国土、环保、渔政、水资源、水土保持、河道管理等执法工作。

国家公园管理机构应当依法制定和公布资源环境综合执法权力清单，接受社会监督。

【条文说明】：国家公园管理机构是一个接受垂直领导的管理机构，主要承担国家公园内的资源环境保护，赋予其一定的执法权是必要的，但它并不能完全独立于地方政府，因此对其综合执法权应当通过授权进行限制，这不仅便利于其执法，还有利于同地方政府职能部门的职权划分。《建立国家公园体制总体方案》规定可以根据实际需要，授权国家公园管理机构履行国家公园范围内的资源环境综合执法职责。参考《云南省国家公园管理条例》（2015）第十六条，《三江源国家公园条例（试行）》第十九条。

第十四条　国家公园所在区域县级以上地方人民政府行使经济社会发展综合协调、公共服务、社会管理和市场监管等职责，协助推进本地区国家公园的保护、建设和管理相关工作。

【条文说明】：国家公园管理机构所行使的职权范围是有限的，主要涉及国家公园自然资源资产管理、生态保护、特许经营、社会参与和宣传推介等职责，综合执法机构也只是在有限的领域内进行综合执法，大部分经济发展、行政管理事务还是属地管辖，因此明确地方政府职责就很重要。《建立国家公园体制总体方案》明确规定国家公园所在的地方政府行使辖区经济社会发展综合协调、公共服务、社会管理和市场监管等职责。参考《三江源国家公园条例（试行）》第十四条，《云南省迪庆藏族自治州香格里拉普达措国家公园保护管理条例》（2013）第七条。

第十五条　国家公园管理机构建立自然资源网格化管理体系，划分边界清晰、大小适当的管理网格，制定统一的工作标准和监督考评机制，落实网格的管理责任人，对资源、环境和干扰活动进行日常巡护，及时制止破坏资源和环境的行为。

【条文说明】：本条是神农架国家公园管理经验的借鉴。神农架国家公园推行资源网格化和管理系统化，从山、水、林、地等自然要素以及居民村界、保护地边界、现有保护设施等综合考量出发，合理划分 4 个管理区，18 个管护小区，制定统一的工作标准，落实每个网格的管理责任人员，建立管理、监督和考评机制。

第十六条　国家公园管理机构应当与园区所在地市、县级人民政府建立联席会议制度，每季度至少召开一次会议，协调解决国家公园发展、建设和管理中的重大问题。

【条文说明】：国家公园实行的垂直统一管理体系中，最低管理层级是省级人民政府，而国家公园所在地行政区域管理是县级人民政府，管理层级上不对等。管理职权上的交错使得国家公园管理机构与园区所在地人民政府需要共同解决很多问题，除了重大的事务应当交由省级人民政府或国家层面予以协调外，一般事务性工作将由国家公园管理机构同园区所在地人民政府直接协商，因此需要建立一种协商对话的机制。联席会议制度是我国较为常见的协商机制，将其应用于国家公园发展、建设和管理一般事务的协商解决是可行的。参考《长城保护条例》（2007）第十七条，《农业转基因生物安全管理条例》（2011）第五条，《湖北省水污染防治条例》（2014）第十二条。

第十七条　国家公园管理机构、国家公园所在地或毗邻地区乡镇人民政府、村民委员会代表等各方协同建立国家公园共建共管委员会，协商处理国家公园及其周边自然资源保护的共同事务。

国家公园管理机构通过设置公益性岗位、委托管理、产业结构转型、扶持集体经济发展项目等形式支持社区发展。

乡镇人民政府和村（居）民委员会通过镇规民约、村规民约或居民公约等方式教育、引导、约束居民参与国家公园的保护和建设。

【条文说明】：国家公园是对自然保护区、风景名胜区等自然保护地进行整合而成，必然面对园区内居民生产生活问题。解决这些问题不能简单采取“生态移民”模式，应当尊重原住居民的生产生活方式和自然权利，构建人与自然生命-命运共同体。《建立国家公园体制试点方案》（2015）、《建立国家公园体制总体方案》（2017）均提出要建立社区共管机制。国家公园内居民生产生活边界，相关配套设施建设要符合国家公园总体规划和管理要求。周边社区可以与国家公园签订合作协议，共同保护国家公园周边自然资源。

第三章　规划与保护

第十八条　国家公园管理机构应当会同标准化主管部门、有关职能部门组织制定国家公园规划编制、工程建设、管理体制、资源保护、环境监测、生态修复治理及社区发展等技术规范和标准，并向社会公布。

【条文说明】：参考《三江源国家公园条例（试行）》（2017）第二十六条。

第十九条　编制国家公园规划应当遵循生态保护规律，符合国家主体功能区规划，根据不同生态系统的特征和保护对象的需要制定有针对性的规划，与土地利用总体规划和城乡规划等空间规划相衔接。

【条文说明】：参考《三江源国家公园条例（试行）》（2017）第二十一条，《云南省国家公园管理条例》（2015）第十二条。

第二十条　国家公园总体规划和专项规划由国家公园管理机构及所属的省级人民政府负责编制，报国务院批准后实施，其中，总体规划应当报全国人民代表大会备案。

经批准的国家公园规划不得擅自变更或调整，根据实际情况确需变更或调整的应当按照原批准备案程序进行。

【条文说明】：参考《三江源国家公园条例（试行）》（2017）第二十二条，《云南省国家公园管理条例》（2015）第十二条。

第二十一条　国家公园管理机构编制国家公园规划，应通过座谈、论证、听证或新媒体等形式公开征求有关部门和社会公众的意见，在规划报批材料中应当对意见采纳情况予以说明。

【条文说明】：参考《三江源国家公园条例（试行）》（2017）第二十三条。

第二十二条　国家公园按照生态系统功能和管理目标划分为严格保护区、生态保育区、游憩展示区和传统利用区。

严格保护区是国家公园内自然生态系统保存较为完整或者核心资源分布较为集中、自然环境较为脆弱的区域。

生态保育区是国家公园内维持较大面积的原生生态系统或者已遭到一定程度破坏而需要自然恢复的区域。

游憩展示区是国家公园内展示自然风光、人文景观、游憩展示、大众生态体验以及进行科普教育的区域。

传统利用区是国家公园内原住居民生产、生活的区域。

【条文说明】：本条构建国家公园资源的分区保护和管理体系。这里用“资源”一词，和上述条目不同，内涵包括自然资源和人文资源。结合资源功能和管理目标，将国家公园划分为四个不同的区域，再给出四个不同分区的禁限措施，实现国家公园内资源的有效保护和管理。参考《三江源国家公园条例（试行）》（2017）第二十五条，《云南省国家公园管理条例》（2015）第十三条。

第二十三条　国家公园管理机构应当按照总体规划确定的界线设立界标，并予以公告。任何单位和个人不得擅自移动或者破坏国家公园的界标。

【条文说明】：参考《三江源国家公园条例（试行）》（2017）第三十三条，《云南省国家公园管理条例》（2015）第十四条。

第二十四条　生态保育区和严格保护区内未经批准，禁止开展除日常保护和科学研究以外的活动，禁止建设污染环境、破坏自然资源或者自然景观的基础设施。严格保护区内禁止任何开发性建设活动。

【条文说明】：参考《三江源国家公园条例（试行）》（2017）第二十八条，《云南省国家公园管理条例》（2015）第十五条、第十九条。

第二十五条　禁止任何单位和个人在游憩展示区和传统利用区内从事下列活动：

（一）毁林、毁草、开荒、采矿等；

（二）经营性挖沙、采石、取水、取土等；

（三）猎捕、采挖列入保护名录的野生动植物；

（四）捡拾野生动物尸骨、鸟卵；

（五）引进和投放外来生物物种；

（六）超标排放废水、废气和倾倒废弃物；

（七）使用剧毒、高残留以及可能造成二次中毒的农药；

（八）破坏公共设施，损毁文物古迹，破坏地质遗迹。

【条文说明】：该条是针对游憩展示区和传统利用区的一般的禁止性措施，是对开发利用过程中可能导致的国家公园破坏行为进行的规定。参考《云南省国家公园管理条例》（2015）第十五条、第二十条等。

第二十六条　实行自然资源产权登记制度。国家公园管理机构应当组织国土、林业、水利等相关行政主管部门，对园区内的水流、森林、山岭、草原、荒地、滩涂等自然生态空间进行统一确权登记，并建立自然资源资产信息平台。

【条文说明】：本条的起草根据是《中共中央关于全面深化改革若干重大问题的决定》和《试点方案》所提出建立自然资源产权登记制度的要求。《中共中央关于全面深化改革若干重大问题的决定》提出："健全自然资源资产产权制度和用途管制制度。对水流、森林、山岭、草原、荒地、滩涂等自然生态空间进行统一确权登记，形成归属清晰、权责明确、监管有效的自然资源资产产权制度。"《试点方案》对国家公园体制试点提出了"明晰资源产权"的要求，即要"结合全民所有自然资源资产管理体制改革，对试点区内的水流、森林、山岭、草原、滩涂等自然生态空间进行统一确权登记"。参考《三江源国家公园条例（试行）》（2017）第三十七条。

第二十七条　国家公园范围内的集体所有土地的管理，实行协议管理等方式。对居住较为密集，超过生态环境承载力的村镇实行生态移民的，应给予合理补偿，国家公园管理机构应当制订详细的安置计划和措施。

拟征收的土地，应当在充分征求村集体、承包权人意见的基础上，优先通过租赁、置换，与集体土地的所有者、承包者或经营者签订地役权合同等方式流转，并由国家公园管理机构进行统一管理。

【条文说明】：对于集体所有、个人经营的土地，在国家公园建设中多采用征收的方式，租赁和设定地役权在自然资源的保护和管理改革中多次提到，但实践做法并不常见。《武夷山国家公园体制试点实施方案》规定："集体所有的土地及地上各类自然资源，通过以下三种方式实现产权流转：通过征收获得集体土地的所有权；通过租赁获得集体土地的经营权；与集体土地的所有者、承包者或经营者签订地役权合同。"

第二十八条　国家公园管理机构应当开展森林、湿地、地质地貌、野生动植物和人文资源等专项保护工程，采用智能信息化手段，对核心资源实行重点保护。

【条文说明】：本条要求对国家公园范围内的核心资源进行日常重点保护。

第二十九条　国家公园管理机构应当科学布局自然资源检测网络，至少每三年组织开展一次全方位的本底资源调查工作，为制定国家公园保护总体规划和实施方案提供依据。

建立风险预警机制，根据资源监测情况进行风险分析，评定风险等级，及时采取相应的保护措施。

【条文说明】：参考《三江源国家公园条例（试行）》（2017）第四十条，《云南省国家公园管理条例》（2015）第十七条、第二十三条。

第三十条　国家公园管理机构应当制定国家公园应急预案，建立应急指挥信息系统。发生疫情或生物灾害时，应当按照应急预案响应级别，启动应急预案。

【条文说明】：参考《三江源国家公园条例（试行）》（2017）第四十三条。

第三十一条　建立健全森林、草原、湿地、荒漠、海洋、水流、耕地等领域综合性生态补偿机制。因自然资源保护需要占用集体林地、农地，因野生动物伤害人畜、造成农作物或者造成其他损失的，国家公园管理机构应当给予货币或实物补偿。具体生态补偿办法由国务院制定。

【条文说明】：参考《三江源国家公园条例（试行）》（2017）第四十七条。

第四章　利用与服务

第三十二条　国家公园允许开发区域的开发经营活动实行特许经营制度，特许经营企业的选择应当按照有关法律法规规定，采取公开招标的方式确定。公益性项目一般不纳入特许经营范围。

国家公园的特许经营收入与支出实行两条线管理，国家公园的日常管理、运营和建设项目所需的资金由国家财政统筹安排。

【条文说明】：国家公园具有全民公益性质，坚持生态保护第一的原则，在保护自然生态系统的原真性和完整性的前提下，在一定范围和限度内对国家公园进行利用是必要的，但是应该受到严格管制。各国均采取特许经营的方式进行国家公园内自然资源环境的开发和利用。《建立国家公园体制试点方案》（2015）提出实行管理权和经营权分离，经营项目要实行特许经营，进行公开招标竞价。参考《云南省国家公园管理条例》（2015）第二十四条、第二十五条、第二十六条，《云南省迪庆藏族自治州香格里拉普达措国家公园保护管理条例》（2013）第三十条，《三江源国家公园条例（试行）》第四十八条。

第三十三条 经选定的特许经营企业应当与国家公园管理机构签订特许经营合同。合同内容应当包括特许经营项目情况、特许经营期限、特许经营费用、权利与义务、违约责任等。

合同双方应当按照合同约定进行活动，国家公园管理机构不得干涉特许经营企业的正常经营活动，保障独立、自主的经营权。

【条文说明】：国家公园特许经营必须要进行严格管理，符合国家公园建设的目的。要依法对特许经营合同进行严格规范，又不能干涉企业具体的经营活动。

第三十四条 国家公园范围内各类建设项目的许可，属地人民政府的审批机关必须事先获得国家公园管理机构的同意。

【条文说明】：本条涉及国家公园管理机构与地方人民政府的事权划分关系问题。结合我们在国家公园改革试点区域的调研实际，国家公园管理机构通过立法授权享有国家公园范围内资源环境的综合执法权，而其他社会事务基本管理仍由林区人民政府各职能部门承担，这种改革做法不仅要关注它们之间的事权划分，更应关注它们能形成良好的监督制约关系。参考《三江源国家公园条例（试行）》（2017）第二十九条。

第三十五条 国家公园管理机构应当根据环境承载能力和容量监测结果，对游客进行容量控制，实行限额管理和提前预约制度。

【条文说明】：主要参考《三江源国家公园条例（试行）》（2017）第五十七条，《云南省国家公园管理条例》（2015）第二十三条。

第三十六条　建立国家公园服务保障体系。国家公园管理机构应当科学合理设置生态体验区域和路线，利用大数据完善大众自助服务系统。

建立多元化的教育培训项目和展示解说系统，积极开发公众教育培训项目，提高公众对生态保护的认同感和参与保护的自觉性。

【条文说明】：主要参考《三江源国家公园条例（试行）》（2017）第五十四条、第五十五条。

第三十七条　国家公园范围内的具有民族、地方特色或文化特色较明显的村镇应当进行保护。

国家公园管理机构应当按照总体规划，制定村镇保护规划，鼓励村镇居民保留和恢复传统、文化特色的建筑。

【条文说明】：《湖北神农架国家公园体制试点区试点实施方案》关于“居民社区管理目标”的内容，如“在国家公园总体规划的指导下，通过制定村镇规划，实施社区发展项目，合理配置资源，协调好居民生产生活和资源保护的关系”。

第三十八条　国家公园管理机构应当会同园区所在地人民政府制定生态经济发展推荐名录，引导园区内居民发展乡村旅游服务业、传统手工业等特色产业，开发具有当地特色的绿色产品。

【条文说明】：参考《三江源国家公园条例（试行）》（2017）第五十二条。

第三十九条　对国家公园范围内重点区域或者生态脆弱区域已经建成的水利水电设施以及其他能源开发设施不符合国家公园总体规划的进行逐步关停，并给予所有权人、经营权人适当的补偿。

【条文说明】：国家公园范围内存在着较多的水利水电等能源开发设施，这些设施对国家公园的生态环境有较大负面环境影响，应当取缔或关停。参考《三江源国家公园条例（试行）》（2017）第二十八条，《云南省国家公园管理条例》（2015）第十五条。

第四十条　国家公园管理机构应当加强对当地居民的教育培训，通过财政补贴等方式鼓励和引导生态环境友好的生产生活方式。

【条文说明】：参考《三江源国家公园条例（试行）》（2017）第六十三条，《云南省国家公园管理条例》（2015）第二十七条。

第四十一条　国家公园管理机构应当会同有关部门依据山水林草湖一体化管理要求，建立健全生态管护公益岗位制度，合理设置生态管护公益岗位，优先聘用国家公园内的居民为生态管护员。

生态管护员经培训持证上岗，协助国家公园管理机构对生态环境进行日常巡护和保护，报告并制止破坏生态环境的行为，监督禁牧减畜和草畜平衡执行情况。

实行管护补助与责任、考核与奖惩、劳动报酬与绩效奖励相结合的生态管护员动态管理机制。

【条文说明】：生态管护公益岗位的设置就是一种重要的社区共管的方式之一，让国家公园内的居民加入到国家公园建设发展中来，以“主人翁”的归属感来支持国家公园的发展。第一款明确提出设置生态管护公益岗位，优先聘用国家公园内的居民为生态管护员，为原住居民提供就业岗位；第二、三款规定了生态管护员的职责和管理机制，形成对生态管护员全方位的管理。《建立国家公园体制试点方案》（2015）、《建立国家公园体制总体方案》均提出了社区共管，《建立国家公园体制试点方案》（2015）明确提出试点区经营性服务应主要由周边社区提供，聘用生态、环卫、安全等管护人员要优先安排当地居民。参考《三江源国家公园条例（试行）》（2017）第十九条。

第四十二条　建立国家公园自然资源保险制度。将森林、山岭、草原以及珍稀动植物等自然资源纳入保险范围，由于突发自然灾害或意外事故导致国家公园内的自然资源遭到灭失、损害或对第三人造成人身伤亡或直接财产损失的，由保险人按照国家法律规定或保险合同约定承担赔付责任。

【条文说明】：保险制度一方面可以有效解决自然灾害等原因有可能导致对集体或个人所有、经营的自然资源的财产性损害；另一方面可以对已经遭受损害的自然资源进行恢复和修复所需要的资金进行有效保障。参考《三江源国家公园条例（试行）》（2017）第四十七条。

第五章　科研科普

第四十三条　国家公园管理机构应当设立专门的科学研究机构，负责国家公园科研发展规划、科研活动管理、科研成果转化和科普教育工作。

【条文说明】：主要参考《云南省国家公园管理条例》（2015）第十八条。

第四十四条　国家公园管理机构应当建立国家公园综合信息平台，提供资源保护、科研监测、游憩体验、科普教育等方面信息，为公众参与和监督国家公园保护提供便利。

【条文说明】：在信息化时代，通过综合信息平台的建设可以为国家公园资源保护、科学研究、游客服务等各方面提供便捷的信息，实现智慧公园建设。

第四十五条　建立科研合作机制，积极与国内外科研院所、高等院校、国际组织等开展合作，提高自身科研能力。

鼓励高等院校、科研机构、社会团体开展科学研究，为国家公园规划设计、生态保护、科研监测、资源和游客管理、社区共建、人才培养提供科技支撑和技术服务。

【条文说明】：主要参考《三江源国家公园条例（试行）》（2017）第六十六条。

第四十六条　进入国家公园严格保护区和生态保育区进行科学研究、调查活动的机构和个人，应当向国家公园管理机构提交省级以上行业主管部门的批准文件，办理准入手续。

【条文说明】：主要参考《三江源国家公园条例（试行）》（2017）第五十三条，《云南省国家公园管理条例》（2015）第十九条。

第四十七条　国家公园管理机构应当加强与其他国家（地区）国家公园、国际自然保护组织的交流，建立国际信息交流与合作网络，扩大国际影响，提高管理水平。

【条文说明】：参考《三江源国家公园条例（试行）》（2017）第六十九条。

第四十八条　在国家公园从事科学研究、教学实习、科普考察、影视拍摄等活动的机构和个人，应当在活动结束后三个月内向国家公园管理机构提交研究成果副本。

国家公园管理机构应当注意对研究成果的知识产权保护。

【条文说明】：主要参考《三江源国家公园条例（试行）》（2017）第六十六条。

第四十九条　鼓励和支持社会组织、企业事业单位和个人通过协议保护和授权管理等方式参与国家公园的资源和生态环境保护活动。

【条文说明】：公众参与是《环境保护法》（2014）一项重要的制度，在自然资源和生态保护领域具有重要意义。国家公园的保护尤其需要社会组织、企业事业单位以及个人参与共管，才能实现国家公园的建设目的。

第五十条　鼓励公民、法人和其他组织通过社会投资、社会捐赠、信贷支持等形式，参与国家公园的保护和建设。

支持设立国家公园生态保护基金会，接受社会捐赠资金等。基金的筹集、管理和使用依据国家有关规定执行。

【条文说明】：国家公园的所在地区一般经济社会发展相对落后，以财政投入进行国家公园建设虽然必不可少，但也应重视社会的力量，通过建立国家公园生态保护基金会，接受社会捐赠资金等为国家公园建设提供有力的资金保障。

第五十一条　建立国家公园志愿服务制度。国家公园管理机构应当会同有关部门建立志愿者平台，制定志愿者招募与准入、教育与培训、管理与激励的相关政策和措施。

鼓励和支持政府部门、企事业单位、其他组织和个人参与国家公园的资源保护、解说教育、科普宣传等志愿服务工作。

【条文说明】：志愿服务是一种很好的社会参与方式，不仅可以为国家公园建设提供合格的人力、智力支持，还能够通过志愿服务的形式教育民众热爱自然、保护自然，通过全民参与实现国家公园的世代传承和永续利用。

第五十二条　鼓励符合条件的社会组织对严重破坏国家公园内自然资源、生态环境，损害公众健康、公共利益的违法行为，依法提起公益诉讼。

提起公益诉讼的社会组织向人民法院提起诉讼的，国家公园管理机构和有关社会团体应当为其提供调查、鉴定和证明等支持。

【条文说明】：《环境保护法》（2014）实施后，公益诉讼制度极大地推动了民间环保运动的发展，并对企业和政府形成了有力的监督。国家公园的保护应加强实行环境公益诉讼制度。

第六章　法律责任

第五十三条　违反本法规定，未经批准擅自变更或者调整国家公园规划的，予以通报批评、责令改正；情节严重的，对直接负责的主管人员和其他直接责任人员追究法律责任。

【条文说明】：主要参考《三江源国家公园条例（试行）》（2017）第七十条。

第五十四条　违反本法规定，擅自移动、破坏国家公园的界标、公共服务和安全警示标志等设施设备的，由国家公园管理机构责令恢复原状，并处以二千元以上一万元以下罚款。

【条文说明】：主要参考《三江源国家公园条例（试行）》（2017）第七十二条。

第五十五条　违反本法规定，未经批准，擅自进入国家公园严格保护区的，由国家公园管理机构责令其改正，拒不改正的，处一千元以上两万元以下的罚款；在严格保护区进行开发性建设活动的，处五十万元以上一百万元以下的罚款。

违反本法规定，在生态保育区开展日常保护和科学研究以外的活动，处五千元以上五十万元以下的罚款；建设污染环境、破坏自然资源或自然景观依前款从重处罚。

【条文说明】：主要参考《云南省国家公园管理条例》（2015）第三十条。

第五十六条　违反本法规定，有下列情形之一的，由国家公园资源环境综合执法机构责令停止违法行为、限期改正、没收违法所得，并按照下列规定予以处罚：

（一）毁林、毁草、开荒、采矿的，责令恢复原状，并处以一万元以上五万元以下罚款；情节严重的，处以五万元以上二十万元以下罚款；

（二）经营性挖沙、采石、取水、取土的，责令恢复原状，并处以一万元以上五万元以下罚款；情节严重的，处以五万元以上二十万元以下罚款；

（三）猎捕、采挖列入保护名录的野生动植物的，没收工具，并处以一千元以上一万元以下罚款；

（四）捡拾野生动物尸骨、鸟卵的，处以一千元以上五千元以下罚款；

（五）引进和投放外来物种的，责令采取补救措施，并处以一万元以上五万元以下罚款；情节严重的，处以五万元以上二十万元以下罚款；

（六）超标排放污染物的，责令改正或者责令限制生产、停产整治，并处十万元以上一百万元以下的罚款；情节严重的，报经有批准权的人民政府批准，责令停业、关闭；

（七）使用剧毒、高残留以及可能造成二次中毒农药的，责令采取补救措施，并处以二千元以上一万元以下罚款；情节严重的，处以一万元以上五万元以下罚款；

（八）破坏公共设施，损毁文物古迹，破坏地质遗迹的，责令恢复原状，并处以五万元以上二十万元以下罚款；情节严重的，处以十万元以上一百万元以下罚款。

【条文说明】：主要参考《三江源国家公园条例（试行）》（2017）第七十三条。

第五十七条　违反本法规定，有下列行为之一的特许经营企业，由国家公园管理机构责令其改正，追究其违约责任；破坏自然生态环境，侵害公共利益的，国家公园管理机构有权单方面终止特许经营合同，并要求特许经营企业赔偿损失；情节严重，构成犯罪的，由司法机关依法追究刑事责任。

（一）开发与国家公园规划和合同约定不符的旅游项目；

（二）未有效控制游客数量、引导游客行为，以致破坏自然生态环境；

（三）侵占自然资源；

（四）未做好游客安全保障，导致伤亡事故发生；

（五）其他损害游客利益和公共利益的行为。

【条文说明】：根据前面行为模式设定对应的法律责任。

第五十八条　国家机关工作人员在国家公园管理工作中玩忽职守、滥用职权、徇私舞弊的，依法给予行政处分；构成犯罪的，依法追究刑事责任。

【条文说明】：主要参照《三江源国家公园条例（试行）》（2017）第七十五条。

第五十九条　本法未规定法律责任的违法行为，由有关行政管理部门依照相关法律法规追究法律责任。

第七章 附 则

第六十条 本法中下列用语的含义：

（一）国家公园，是指国家为了保护具有原真性和完整性的重要的自然生态系统，为科学研究、自然教育和公众游憩等目的，依法划定的需要特殊保护和管理的自然区域。

（二）自然资源资产，是指能给人类带来福利、以资产资源形式存在的稀缺性物质资产，包括森林、草原、湿地、荒漠、海洋、水流、珍稀动植物等。

第六十一条 本法自××年××月××日起施行。

参考文献

[1] 班若川. 2011. 马元祝：加快自然遗产保护立法[N]. 中国旅游报，2011-03-16（003）.

[2] 百度百科. 2016. 中国国家地质公园[EB/OL]. https://baike.baidu.com/item/%E4%B8%AD%E5%9B%BD%E5%9B%BD%E5%AE%B6%E5%9C%B0%E8%B4%A8%E5%85%AC%E5%9B%AD[2018-04-18].

[3] 曹志娟. 2008. 叶文：中国为什么要建国家公园[N/OL]. 中国绿色时报. http://www.chla.com.cn/html/2008-09/19282.html[2018-04-28].

[4] 蔡守秋. 2010. 环境资源法教程[M]. 北京：高等教育出版社.

[5] 陈红梅，王智. 2011. 怎样看待和处理自然保护区土地权属问题[J]. 环境保护，4：27-29.

[6] 程绍文. 2013. 国家公园：中英管理制度社区参与和旅游可持续发展的比较研究[M]. 上海：上海交通大学出版社.

[7] 陈丽萍，吴初国，等. 2016. 国外自然资源登记制度及对我国启示[J]. 国土资源情报，5：3-10.

[8] 陈吉宁. 2016. 国务院关于自然保护区建设和管理工作情况的报告——2016 年 6 月 30 日在第十二届全国人民代表大会常务委员会第二十一次会议上[EB/OL]. 中国人大网. http://www.npc.gov.cn/ npc/xinwen/2016-07/01/content_1992679.htm[2018-04-28].

[9] 陈安泽. 2016. 论旅游地学与地质公园的创立及发展[J]. 地球学报：544.

[10] 孔石. 2015. 国家级自然保护区与其他主要保护地类型的空间关系与分布格局[D]. 哈尔滨：东北林业大学：13.

[11] 陈松声，等. 2017. 武夷山国家公园管理体制试点探索[J]. 中国机构改革与管理，11：21-22.

[12] 陈家红. 2018. 武夷山国家公园体制试点区自然资源统一确权完成[N]. 中国国土资源报，2018-03-05（5）.

[13] 但新球，周光辉. 1994. 对森林旅游及其特点的认识[J]. 中南林业调查规划，2：57.

[14] 杜永庆. 1998. 借鉴加拿大经验 推进我省森林公园建设[J]. 河南林业，1：7.

[15] 杜群. 2012. 生态保护法论[M]. 北京：高等教育出版社.

[16] 杜文艳. 2015. 论新形势下自然保护区的法制建设[J]. 环境保护科学，41（4）：97-98.

[17] 窦亚权，李亚. 2017. 我国国家公园建设现状及发展理念探讨[J]. 世界林业研究，6：1-8.

[18] 冯庆俊. 2011. 公物法视域中的国家公园法研究[D]. 重庆：西南政法大学.

[19] 丰婷. 2011. 国家公国管理模式比较研究[D]. 上海：华东师范大学：23，33，40.

[20] 博广海. 2014. 基于生态文明战略的国家公园建设与管理[M]. 成都：西南财经大学出版社.

[21] 国土资源部. 2000. 国家地质公园的通知：国土资厅发〔2000〕77号[A/OL]. http://www.fawuzaixian.com/wenku/view/id/116065[2018-04-28].

[22] 郭宇航. 2013. 新西兰国家公园及其借鉴价值研究[D]. 呼和浩特：内蒙古大学：17.

[23] 谷光灿，刘智. 2013. 从日本自然保护的原点——尾濑出发看日本国家公园的保护管理[J]. 中国园林，8：109-113.

[24] 国家林业局森林公园管理办公室，中南林业科技大学旅游学院. 2015. 国家公园体制比较研究[M]. 北京：中国林业出版社：133.

[25] 郭冬艳，王永生. 2015. 国家公园建设中集体土地权属处置情况分析[J]. 中国国土资源经济，5：21-23.

[26] 郭薇. 2016. 全国人大常委会听取自然保护区建设和管理工作情况报告[N]. 中国环境报，2016-07-01（001）.

[27] 葛梦琪. 2016. 我国国家公园体制建设与法律问题研究[D]. 北京：中国社会科学院研究生院：21-22.

[28] 郭习松，王林. 2016. 神农架将成湖北首个国家公园 也是唯一试点[N/OL]. 湖北日报，http://news.cjn.cn/sywh/201606/t2839826.htm[2018-04-28].

[29] 高建进. 2017. 武夷山国家公园体制试点区掠影：碧水丹山闯新路[N/OL]. 光明日报，http://news.gmw.cn/2017-09/17/content_26200312.htm[2018-04-28].

[30] 王毅. 2017. 中国国家公园顶层制度设计的实践与创新[J]. 生物多样性，10：1037-1039.

[31] 韩相壹. 2002. 韩国国立公园概况[J]. 中国园林，18（2）：74.

[32] 胡炜霞，吴成基. 2007. 论国家地质公园建设的可持续发展[J]. 干旱区资源与环境，21（6）：29，31-35.

[33] 黄丽玲，等. 2007. 国外自然保护地分区模式比较及启示[J]. 旅游学刊，22（3）：23.

[34] 黄雷. 2008. 史宗恺：普达措国家公园提供了方向性的借鉴[N]. 中国绿色时报，2008-10-07（A04）.

[35] 黄锡生，徐本鑫. 2010. 中国自然保护地法律保护的立法模式分析[J]. 中国园林，26（11）：84-87.

[36] 韩德培. 2012. 环境与资源保护法学[M]. 北京：法律出版社.

[37] 环境保护部. 2015. 全国生态功能区划（修编版）[A/OL]. http://www. zhb. gov. cn/gkml/hbb/bgg/201511/t20151126_317777.htm[2018-04-28].

[38] 何跃君. 2016. 关于三江源国家公园体制试点的做法、问题和建议[J]. 中国生态文明，6：74.

[39] 贺艳，殷丽娜. 2016. 美国国家公园管理政策（最新版）[M]. 上海：上海远东出版社.

[40] 贺艳，殷丽娜. 2017. 管理总体规划动态资源手册（最新版）[M]. 上海：上海远东出版社.

[41] 何思源，等. 2018. 中国国家公园体制建设研究[M]. 北京：社会科学文献出版社.

[42] 黄宝荣，王毅，等. 2018. 我国国家公园体制试点的进展、问题与对策建议[J]. 中国科学院院刊，1：76-85.

[43] 贾建中，邓武功，束晨阳. 2015. 中国国家公园制度建设途径研究[J]. 中国园林，2：8-14.

[44] 刘丽丽，曾红鹰. 2000. 国家公园和自然保护区[M]. 北京：海洋出版社：11.

[45] 李如生. 2002. 美国国家公园的法律基础[J]. 中国园林，18（5）：6-12.

[46] 李如生. 2005. 美国国家公园管理体制[M]. 北京：中国建筑工业出版社：2.

[47] Lee Thomas，Julie Middleton. 2005. 保护区管理规划指南[M]. 陈红梅，译. 北京：中国环境科学出版社：7-8.

[48] 廖柏明. 2006. 日本旅游资源保护法律与政策的研究——探讨对我国的启示[C]. 中国环境科学学会2006年学术年会优秀论文集（中卷）：5.

[49] 李经龙，等. 2007. 中国国家公园的旅游发展[J]. 地理与地理信息科学，23（2）：109-112.

[50] 李纯. 2009. 中国为什么需要国家公园[J]. 世界环境，4：79-82.

[51] 吕小娟. 2011. 国家公园建设管理中的利益协调机制研究[D]. 重庆：重庆师范大学.

[52] 刘畅. 2012. 德国森林国家公园的所有权及其公物管理与利用制度研究[J]. 法制与社会，5：57.

[53] 刘琼. 2013. 中美国家公园管理体制比较研究[D]. 长沙：中南林业科技大学.

[54] 罗金华. 2013. 中国国家公园设置及其标准研究[D]. 福州：福建师范大学：163，168.

[55] 罗金华. 2015. 中国国家公园设置标准研究[M]. 北京：中国社会科学出版社.

[56] 罗芬，保继刚. 2013. 中国国家森林公园演变历程与特点研究——基于国家、市场和社会的逻辑[J]. 经济地理，33（3）：164-169.

[57] 李芳. 2014. 关于国家公园体制建设的探讨[J]. 防护林科技，11：96-97.

[58] 李渤生. 2014. 国家公园体制之我见[J]. 森林与人类，5：78-81.

[59] 刘锋，苏杨. 2014. 建立中国国家公园体制的五点建议[J]. 中国园林，8：9-11.

[60] 吕植. 2014. 中国国家公园：挑战还是契机？[J]. 生物多样性，22（4）：421-422.

[61] 刘红纯. 2015. 世界主要国家国家公园立法和管理启示[J]. 中国园林，31（11）：73-77.

[62] 李春晓，于海波. 2015. 国家公园：探索中国之路[M]. 北京：中国旅游出版社.

[63] 李俊生，等. 2015. 国家公园资金保障机制探讨[J]. 环境保护，43（14）：39.

[64] 李吉龙. 2015. 基于森林管理视角的中国国家公园探索[D]. 北京：中国林业科学研究院.

[65] 李闽. 2015. 国家公园应纳入自然资源资产统一管理[J]. 中国国土资源报，12：3.

[66] 李闽. 2017. 国外自然资源管理体制对比分析——以国家公园管理体制为例[J]. 国土资源情报，2：7-11.

[67] 吕蕾. 2017. 一个规划引领 多方利益协调——加拿大土地利用规划管理体系概览[J]. 资源导刊，8：54.

[68] 刘金龙，赵佳程. 2017. 国家公园治理体系热点话语和难点问题辨析[J]. 环境保护，14：16-20.

[69] 李博炎，等. 2017. 国际经验对我国国家公园立法的启示[J]. 环境与可持续发展，42（5）：20.

[70] 廖凌云，等. 2017. 美国国家公园与原住民的关系发展脉络[J]. 园林，2：29.

[71] 梅凤乔. 2006. 自然保护区有效管理亟待完善体制[J]. 环境保护，11a：53.

[72] 孟维东. 2016. 云南国家公园建设提速[N]. 云南法制报，2016-08-15.

[73] 马洪波. 2016. 对推进三江源国家公园体制试点的思考[J]. 青海社会科学，4：47-51.

[74] 欧阳志云，等. 2014. 整合我国自然保护区体系，依法建设国家公园[J]. 生物多样性，22（4）：425-426.

[75] 庞春雨，王俐人. 2017. 国家公园体制建设的路径分析[J]. 生态经济，（12）：10-13.

[76] 巧永生. 2006. 国家公园的形成与发展（二）[J]. 西部资源，2：38-39.

[77] 齐建文. 2014. 中国国家公园体制建设必要性分析与探讨[J]. 中南林业调查规划，3：19-23.

[78] 钱忠军. 2016. 神农架能否成为大熊猫新家[N]. 文汇报，2016-03-11.

[79] 秦天宝. 2018. 论我国国家公园立法的几个维度[J]. 环境保护，1：41-44.

[80] 荣启涵，等. 2016. 野性与灵性在这里栖息——中国自然保护区 60 周年掠影[EB/OL]. http://news.xinhuanet.com/politics/2016-05/22/c_1118910837. htm[2018-04-28].

[81] 孙佑海. 2006. 从人民的根本利益出发做好自然保护立法工作[J]. 环境保护，11a：26-30.

[82] 师卫华. 2008. 中国与美国国家公园的对比及其启示[J]. 山东农业大学学报（自然科学版），4：631-636.

[83] 舒曼. 2013. 国家公园技术标准体系框架：云南的探索与实践[M]. 昆明：云南人民出版社.

[84] 孙冬冬. 2014. 中国国家公园制度建设与管理体制研究[D]. 成都：成都理工大学.

[85] 沈兴兴，许开鹏，曾贤刚，等. 2015. 我国国家级自然保护区治理模式转型研究——以东洞庭湖国家级自然保护区为例[J]. 环境保护，43（23）：43-48.

[86] 沈兴兴，马忠玉，曾贤刚. 2015. 我国自然保护区资金机制改革创新的几点思考[J]. 生物多样性，23（5）：701.

[87] 苏杨，王蕾. 2015. 中国国家公园体制试点的相关概念、政策背景和技术难点[J]. 环境保护，43（14）：16-23.

[88] 苏杨. 2017a. 事权统一、责权相当，中央出钱、指导有方——解读《建立国家公园体制总体方案》之一[J]. 中国发展观察，z3：95-102.

[89] 苏杨. 2017b. 国家公园发展旅游的方式得到明确——解读《建立国家公园体制总体方案》方案之三（上）[J]. 中国发展观察，23：55-58.

[90] 苏杨. 2017c. 国家公园的旅游正道——解读《建立国家公园体制总体方案》之三（下）[J]. 中国发展观察，24：41-44.

[91] 苏杨. 2018. 用国家公园进行野生动物保护的是与非——解读《建立国家公园体制总体方案》之四[J]. 中国发展观察，2：46-51.

[92] 《生命世界》编辑部. 2016. 中国自然保护区发展历程[J]. 生命世界，5：17.

[93] 孙海玲. 2017. 三江源国家公园条例（试行）解读——访三江源国家公园管理局副局长赫万成[EB/OL]. http://news. sina. com. cn/sf/news/flfg/2017-07-12/doc-ifyhwefp0637594.shtml[2018-03-29].

[94] 沙兆华. 2018. 湖南南山国家公园条例等 10 件列入今年立法计划[N/OL]. http://news. sina. com. cn/o/2018-03-29/doc-ifyssxck6524999. shtml[2018-03-29].

[95] 上饶新闻网. 2018. 第八批国家地质公园名单公布[EB/OL]. http://www. srxww. com/html/article/3940/2018_1081246.html[2018-04-18].

[96] 唐正良，刘安兴. 1994. 森林公园总体规划技术与理论探讨[J]. 浙江林业科技，3：44.

[97] 陶一舟，赵书彬. 2007. 美国保护地体系研究[J]. 环境与可持续发展，4：41.

[98] 唐芳林，等. 2013. 关于中国国家公园顶层设计有关问题的设想[J]. 林业建设，6：8-16.

[99] 唐芳林. 2014. 国家公园属性分析和建立国家公园体制的路径初探[J]. 林业建设，3：1-8.

[100] 唐芳林，等. 2017. 南非野生动物类型国家公园的保护管理[J]. 林业建设，1：2，5.

[101] 唐小平. 2014. 中国国家公园体制及发展思路探析[J]. 生物多样性，22（4）：427-430.

[102] 唐小平. 2016. 中国自然保护区　从历史走向未来[J]. 森林与人类，11：24-35.

[103] 唐小平，栾晓峰. 2017. 构建以国家公园为主体的自然保护地体系[J]. 林业资源管理，6：1-8.

[104] 田美玲，方世明. 2017. 中国国家公园准入标准研究述评——以 9 个国家公园体制试点区为例[J]. 世界林业研究，5：62-68.

[105] 深圳市城市管理局. 全国 2017 年森林公园建设与管理研讨班在广州举办[EB/OL]. http://www. sz. gov. cn/szum/xsmh/cjgjslcsx/gdcz/201704/t20170413_6130355. htm[2018-04-28].

[106] UNESCO World Heritage Centre. World Heritage List[EB/OL]. http://whc. unesco.org/en/list/

[2018-03-20].

[107] 吴楚才. 1991. 张家界国家森林公园研究[M]. 北京：中国林业出版社：1.

[108] 王兴国. 1996. 我国森林风景资源的开发与保护[J]. 科技导报，14（11）：61.

[109] 王灿发. 2006. 国外自然保护区立法比较与我国立法的完善[J]. 环境保护，11a：73-78.

[110] 王权典. 2007. 再论自然保护区立法基本问题——兼评《自然保护地法》与《自然保护区域法》之草案稿[J]. 中州学刊，3：92-96.

[111] 王洪涛. 2008. 德国自然公园的建设与管理[J]. 城乡建设，10：73.

[112] 吴爱华，和亚珺，叶文，等. 2012. 云南省国家公园野生生物保护管理探讨与思考[J]. 安徽农业科学，13：7844.

[113] 王旦旦. 2014. 对我国自然保护区法制保障的检讨与完善[J]. 法制与社会，11：255-256.

[114] 王辉，孙静. 2015. 美国国家公园管理体制进展研究[J]. 辽宁师范大学学报（社会科学版），1：44，46.

[115] 王比学. 2016. 我国已建 2740 处自然保护区[N]. 人民日报，2016-07-01（003）.

[116] 王菡娟. 2016. 数说国家自然保护区[N]. 人民政协报，2016-09-08（006）.

[117] 王文华. 2017. 华中屋脊上的绿色飞跃 生态视角下神农架的保护与发展[J]. 世界遗产，3：83.

[118] 王志先. 2017. 汇聚山水精华，营造科学殿堂神农架自然展览馆略览[J]. 世界遗产，3：75.

[119] 吴静. 2017. 国家公园体制改革的国际镜鉴与现实操作[J]. 改革，11：70-78.

[120] 蔚东英，王延博. 2017. 国家公园法律体系的国别比较研究——以美国、加拿大、德国、澳大利亚、新西兰、南非、法国、俄罗斯、韩国、日本 10 个国家为例[J]. 环境与可持续发展，2：13-16.

[121] 夏新华. 2001. 南非环境立法简介[J]. 西亚非洲，6：42.

[122] 徐青. 2008. 南非保护区管理体系研究[D]. 上海：同济大学：37.

[123] 徐本鑫. 2010. 中国自然保护地立法模式探析[J]. 旅游科学，24（5）：17-24.

[124] 许涛，田明中. 2010. 我国国家地质公园旅游系统研究进展与趋势[J]. 旅游学刊，25（11）：90.

[125] 夏欣，王智，徐网谷，等. 2016. 中国自然保护区管理机构建设面临的问题与对策探讨[J]. 生态与农村环境学报，32（1）：30-31.

[126] 向平洋，陈苒，张珊珊，等. 2017. 以立法引领体制机制改革 让天更蓝山更青水更绿[N/OL]. 湖北日报. http://hbrb. cnhubei. com/HTML/hbrb/20171130/hbrb3203209. html[2018-04-28].

[127] 佚名. 2000. 尾瀬の入山者、やや持ち直す　今シーズン 42.8 万人/群馬，群马县地区篇[N]. 朝日新聞，2000-12-18 .

[128] 佚名. 2007. 国立公園、曲がり角　保護と利用の間で揺れ　法施行 50 年の今夏、指定拡大，环

境篇[N]. 朝日新聞，2007-8-1.

[129] 朝日新聞记者. 2007. 新尾瀬、期待と不安　国立公園、あす誕生　面積の半分、県内に/福島県＝訂正あり，福岛中会地区篇[N]. 朝日新聞，2007-08-29.

[130] 朝日新聞记者. 2009. 尾瀬の入山者、鳩待口に集中 38 万人の 5 割強 環境省 08 年度調查/群馬県，福岛县地区篇[N]. 朝日新聞，2009-01-23.

[131] 朝日新聞记者. 2011. 「尾瀬、国で管理を」東電、維持費節約狙う，综合篇[N]. 朝日新聞，2011-10-15.

[132] 共青团杂多县委. 2016. 三江源国家公园体制试点改革方案解读[EB/OL]. https://mp. weixin. qq. com/s ? __biz=MzA5NDU2ODI3MQ%3D%3D&idx=1&mid=2653083683&sn=b417dbc88ca5e6ee9ef96ab748ed48cb[2018-04-20].

[133] 朝日新聞记者. 2017. 尾瀬国立公園、独立 10 年　日本自然保護協会の専門家と環境省に聞く/群馬県，群马县地区篇[N]. 朝日新聞，2017-01-21.

[134] 袁晖. 2002. 浅谈日本的自然公园[J]. 四川林勘设计，4：42.

[135] 杨素娟. 2002. 日本自然保护区管理制度评介[J]. 世界环境，4：32.

[136] 杨锐. 2003a. 建立完善中国国家公园和保护区体系的理论与实践研究[D]. 北京：清华大学.

[137] 杨锐. 2003b. 美国国家公园的立法和执法[J]. 中国园林，19（5）：63-66，64.

[138] 杨锐. 2003c. 改进中国自然文化遗产资源管理的四项战略[J]. 中国园林，（10）：42.

[139] 杨锐. 2014. 论中国国家公园体制建设中的九对关系[J]. 中国园林，（8）：5-8.

[140] 杨锐. 2015. 防止中国国家公园变形变味变质[J]. 环境保护，43（14）：34-37.

[141] 杨锐，等. 2016. 国家公园与保护地研究[M]. 北京：中国建筑工业出版社.

[142] 杨桂华，等. 2007. 新西兰国家公园绿色管理经验及对云南的启迪[J]. 林业资源管理，6：99.

[143] 叶文，沈超，李云龙. 2008. 香格里拉的眼睛：普达措国家公园规划和建设[M]. 北京：中国环境科学出版社.

[144] 余俊，等. 2011. 从美国国家公园制度看我国自然保护区立法目的定位[J]. 生态经济，3：172-175.

[145] 杨建美. 2011. 美国国家公园立法体系研究[J]. 曲靖师范学院学报，30（4）：104-108.

[146] 杨子江. 2011. 基于 CAP 方法的梅里雪山国家公园威胁评估与对策研究[J]. 生态经济（中文版），1：162.

[147] 杨子江. 2016. 多目标约束下的梅里雪山国家公园功能分区研究[M]. 北京：科学出版社：24.

[148] 云南省林业厅，云南省统计局. 2013. 2012 年云南省林业产业发展统计公报[EB/OL]. https://wenku. baidu. com/view/c310455d763231126fdb1136. html[2018-04-28].

[149] 杨泉. 2013. 浅析我国自然保护区立法[J]. 法制与社会，2：151-153.

[150] 游勇. 2013. 国家公园社区参与旅游发展能力建设——以滇金丝猴国家公园响古箐社区为例[J]. 西南民族大学学报（人文社科版），5：160.

[151] 杨敬元，等. 2018. 神农架金丝猴保护与研究现状[J]. 世界科技研究与发展，4：418.

[152] 周树怀. 2003. 德国的国有林和森林公园建设与管理[J]. 林业与生态，（7）：11.

[153] 朱清，黄德林. 2005. 从立法上加强对自然遗产保护的若干建议[J]. 行政与法，10：91.

[154] 周建华，温亚利. 2006. 中国自然保护区土地权属管理现状及发展趋势[J]. 环境保护，11a：60.

[155] 张理英. 2007. 广西阳朔国家森林公园生态旅游开发研究[D]. 桂林：广西师范大学：8.

[156] 周珂，侯佳儒. 2007. 中国自然保护区分类体系的立法完善[J]. 首都师范大学学报（社会科学版），2：58-63.

[157] 张议橙. 2007. 普达措国家公园在香格里拉揭牌[N]. 云南日报，2007-06-22（001）.

[158] 赵逊，赵汀. 2009. 地质公园发展与管理[J]. 地球学报，30（3）：305.

[159] 张海霞. 2010. 国家公园的旅游规制研究[D]. 上海：华东师范大学：128-129.

[160] 中国网. 2011. 全国主体功能区划（2011）[A/OL]. http://www. china. com. cn/policy/txt/2011-06/13/content_22768278_2. htm[2018-04-28].

[161] 曾彩琳. 2012. 我国自然保护地居民权利保障法律制度研究[J]. 大连理工大学学报（社会科学版），33（3）：122-126.

[162] 中华人民共和国国家发展和改革委员会. 2012. 关于印发国家“十二五”文化和自然遗产保护设施建设规划的通知：发改社会〔2012〕1549 号[A/OL]. http://www. ndrc. gov. cn/zcfb/zcfbtz/201212/t20121228_521196. html[2018-04-28].

[163] 庄优波. 2014. 德国国家公园体制若干特点研究[J]. 中国园林，8：28.

[164] 翟洪波. 2014. 建立中国国家公园体制的思考[J]. 林产工业，41（6）：11-16.

[165] 张希武，等. 2014. 中国国家公园的探索与实践[M]. 北京：中国林业出版社：81.

[166] 周武忠. 2014. 国外国家公园法律法规梳理研究[J]. 中国名城，2：39-46.

[167] 中华人民共和国国土资源部. 2014. 第七批国家地质公园资格名单公布[EB/OL]. http://www. mlr. gov. cn/xwdt/jrxw/201401/t20140116_1301336. htm[2018-04-18].

[168] 朱春全. 2014. 关于建立国家公园体制的思考[J]. 生物多样性，22（4）：418-420.

[169] 朱春全. 2017. 国家公园体制建设的目标与任务[J]. 生物多样性，10：1047-1049.

[170] 张飞. 2015. 国家公园运动对西藏国家公园建设的启示[J]. 旅游纵览（下半月），1：125.

[171] 周兰芳. 2015. 中国国家公园体制构建研究[D]. 长沙：中南林业科技大学.

[172] 中华人民共和国住房和城乡建设部. 2016. 全国名胜风景区事业发展“十三五”规划[EB/OL]. http://www. mohurd. gov. cn/wjfb/201611/t20161122_229592. html[2018-04-28].

[173] 余宽宏. 2016. 神农架大九湖湿地馆正式对外开馆迎宾 游客免费体验[EB/OL]. http://news. cnhubei. com/xw/hb/snj/201610/t3711201. shtml[2018-03-20].

[174] 张一群. 2016. 国家公园旅游生态补偿——以云南为例[M]. 北京：科学出版社.

[175] 中华人民共和国统计局. 2017. 2016 年国民经济和社会发展统计公报[EB/OL]. http://www. stats. gov. cn/tjsj/zxfb/201702/t20170228_1467424. html[2018-04-28].

[176] 张红梅. 2017. 2016 年森林公园十件大事[N/OL]. 中国绿色时报. http://www. zqlinye. gov. cn/index. php？m=content&c=index&a=show&catid=15&id=2713[2018-04-28].

[177] 中国森林公园网. 2017. 2016 年森林公园工作回顾[EB/OL]. http://www. forestry. gov. cn/portal/slgy/s/2455/content-943241. html[2017-08-20].

[178] 张淏洁. 2017. 我国国家公园立法研究[D]. 兰州：甘肃政法学院.

[179] 周官正. 2017. 从“木头经济”走向“生态经济”[N/OL]. 光明日报. http://epaper. gmw. cn/gmrb/html/2017-09/24/nw. D110000gmrb_20170924_1-10. htm[2018-04-28].

[180] 中华人民共和国教育部. 2017. 中国推荐“贵州梵净山”“古泉州（刺桐）史迹”申报世界遗产[EB/OL]. http://www.moe.edu.cn/jyb_xwfb/gzdt_gzdt/s5987/201701/t20170127_295725.html [2017-04-24].

声　明